Grundrisse
der
Rechtswissenschaft

Unter Mitarbeit von

Prof. Dr. Ernst v. Beling-München, Prof. Dr. G. J. Ebers-Köln a. Rh., Dr. Alexander Elster-Berlin, Prof. Dr. Friedrich Endemann-Heidelberg, Prof. Dr. Hans Fehr-Heidelberg, Prof. Dr. Heinrich Gerland-Jena, Prof. Dr. Julius v. Gierke-Halle a. d. S., Prof. Dr. Justus Wilh. Hedemann-Jena, Prof. Dr. Herbert Kraus-Königsberg i. Pr., Prof. Dr. Heinrich Lehmann-Köln a. Rh., Prof. Dr. Fritz Schulz-Bonn, Prof. Dr. Claudius Freih. v. Schwerin-Freiburg i. B., Prof. Dr. Fritz Stier-Somlo Köln a. Rh.

herausgegeben von den

Professoren Dr. Hans Fehr-Heidelberg, Dr. Heinrich Gerland-Jena, Dr. Justus Wilh. Hedemann-Jena, Dr. Heinrich Lehmann-Köln a. Rh.
und dem redaktionellen Leiter
Professor Dr. Fritz Stier-Somlo-Köln a. Rh.

Fünfter Band

Berlin und Leipzig 1923
Walter de Gruyter & Co.
vormals G. J. Göschen'sche Verlagshandlung - J. Guttentag, Verlagsbuchhandlung - Georg Reimer - Karl J. Trübner - Veit & Comp.

Erbrecht
des
Bürgerlichen Gesetzbuches

Von

Dr. Friedrich Endemann
Geheimem Rat,
ordentl. Professor in Heidelberg

Berlin und Leipzig 1923
Walter de Gruyter & Co.
vormals G. J. Göschen'sche Verlagshandlung - J. Guttentag, Verlagsbuchhandlung - Georg Reimer - Karl J. Trübner - Veit & Comp.

Druck von Metzger & Wittig in Leipzig.

Vorwort.

Die Erbrechtsordnung des BGB., die einst als der beste Teil des neuen Gesetzbuches gerühmt wurde, zeigt in dem Aufbau der Grundgedanken erhebliche Mängel; sie hat sich auch für die praktische Rechtsanwendung nicht überall bewährt. Es scheint sicher, daß hier eine Reform bald eingreifen wird. Sie wird durch das neue Erbschaftsteuergesetz noch näher gerückt; auf die wichtigsten Bestimmungen dieses Gesetzes weist der Grundriß hin. Damit mag sich rechtfertigen, daß der vorliegende Grundriß sich nicht mit der Darstellung des verordneten Gesetzestextes begnügt, sondern zur kritischen Betrachtung auffordert. Bereits der Anfänger muß sich darüber ein Urteil bilden, ob er die Erbfolge auf eine mystische Willens- und Seelenwanderung gründen oder realistisch den Erbvorgang als Gesamtnachfolge in das Vermögen begreifen will, und ob er danach den Erben als Fortsetzer der Persönlichkeit des Erblassers oder als Erwerber der Vermögenseinheit behandeln will. Er soll sich auch darüber klar werden, wie die unmäßige Verwendung von Fiktionen gerade im Erbrecht nur den Beweis dafür liefert, daß man zu einem abschließenden und klaren Verständnis über die bestehende Rechtslage nicht vorgedrungen ist. Die Rechtswissenschaft und die Rechtspflege sind fest gegründet auf die Überzeugung von der realen Wirklichkeit der Tatbestände und Lebensvorgänge; der Skeptizismus, der die Außenwelt nur als etwas fiktiv Vorgestelltes ausgeben will, kann an die besonderen Aufgaben und Ziele der rechtlichen Ordnung unseres Gemeinlebens nicht heranreichen; er darf die Sicherheit und Wahrhaftigkeit unserer rechtlichen Regelung nicht verderben.

Soll somit der Lernende von Anbeginn zu selbständigem Urteil und eigener Verantwortung erzogen werden, so muß er überall das entscheidende Gewicht darauf legen, daß das Gesetz nicht eine erstarrte ewiggeltende Ordnung, sondern eine lebendige, für den Fortschritt zum Besseren bestimmte Organisation des Rechtslebens sein soll. Höher als die Feinheiten der juristischen Konstruktion muß die Schaffung der vom Volke als gerecht bestätigten Rechtszustände stehen.

Der Leser des Grundrisses soll den Gesetzestext zur Hand haben und aus ihm ergänzen, was das Buch nur andeuten kann. Einige wichtige Urteile des Reichsgerichtes werden angeführt; damit soll das eingehende Studium der Rechtsprechung angeregt werden. Eine Auseinandersetzung mit den verschiedenen Lehrmeinungen gehört nicht in den Grundriß; wer sie sucht, findet sie in meinem Lehrbuch des bürgerlichen Rechts 8. Auflage Band 3. Schließlich besitzt auch geistig jeder nur das, was er durch eigenes Nachdenken und Mitdenken erworben hat. Erst damit gewinnt er die innere Sicherheit und Freudigkeit zur Rechtsanwendung, erst damit rechtfertigt er sich vor der Verantwortlichkeit, die für den Juristen aus der hohen Aufgabe erwächst, als gerechter Richter vor seinem Volke aufzutreten.

Friedrich Endemann.

Inhaltsverzeichnis.

I. Kapitel.

Die allgemeinen Grundlagen der Erbfolge.

II. Kapitel.

Gesetzliche Erbfolge.

III. Kapitel.

Verfügungen von Todes wegen.

IV. Kapitel.

Erwerb der Erbschaft.

V. Kapitel.

Haftung des Einzelerben für die Nachlaßverbindlichkeiten.

VI. Kapitel.

Miterben.

VII. Kapitel.

Rechtsschutz des Erbrechtes.

VIII. Kapitel.

Pflichtteilrecht.

Kapitel I.

Die allgemeinen Grundlagen der Erbfolge.

Die erbrechtlichen Grundbegriffe. § 1.

I. **Erbrecht im objektiven Sinne** bedeutet die Gesamtheit der Normen, die die Rechtsnachfolge in das Vermögen eines Verstorbenen ordnen.

a) Jeder Verstorbene ist **Erblasser.** Jeder Todesfall schafft einen Erbfall. Nach dem Gesetze muß jeder Erblasser seinen Erben finden; es gibt keine erblose Verlassenschaft. Der Zweck des Erbrechtes ist, für die durch den Todesfall ihres Subjektes beraubten Rechtsbeziehungen eine oder mehrere rechtsfähige Personen einzusetzen. Mit jedem Erbfall (als Ursache) verbindet sich darum ein Erbanfall (als Rechtsfolge); beide sollen zeitlich zusammenfallen, das Vermögen darf keinen Augenblick ohne Rechtssubjekt sein.

Diese Konstruktion des Gesetzes ist in 1922, 1942 festgelegt. „Person" wird in 1922 I in verschiedenem Sinne gebraucht: ein Erbfall kann nur nach einem Menschen stattfinden. Erbe aber kann auch eine juristische Person sein.

Kein Erbfall tritt ein für den Anteil, der einem verstorbenen Ehegatten an dem ehelichen Gesamtgute zustand, sofern eine Fortsetzung der Gütergemeinschaft stattfindet (1483 I 2, 1557).

b) Erbfolge bedeutet die Nachfolge in die Gesamtheit aller vererblichen Rechtsbeziehungen; in den Nachlaß als Ganzes. Der Gesamtnachfolger heißt **Erbe.** Nicht im Sinne von heres, der nach zwingendem Rechte Universalsukzessor der Nachlaßeinheit war und nur durch die Konkurrenz von Miterben faktisch auf einen Erbanteil beschränkt werden konnte. Nach dem BGB. kann dagegen die Gesamtnachfolge des Erben rechtlich auf eine feste Quote des Nachlasses begrenzt und endgültig beschränkt werden.

Teilbar ist der Nachlaß nur als Vermögensganzes; nicht etwa nach der Mobiliar- und der Immobiliarmasse. Erbteile gibt es nur im Sinne von Anteilrechten (Quotenrechten) an dem Nachlaßvermögen. Ungenau spricht das Gesetz bisweilen von Teilen (2094 II, 1924 IV); unrichtig von Bruchteilen (2087—2093), unter denen sonst (741, 1008) das Teilrecht an einem einzelnen Vermögengegenstand verstanden wird. Was für die Erbschaft verordnet wird, ist auf den Erbteil anzuwenden (1922 II). Von „Erbschaft" wird gesprochen, um die subjektive Beziehung zum Erben zu betonen; von „Nachlaß", wenn objektiv der Umfang des Vermögens, die Haftung, Sicherung, Teilung im Vordergrunde stehen; vgl. 2027 I:II, 1822 Nr. 1:1984 I 1; aber anders 2032 I, 1089.

c) Erbe kann nur werden, wer zur Gesamtnachfolge berufen ist. **Berufungsgründe** schaffen das Gesetz oder die Verfügung von Todes wegen (Testament oder Erbeinsetzungsvertrag). Die Berufung erzeugt das **subjektive** vererbliche **Erbenwartrecht** zur Annahme der Erbschaft. Erbe ist, wer die Erbschaft erworben hat durch positive Annahme oder durch Nichtausschlagung des angefallenen Erbenwartrechts.

Die Berufung muß nicht, wie nach römischem Rechte (nemo pro parte testatus pro parte intestatus decedere potest) auf demselben Grunde für den ganzen Nachlaß beruhen. Das BGB. läßt vielmehr eine Mischung der Berufungsgründe zu. Das beruht darauf, daß der Nachlaß in mehrere, rechtlich selbständige Erbteile zerlegt und jeder als **„besonderer Erbteil"** seinem eigenen Berufungsgrunde unterstellt werden darf. Dabei ist zu unterscheiden: 1. Für jeden Erbteil ist eine andere Person berufen. Dann geht jeder seinen eigenen Weg, bis er seinen Erben gefunden hat. 2. Dieselbe Person ist auf mehrere Erbteile berufen, aber auf jeden aus einem besonderen, von dem für die anderen Erbteile verschiedenen Berufungsgrunde. Vor allem so, daß A. im Testamente auf ein Viertel eingesetzt worden ist und außerdem noch kraft Gesetzes zu einem Sechstel berufen wird. Da die Berufung hier auf verschiedenen Gründen beruht, so liegen rechtlich vollkommen abgesonderte Erbteile vor: A. darf, da es sich um eine gespaltene Doppelerbfolge handelt, den einen Erbteil annehmen und den anderen ausschlagen (1951 I).

Der „besondere Erbteil" tritt in verschiedenen Gebieten auf; 1927 S. 2 1934 S. 2, 1935, 2095. Über die Spaltung der Haftung für Nachlaßverbindlichkeiten sagt 2007 S. 1: wie wenn die (vollkommen abgesonderten) Erbteile verschiedenen Personen gehörten. In den Fällen der Anwachsung und Erhöhung handelt es sich um die Erweiterung des ursprünglich angesetzten Erbteiles; hier muß die Annahme oder Ausschlagung einheitlich für die zusammengewachsenen Erbteile erfolgen; eine Unterscheidung der Teile bleibt nur für die Ausgleichungspflicht und bei der Haftung für Erbfallschulden im Falle getrennter und ungleichartiger Beschwerung (1935, 2007 S. 2, 2095; 2159.)

II. Die Verfassung des Deutschen Reiches vom 11. 8. 1919 Art. 154 lautet: „Das Erbrecht wird nach Maßgabe des bürgerlichen Rechtes gewährleistet. Der Anteil des Staates am Erbgut bestimmt sich nach den Gesetzen." Damit wird das Erbrecht als ein **Grundpfeiler der individualistischen Rechtsordnung** zwar im Prinzipe bestätigt, seine Gestaltung jedoch dem Einflusse sozialistischer Forderungen überliefert.

a) Das private Erbrecht wirbt um Rechtfertigung aus dem Gedanken, daß das Vermögen des Einzelnen der Fürsorge für den **Familienverband** dienen und von ihm nach dem Tode des gegenwärtigen Vermögensherrn aufgenommen werden soll. Zugleich muß im allgemeinen Interesse dafür gesorgt werden, daß die Befriedigung der Gläubiger gesichert sei beim Tode des Schuldners; die Haftung des Nachlasses für die vererbten Verbindlichkeiten bildet die Voraussetzung für die gesicherten Kreditverhältnisse.

Die rechtliche Möglichkeit eines Erbrechtes beruht auf dem selbständigen, objektiv begründeten Bestande der Rechtsbeziehungen. Der führende Grundsatz mußte richtig dahin aufgestellt werden: **nicht der Mensch wird rechtlich beerbt, sondern sein Vermögen. Erbe ist, wer als Herr in den verwaisten Nachlaß eingetreten ist.**

b) Im Gegensatze dazu herrscht seit dem römischen Rechte bis zum BGB. das Dogma, daß alle Rechte subjektiv gelagert wären und auf dem Willen des Berechtigten beruhten. Sollen sie über seinen Tod hinaus fortdauern, so muß als Notbehelf eine Art erbrechtlicher Willensunsterblichkeit herangeholt werden. Darauf beruht zugleich der als unanfechtbar gelehrte Glaubenssatz, daß die Erbfolge keine Lücke ertrage, im Augenblicke des Todesfalles müsse auch bereits der Erbe da sein (Postulat der Koexistenz von Erblasser und Erben). Da nun tatsächlich eine derartige unmittelbare Kontinuität der Rechtsfortsetzung häufig nicht erreichbar ist, so müssen gequälte Fiktionen (in den Fällen der Ausschlagung und der Berufung eines nasciturus) und Konstruktionen (durch gesetzlich eingeschobene Vorerben) zur Rettung des Dogmas eingreifen. Damit wird der Aufbau der Erbfolge gekünstelt und erschwert.

In Wahrheit ist der Erbgang **Vermögensnachfolge**. Es gilt, den Nachlaß in seinem objektivrechtlichen Bestande als Vermögenseinheit zu begreifen und die Tatsache, daß die Rechte sehr wohl einen subjektlosen Zwischenzustand überdauern können, nicht zu verschleiern, sondern unter die zutreffende rechtliche Behandlung zu stellen. Dazu dient die Anerkennung des objektiven Bestandes der Rechtsverhältnisse und ihre Unterordnung unter das erbrechtliche Wartrecht des vorausbestimmten Erben; und in praktischer Durchführung die ausgedehntere Verwendung der selbständig verwaltenden Nachlaßpfleger und Testamentvollstrecker.

Die Erbschaftsteuer. § 2.

Die **soziale Forderung des Mitrechtes der Volksgemeinschaft** an jedem Erbgange hatte vorab geführt zu dem **Reichs-Erbschaftsteuergesetz** vom 10. September 1919; es wurde mehrfach abgeändert und ist auf Grund des Gesetzes vom 20. Juli 1922 in neuer Gestalt bekanntgemacht am 7. August 1922. Die Wirkung des neuen Gesetzes ist zurückverlegt worden auf alle seit dem 1. Juli 1921 eingetretenen

1*

Erbfälle; Ausnahmen in der V. O. vom 7. August 1922 zur Überleitung des Erbschaftsteuerrechtes besonders zugunsten der Vorerbschaften und Familienstiftungen. Das Gesetz schafft eine Reichsbesteuerung; von den in seinem Gebiete erzielten Roheinnahmen erhält jedes Land 20 vom Hundert.

I. Das Gesetz von 1919 stellte voran die Nachlaßsteuer als die letzte Vermögenssteuer des Erblassers oder die außerordentliche Abgabe von dem seinen Herrn wechselnden Reinvermögen (Aktivnachlaß). Diese Besteuerungsart ist beseitigt. Es gibt jetzt nur noch die **einheitliche Erbschaftsteuer** auf: **1. den Erwerb von Todes wegen, 2. die Schenkungen unter Lebenden, 3. die Zweckzuwendungen.** Das sind aber nicht drei geschiedene Kategorien; vielmehr gilt das für die eine Art des Erwerbs Vorgeschriebene grundsätzlich auch für die anderen Arten. Der steuerrechtliche Begriff der Schenkung ist wesentlich weiter als der des bürgerlichen Rechts. Er umfaßt nach § 3 auch alle freigiebigen Zuwendungen, soweit der Bedachte auf Kosten des Zuwendenden bereichert wird: den unentgeltlichen Erwerb infolge einer Auflage oder einer beigefügten Bedingung; die Abfindung für einen Erbverzicht; den Erwerb auf Grund eines Stiftungsgeschäftes oder bei Auflösung eines Fideikommisses oder bei Aufhebung einer Stiftung. Unter Zweckzuwendung wird insbesondere der unentgeltliche Erwerb, der infolge einer Auflage oder sonstigen gebotenen Zweckverwendung eintritt, verstanden; § 4. Das alles wird eingehend mit vielen Einzelheiten umschrieben. Im Prinzipe soll eine Abgabe entrichtet werden von jeder Bereicherung, sie mag infolge eines Erbfalls oder einer Schenkung oder einer Zweckzuwendung erworben werden. Und es ist trotz des Namens Erbschaftsteuer gleichgültig, ob es sich um eine Zuwendung von Todes wegen oder um eine solche unter Lebenden handelt und ob der Erwerber auf die Zuwendung einen Anspruch erlangt hatte oder ob sie ihm nur als dem Empfänger einer Zweckbestimmung zugeführt worden ist.

Darum bindet sich das Steuergesetz durchaus nicht an die Rechtsauffassung des bürgerlichen Rechtes. — 1. Im Falle der Fortsetzung der allgemeinen Gütergemeinschaft gehört der Anteil des verstorbenen Ehegatten nach BGB. 1483 I 2 nicht zum Nachlasse. Das Steuergesetz § 5 aber erfaßt diesen Anteil als eine ausschließlich den anteilberechtigten Abkömmlingen angefallene Erbschaft, obgleich der Anteil bürgerlichrechtlich Gesamtgut bleibt und ihrer Verwaltung und Nutznießung entzogen ist (1487, 1443, 1456). Stirbt ein anteilberechtigter Abkömmling, so gehört sein Anteil am Gesamtgute nicht zu seinem Nachlasse (1490), aber er wird gleichwohl als Nachlaß versteuert. — 2. Der Vorerbe wird steuerrechtlich als Vollerbe behandelt; § 7. Der Nacherbe, der nach bürgerlichem Rechte Erbe des ursprünglichen Erblassers ist, wird besteuert, wie wenn er der Erbe des Vorerben wäre; auf besonderen Antrag soll allerdings der Versteuerung sein Verhältnis zum Erblasser zugrunde gelegt werden. Dagegen gehört die Anwartschaft des Nacherben steuerrechtlich nicht zu seinem Nachlasse (§ 12 III), obgleich dieses Wartrecht ein subjektives, veräußerliches Recht ist, das bürgerlichrechtlich zu seinem Nachlasse gehört, und über das er auch letztwillig durch Einsetzung eines Testamentvollstreckers verfügen kann (RG. 103, 354). Was als Entgelt für die Übertragung des Nacherbenwartrechtes gewährt wird, gilt als vom Erblasser zugewendet; § 2 II Nr. 5.

II Die **subjektive Steuerpflicht** tritt für den gesamten Erbanfall ein, wenn der Erblasser oder wenn der Erwerber **ein Inländer** ist; § 8. Als solcher gilt auch ein Ausländer, der im Deutschen Reiche einen Wohnsitz oder wenigstens dauernden Aufenthalt hat. Nicht aber ein Deutscher, der sich länger als zwei Jahre im Auslande aufgehalten hat, ohne seinen Wohnsitz im Inlande zu haben. Bei juristischen Personen und den nicht rechtsfähigen Verbänden entscheidet, ob sie ihren Sitz oder ihre Leitungsstelle im Inlande haben. Die Steuerschuld entsteht (§ 18) mit dem **Zeitpunkt des Anfalls**, bei Schenkungen mit dem Vollzuge der Zuwendung, bei Zweckzuwendungen mit dem Eintritt der Verpflichtung des Beschwerten. Steuerschuldner ist der Erwerber; neben ihm haftet der Schenker. Bei einer Zweckzuwendung ist Schuldner der mit ihrer Ausführung Beschwerte. Neben dem Hauptschuldner haften für die Steuer der Erbe, sein gesetzlicher Vertreter oder Bevollmächtigter, der Erbschaftbesitzer (2018), der Testamentvollstrecker, Nachlaßpfleger und Nachlaßverwalter, wenn sie Nachlaßgegenstände vor der Berichtigung oder Sicherstellung der Steuer an die berechtigten Empfänger ausgeantwortet haben; diese Haftung ist eine persönliche, aber sachlich auf die aus dem Nachlaß erworbenen Gegenstände beschränkte (§ 18 VI). In gleicher Weise haften die Versicherungsunternehmungen und die Verwahrer des Nachlaßvermögens, wenn sie die Versicherungssumme oder Leibrenten oder Nachlaßgüter in das Ausland verbringen oder ausländischen Berechtigten zur Verfügung stellen in Höhe des damit ausgeantworteten Betrages (§ 18 VII).

III. Der **Betrag der Erbschaftsteuer** wird nach drei Maßstäben berechnet (§ 10):

a) Nach den **persönlichen Verhältnissen** des Erwerbers zum Erblasser; mithin werden nach der **Nähe der Verwandtschaft** und

Schwägerschaft durch § 9 **fünf Steuerklassen** gebildet: 1. der Ehegatte und die Kinder einschließlich der vom Vater anerkannten unehelichen Kinder, aber mit Ausnahme der Adoptivkinder. Sehr bedeutsam ist die Neuerung, daß der Ehegatte nur dann steuerpflichtig ist, wenn der Altersunterschied zwischen den Ehegatten mehr als 20 Jahre beträgt und die Ehe noch nicht 5 Jahre bestanden hatte. In der Regel ist also der erbrechtliche Erwerb vom verstorbenen Ehegatten völlig steuerfrei: 2. die Enkel und weiteren Abkömmlinge; 3. die Eltern und Geschwister; 4. die weiteren Vorfahren, Geschwisterkinder, Schwieger- und Stiefeltern wie Kinder, die Wahlkinder; 5. alle übrigen Erwerber. Die bisherige Bevorzugung des Großneffen, des Oheims und des Schwagers ist weggefallen. Der Grundbetrag der Steuer ist für die genannten 5 Klassen auf 3,5; 5; 6; 8; 14 vom Hundert festgelegt.

b) Nach dem **Umfange der erworbenen Bereicherung** werden die soeben angeführten Prozentsätze erhöht: um 10 Prozent, wenn der Erwerb 100000 Mk.; um 100 Prozent, wenn er 1 Million übersteigt; bei mehr als 5 Millionen wird das Fünffache des Grundbetrages erhoben. Steuerfrei bleibt nach § 22 in den meisten Fällen ein Erwerb von nicht mehr als 50000 Mk.; ferner eine große Anzahl von Erwerbungen wie der Hausrat für die Abkömmlinge bis zum Betrage von 500000 Mk.; der Dreißigste nach BGB. 1969; der Verzicht auf den Pflichtteilanspruch; der Ruhegehalt; Zuwendungen an inländische Kirchen oder zu Seelenmessen; die den Vermögensverhältnissen entsprechenden Zuwendungen an Abkömmlinge, Eltern und Großeltern, sofern sie erwerbsunfähig oder als Abkömmlinge in der Ausbildung zu einem Lebensberufe begriffen sind und der Erwerb zusammen mit dem eigenen Vermögen des Erwerbers 300000 Mk. nicht übersteigt (§ 22 Nr. 9).

c) Nach dem Betrage des zur Zeit des Anfalls vorhandenen **Vermögens des Erwerbers** wird ein Zuschlag erhoben; § 10 III. Er beginnt erst, wenn das Eigenvermögen bereits 2 Millionen betrug; für jede darüberhinausgehenden 200000 Mk. wird der Grundbetrag des Steuersatzes um 10 Prozent gesteigert, höchstens bis zu 100 Prozent. Außerdem darf der Zuschlag höchstens die Hälfte des 2 Millionen übersteigenden Betrags des Eigenvermögens des Erwerbers erreichen.

Der Gesamtbetrag der hiernach zusammenzurechnenden Steuer darf 80 Prozent des steuerpflichtigen Erwerbes nicht übersteigen.

Zwei Beispiele sollen die Berechnungsart verdeutlichen. Der einzige Erbe des verwitweten Erblassers ist sein Sohn A. Als steuerpflichtiger Wert des Nachlasses wird 690000 Mk. errechnet. Der Sohn gehört zur

Steuerklasse I, zahlt daher zunächst 3,5 v. H. Da der Wert seines Erwerbes 600000 Mk. übersteigt, wird der Steuersatz um 60 v. H. erhöht; also Steuersatz 3,5 + (3,5 × 60 =) 2,1 = 5,6 v. H.; mithin von 690000 Mk. = 38640 Mk. Erbschaftsteuer. Hatte der A. bereits ein Vermögen von 2200000 Mk., so wird für die 200000 Mk. ein Zuschlag von 10 v. H. des berechneten Steuerbetrages erhoben; also 38640 + 3864 = 42504.

Der einzige Erbe ist der Bruder B. des Erblassers. Der Nachlaß beträgt 605000 Mk. Nach der III. Steuerklasse zahlt B. 6 v. H.; also Grundbetrag der Steuer 36300; hierzu Erhöhung von 60 v. H. = 21780; zusammen 58080 Mk. Hier tritt aber eine Milderung ein (§ 10 III). Würde der Nachlaß bloß 600000 Mk. betragen, so wäre eine Erhöhung nur von 50 v. H. anzusetzen; die Steuer würde sich dann auf 54450 Mk. belaufen. Daß B., weil er 5000 Mk. mehr erbt, 3630 Mk. mehr an Steuern bezahlen sollte, erschien unbillig. Darum soll, wenn und weil der Steuersatz im ganzen 30 v. H. des Gesamterwerbes nicht übersteigt, nur die Hälfte des die Wertgrenze von 600000 Mk. übersteigenden Erwerbes als Erhöhung gegenüber der vorhergehenden Wertgrenze angesetzt werden; mithin nur 2500 Mk. Daher zahlt B. nach der letztvorhergehenden Wertgrenze, wie oben dargelegt, 54450 + 2500 = 56950 Mk. (und nicht 58080).

Auf besondere steuerrechtliche Vorschriften wird bei den einzelnen Rechtsinstituten eingegangen.

Die erbrechtliche Gesamtnachfolge. Der Nachlaß. § 3.

I. **Erbrechtliche Gesamtnachfolge** ist der Eintritt des Erben kraft Berufung in die Gesamtheit aller vererblichen vermögensrechtlichen Beziehungen des Erblassers. Sie wird gekennzeichnet: 1. durch ihr **Objekt; der Nachlaß soll als Vermögenseinheit** fortbestehen und im Erben ein neues Rechtssubjekt erhalten; 2. durch den **Erwerbvorgang,** da der Erbe die Nachlaßgesamtheit durch einen einzigen Rechtsakt erwirbt. — Treten mehrere Erben ein, so vollzieht sich die Gesamtnachfolge in der Weise, daß alle Miterben insgesamt den ganzen Nachlaß und jeder einzelne den ihm angefallenen Erbanteil als Quote des einheitlichen Ganzen erwerben.

a) Der Grundsatz der Gesamtnachfolge entstammt dem römischen Rechte: der Erbe sukzediert per universitatem in omne ius defuncti. Dabei wirkte die Vorstellung mit, daß der Erbe in die Rechtspersönlichkeit des Erblassers eintritt und folglich die Gesamtheit der mit diesem verknüpften vererblichen Rechtsbeziehungen in sich aufnimmt. Die Erbeneigenschaft galt daher als eine unverlierbare persönliche Qualität des Erben; semel heres semper heres. Praktisch war damit der Eintritt des Erben in die unbegrenzte Haftung für alle vererblichen Schulden des Erblassers begründet.

b) An dem Grundsatze hält das BGB. 1922 fest. In jede Erbschaft muß eine Gesamtnachfolge stattfinden; der Erblasser kann sie nicht ausschließen, indem er etwa den ganzen Nachlaß durch Vermächtnisse verteilt. Dagegen ist heute die Idee der persönlichen Repräsentation zu verwerfen:

nicht der Mensch wird rechtlich beerbt, sondern sein Vermögen. Die Einheit der Rechtsnachfolge beruht auf der Einheit des Nachlaßvermögens. Durch sie wird gerechtfertigt und ermöglicht: 1. die Einheit des Erwerbvorganges; 2. der Übergang sämtlicher Rechte und Schulden kraft Gesetzes nach dem Anfallprinzipe; 3. woraus folgt, daß niemand als Erbe mehr Rechte erwerben kann, als dem Erblasser zustanden (ein festbegrenzter abgeleiteter Erwerb im Gegensatze zu dem selbständig wirkenden, rechtsbegründenden gutgläubigen Erwerbe auf Grund rechtsgeschäftlicher Einzelverfügungen); 4. daneben gibt es eine Sondernachfolge in einzelne Nachlaßrechte, die vor allem durch die Anordnungen von Vermächtnisforderungen geschaffen wird.

II. **Nachlaß** ist das in den Erbgang gelangte zu rechtlicher Einheit verbundene Gesamtvermögen des Erblassers.

a) **Vermögen** kommt im BGB. in dreifacher Bedeutung vor: 1. Brutto- oder Gesamtvermögen als Einheit mitsamt den Schulden (733, 718, 45, 1841); 2. Aktiv- oder Barvermögen ohne Rücksicht auf die Schulden (239, 419 II, 1691); 3. Netto- oder Reinvermögen als der nach Abzug der Schulden verbleibende Überschuß (49, 733 II, 1476). — Der Nachlaß ist Vermögen im ersten Sinne; die **Schulden** gehören untrennbar zu ihm und folgen ihm kraft innerer, rechtlicher wie wirtschaftlicher Zusammengehörigkeit nach.

b) **Gegenstand des Vermögens** sind: 1. nur die Rechte, nicht die körperlichen Sachen; nicht das Grundstück vererbt, sondern das Eigentum an ihm und trotz 857 nicht der Besitz im Sinne von 854 als tatsächliche Gewalt, sondern das als Recht begründete Besitzverhältnis (vgl. 2025 S. 2, 2027 II); 2. nur die geldwertigen Rechte im Gegensatze zu den reinen Persönlichkeits- und Familienrechten.

c) Die **Einheit des Vermögens** wird bei Lebzeiten durch die Verknüpfung aller Rechtsbeziehungen mit demselben Subjekte hergestellt. Dieses ist mit dem Tode weggefallen. Die Zusammenschließung beruht nunmehr in dem Objekte: Nachlaß ist das **zweckgebundene,** durch seine Bestimmung für die erbrechtliche Gesamtnachfolge zusammengehaltene Vermögen.

III. Der Nachlaß ist ein **Sondervermögen.** Als rechtlich selbständiger Organismus überdauert die Vermögenseinheit ihr bisheriges Subjekt und besteht solange fort, bis die endgültige Auflösung aller Rechtsbeziehungen im Vermögen des Einzelerben oder der Miterben vollzogen worden ist.

a) Die Selbständigkeit des Nachlaßsondervermögens wird befestigt durch den Grundsatz der dinglichen Surrogation oder der rechtlichen Ersetzung, wonach alle mit Mitteln des Nachlasses erworbenen Rechte kraft Rechtsvorschrift und ohne besonderen Übertragungsakt zum Nachlaßvermögen gehören. Hierauf beruht die Erhaltung der Identität des

Sondervermögens trotz des Wechsels in den einzelnen Vermögensgegenständen. Anwendungsfälle: 2019 Erbschaftanspruch, 2041 Miterbengemeinschaft, 2111 Vorerbschaft, 2374 Erbschaftkauf.

b) Unrichtig ist die Behauptung, daß mit dem Erbschaftserwerbe sogleich eine volle Rechtsvereinigung (confusio bonorum) des Nachlasses mit dem Eigenvermögen des Erben eintreten müßte. 1. In dem weitaus häufigsten Falle der Miterbengemeinschaft bildet der Nachlaß das Gesamtgut der Miterben; er bleibt ein abgeschichtetes Sondervermögen, bis die Auseinandersetzung durchgeführt worden ist. 2. Solange die Vorerbschaft dauert, hat der Vorerbe den Nachlaß als ein unter dem Wartrechte des Nacherben stehendes, zur einstigen Absonderung bestimmtes und daher in seiner Identität zu erhaltendes Sondervermögen zu verwalten. 3. Auch beim Alleinerben findet keineswegs schlechthin eine Vermögensvermischung statt. Die ganze gesetzliche Ordnung der Haftung für die Nachlaßverbindlichkeiten beruht vielmehr auf der Voraussetzung, daß der Alleinerbe den erworbenen Nachlaß zum Zwecke der Beschränkung seiner Haftung auch nach langer Zeit noch als Sondervermögen abschichten kann. Und ebenso, daß er ihn durch Erbschaftkauf und Veräußerung auf einen Anderen als Einheit übertragen und daß sowohl der Erblasser wie der Erbe an ihm als abgeschichtetem Vermögen ein Nießbrauchrecht bestellen kann (1085). 4. Ferner bildet der Nachlaß für die Nachlaßsteuer eine einheitliche Sondervermögensmasse. Aus seinem Gesamtwerte wird die Staffelung in fünf Klassen vorgenommen. Aus ihm ist die Nachlaßsteuer zu entrichten. Erbschaftsteuergesetz §§ 2 f., 13, 17.

c) Solange die rechtliche Absonderung des Nachlaßvermögens besteht oder ihre Durchführung möglich bleibt, ist eine echte endgültige Rechtsvereinigung der schuldrechtlichen und dinglichen Rechtsbeziehungen zwischen dem Alleinerben und dem Nachlaßvermögen noch nicht eingetreten. Es besteht ein rechtlicher Schwebezustand: die vorab gebundenen Rechte erstarken mit dem Vollzuge der Abschichtung wieder zu voller Kraft und Ausübung. So ist die in sich widersinnige Fiktion des Gesetzes zu erklären, wonach die durch Vereinigung erloschenen Rechte als nicht erloschen gelten sollen (1976, 1991 II, 2143, 2175, 2377). Der Miterbe kann als Gläubiger oder als Schuldner des gemeinsamen Nachlasses sogar schon während des Bestehens der Gemeinschaft zur gesamten Hand gegen die übrigen Miterben klagen und in den Nachlaß die Zwangsvollstreckung durchführen oder von diesen beklagt werden.

IV. Die **Schulden** sind immanente Bestandteile des Nachlaßvermögens. Sie bilden nicht Belastungen, die den aktiven Vermögensrechten abgesondert gegenüberständen. Das entspricht der Einheit des Vermögensganzen wie dem Gebote der Sicherung und Erhaltung der Haftung. Das Gesetz erkennt dies überall als zwingende Rechtsfolge an: **wo das Vermögen hingeht, folgen die Schulden ihm nach**. So 419, 2036, 2382; in 1967 I wird dies nur zur Klarstellung noch wiederholt.

V. Der Nachlaß als Vermögenseinheit ist **teilbar** nur in **quotenmäßige Anteilrechte** am Vermögensganzen. Ein solches Anteilrecht steht dem Miterben nach dem Rechte der gesamten Hand zu; es ist ein subjektives Anrecht, über das er verfügen darf (2033). Erbteil im eigentlichen Sinne bezeichnet den Maßstab für die Berufung. Er gelangt zur Bedeutung, wenn dieselbe Person auf mehrere Erbteile, die rechtlich voneinander getrennt sind, berufen wird und zwar aus verschiedenen Berufungsgründen; z B. auf ein Viertel kraft Gesetzes und auf ein Drittel durch Testament. Das Gesetz spricht dann von „besonderen Erbteilen" (oben § 1 Nr. I b).

§ 4. Die vererblichen und die nichtvererblichen Rechte.

I. Gegenstand der Erbfolge ist die Gesamtheit der vermögensrechtlichen Beziehungen des Erblassers, die beim Erbfall bestanden haben und ihrer Rechtsnatur nach **vererblich** sind.

a) Nur die **privatrechtlichen Rechtsbeziehungen** gelangen in den Erbgang. In öffentliche subjektive Rechte gibt es keine Erbfolge; sie entstehen beim Anwärter als neue kraft seines eigenen Rechtes. Der vom Erblasser bereits verdiente Gehaltanspruch vererbt als ein von ihm erworbener vermögensrechtlicher Anspruch: der Anspruch der Witwe auf die Besoldung für das Gnadenquartal entsteht bei ihr aus eigenem Rechte.

b) Vererblich sind grundsätzlich alle beim Erblasser bereits entstandenen **Forderungsrechte** und **dinglichen Rechte.** Das **Urheberrecht,** auch soweit es personenrechtlicher Natur ist. Der Besitz als Rechtsverhältnis, nicht als tatsächliche Gewalt (857 gegenüber 854; dazu 2025, 2027). Das Mietverhältnis mit dem Rechte der Kündigung (569); das Pachtverhältnis ohne Kündigungsrecht (596 II).

c) Vererblich sind die **wartrechtlichen Rechtsbeziehungen,** wie ein bedingtes Forderungsrecht oder das durch eine Vormerkung gesicherte dingliche Wartrecht.

Ferner die sog. Rechtslagen, die sich ergeben aus der dinglichen Einigung über eine Rechtsänderung (873 II) oder aus der vom Erblasser erteilten Eintragungsbewilligung (GBO. 41); die Ersitzungslage und die Verjährungslage; die aus dem Antrage zu einem Vertragschluß entstandene Gebundenheit (130 II, 153). Der Auftrag wie die auf ihm beruhende Vollmacht erlöschen im Zweifel nicht mit dem Tode des Auftraggebers (672, 168). Der Erblasser kann daher seinen Erben oder einen Dritten ausdrücklich bevollmächtigen, auch nach Eintritt des Erbfalles über die im Depot einer Bank befindlichen Wertpapiere zu verfügen; das ist sehr wichtig, weil nur so die zeitraubende vorherige Erwirkung eines Erbscheines wie der Zeitverlust vermieden werden kann, der sonst durch die Anmeldung bei der Steuerbehörde und die Sperrung des Guthabens bei der Bank bis zum Ablauf der Ausantwortungsfrist nach dem Erbschaftsteuergesetz § 29, 18 VII eintritt.

II. **Nicht vererbliche Rechte.**

a) Als gar nicht zum Nachlaß gehörend sind abzuscheiden: 1. die an die **persönliche Rechtsstellung des Erblassers** gebundenen Rechte und Pflichten, in denen er als Vormund, Testamentvollstrecker, Nachlaßverwalter usw. stand (dazu jedoch 673, 1894, 2218); die Mitgliedschaft eines rechtsfähigen Vereins (38, bei der Gesellschaft gilt 727); 2. die beim Erben zwar infolge des Todesfalles entstandenen, aber nicht aus dem Rechte des Erblassers abgeleiteten Ansprüche auf Schadenersatz nach 844. Ebensowenig der Anspruch aus der zugunsten des Erben abgeschlossenen Lebensversicherung.

b) Nicht vererbliche Rechte im echten Sinne sind solche, die als vermögensrechtliche zum Nachlaß gehören könnten, jedoch erlöschen, weil sie nach ihrem Inhalte oder ihrer Rechtsnatur nur vom **Erblasser in Person** geltend gemacht oder nur von ihm selbst erfüllt werden sollen. Das Gesetz hat diese Unvererblichkeit vielfach ausdrücklich ausgesprochen; hieraus ist für andere Fälle das Prinzip für die Auslegung zu gewinnen.

1. Auf den Erben geht nicht über die Verpflichtung aus einem **Arbeitvertrage,** soweit die Leistung von der individuellen Arbeitskraft oder der persönlichen Tüchtigkeit des Erblassers abhängt (613, 664, 691, auch 631). Auf die Lebenszeit des Gläubigers sind regelmäßig beschränkt die Rechte auf **Leibrenten und Nießbrauch** (759, 1061, 1090 II). Ob das Recht aus einem Vorvertrage z. B. auf Gewährung eines Darlehns vererbt, wird von der Kreditwürdigkeit des Erben abhängen. Die **Unterhaltrechte und -Pflichten** zwischen Ehegatten und Verwandten sind unvererblich; Ausnahmen nach 1582, 1712, 1715.

2. Die **Unübertragbarkeit** kündet regelrecht die Bindung an die Person und damit die Unvererblichkeit; so nach 38, 514, 847, 1300, 2317 und ohne ausdrückliche Gesetzesbestimmung das Nutznießungs- und Verwaltungsrecht des Ehemannes oder der Eltern nach 1408, 1658, auch 1427, 1585. Aber zwingend ist diese Schlußfolgerung nicht. Es gibt Rechte, die für unübertragbar erklärt werden und gleichwohl vererblich sind, wie der Anspruch auf die Aussteuer (1623; ferner 377, 400); während das für vererblich erklärte Vorkaufrecht der Miterben nicht übertragbar ist 2034.

3. Der Anspruch wie die Pflicht auf **Schadenersatz aus unerlaubten Handlungen** gehen auf den Erben über. Nicht aber der Anspruch auf billige Entschädigung, weil er die persönliche Genugtuung bezweckt (847, 1300) und nicht der Anspruch auf Buße (StPO. § 444).

§ 5. Erblasser und Erbe.

I. **Der Tod jedes Menschen erzeugt einen Erbfall.** Davon gibt es keine Ausnahmen; erbunfähige Personen kennt unser Recht nicht mehr. **Erblasser ist nur der gestorbene rechtsfähige Mensch.** Der erst Empfangene kann Erbe werden, aber nicht Erblasser sein. Dasselbe gilt für die juristische Person. Das Gesetz (1922 I) verwirrt das, indem es „Person" in verschiedenem Sinne gebraucht.

Zwingende Voraussetzung der Beerbung ist der Tod des Erblassers. Er muß bewiesen werden. Das regelmäßige Beweismittel für den Eintritt und den Zeitpunkt des Todes ist das **Sterberegister** der Standesbeamten (Personenstandsgesetz § 15). Ist der Beweis weder hierdurch noch auf andere Weise zu führen, so wird er durch die **gerichtliche Todeserklärung** ersetzt (13 f.; für Kriegsverschollene Bek. des Bundesrates vom 18. April 1916 und 9. August 1917; EG. 9). Das daraufhin ergangene Urteil hat: 1. die allgemeine Wirkung, daß der Verschollene kraft gesetzlicher Vermutung als mit Ablauf des im Urteil bestimmten Tages verstorben gilt (18); 2. darüber hinaus wird die Vermutung zum Rechtsschein verstärkt; das Urteil wirkt zugunsten des darauf vertrauenden Dritten wie ein Erbschein; zu allen Verfügungen über die Nachlaßrechte ist derjenige legitimiert, der Erbe sein würde, wenn das Urteil den Todestag richtig festgestellt hätte (2370), und der daraufhin die Erbschaft erworben hat. 3. Kehrt der fälschlich für tot Erklärte zurück, so kann er den vermeintlichen Nachlaß mit dem erbrechtlichen Gesamtanspruch herausverlangen (2031).

II. **Erbe ist, wer den Nachlaß als Gesamtnachfolger erworben hat.**

Das Gesetz gebraucht die Worte Erbe und subjektives Erbrecht in verschiedenem Sinne. Daraus ist eine arge Verwirrung der Begriffe und eine Hemmung der sachgemäßen Rechtsentwicklurg entstanden.

a) Ein **subjektives Erbrecht** gibt es nur als das individualisierte rechtliche Können und Dürfen; im wesentlichen als die rechtliche Verfügungsmacht über die Nachlaßrechte. 1. Das vom Gesetze so genannte „künftige" Erbrecht ist kein verwirklichtes und auch kein Wartrecht, sondern eine bloße Aussicht auf eine künftig erhoffte Berufung. Sie kann den Gegenstand eines Kaufes, Vergleiches, Verzichtes oder einer Abfindung auf den etwaigen Erbanteil oder Pflichtteil bilden, niemals aber den einer dinglichen Verfügung; denn es handelt sich nicht um ein irgendwie bereits bestehendes, sondern nur um ein Recht, dessen künftige Entstehung in Erwartung und in Rechnung gestellt wird. Dazu 312 II, 511; 1477 II, 1521, 1551, 1556; 2346,

2349 (Verzicht auf das Erbrecht der Abkömmlinge des Verzichtenden, von dessen Existenz vorab in keiner Weise die Rede sein kann). — 2. Ein subjektives Erbrecht im wahren Sinne entsteht erst mit dem Tode des Erblassers. Erst mit dem Erbfalle existiert ein Nachlaß und ein an ihm mögliches und verwirklichtes Erbrecht. (Daher sind richtig gefaßt 2018, 2353 f., 2376.) Ihm entspricht der Anspruch auf Anerkennung als Erbe und als Herr der vererbten Nachlaßrechte.

b) Die Rechtsstellung als Erbe nimmt ein, wer den Nachlaß als Vermögensganzes erworben hat. **Man ist nicht Erbe, sondern man hat die Erbschaft.**

1. Erbfall und Anfall der Erbschaft sollen zusammenfallen. Aber der Anfall kann ausgeschlagen werden; und dann war die Erbschaft auf den Berufenen niemals übergegangen (1953 I). Mithin ist es nicht richtig, daß mit dem Erbfall die Erbschaft kraft Gesetzes auf den Berufenen als Erben überginge (was 1942 angibt). Der Berufene ist „Erbe" erst, wenn er den Anfall durch Annahme oder Nichtausschlagung bestätigt hat. Vorher steht ihm ein vererbliches subjektives Wartrecht zur Annahme zu; erst der bestätigte Erwerb der Erbschaft schafft den Erben im wahren Sinne. Die allgemein übliche Bezeichnung des Wartberechtigten als „vorläufigen Erben" enthält einen Widerspruch in sich selbst; denn vorläufig kann man niemals als Erbe, sondern nur als Anwärter dem Nachlaß gegenüberstehen. Eine ganz andere Erwägung ist es, daß die Besonderheit der erbrechtlichen Normen wie des Erbenbegriffes nur eine transitorische Geltung hat, so lange der erbrechtliche Wirkungszustand dauert: ist der Nachlaß als Sondervermögen aufgelöst und in dem Erbenvermögen aufgegangen, so hat die Bezeichnung als Erbe nur noch den Wert einer geschichtlichen Erinnerung an den Erwerbgrund und Haftungsgrund.

2. „Erbe" kennzeichnet die materiellrechtliche Rechtsstellung als Erwerber des Nachlaßganzen. Wir verwerfen die **mystische Vorstellung**, als ob der Erblasser als Person durch **Seelenwanderung** in dem Erben fortlebe. Für den Übergang und Fortbestand der subjektiven Rechte brauchen wir eine derartige unwahre Verewigung des Willens nicht. Trotzdem herrscht immer noch die Auffassung, daß allein und nur durch die geheimnisvollen Eigenschaften der Berufung jene besondere Beziehung zum Erblasser geschaffen würde, die den Erwerber zum echten Erben stempelte. Und darum wehren Rechtslehre und Rechtsprechung sich gegen die Anerkennung des aus der Definition des Erben sich ergebenden Kehrsatzes: wer den Nachlaß als Vermögensganzes erworben hat, nimmt die Rechtsstellung als Erbe ein; denn er hat die Rechtsmacht über dieses Sondervermögen, die wir subjektives Erbrecht nennen. Indem die herrschende Lehre vor allem dem, der nach 2033 einen Erbanteil erworben hat, den Titel als Erbe abspricht, versagt sie ihm z. B. das Recht auf den Erbschein, da dieses nur dem

Erben zustehe (2353). Daß damit eine gesunde und gerechte Rechtsfortbildung vereitelt wird, kann kaum noch bestritten werden. Es soll nicht verleugnet werden, daß der Berufene wirklicher Erbe geworden ist; aber es soll ermöglicht werden, daß er aufhören kann, weiterhin Erbe zu sein, wie dies das Gesetz beim Vorerben anerkennt und daß alsdann der Erwerber der Erbschaft oder des Erbanteils in die volle Rechtsstellung eines Erben eingetreten ist analog einem Nacherben.

c) **Erbfähig** ist nur, wer zur Zeit des Erbfalles noch und schon lebt (1923 I). Bei gleichzeitigem Tode beerbt keiner den anderen (20). Das Erfordernis der **Koexistenz** ist erfüllt für den beim Erbfall bereits Erzeugten, sofern er lebend geboren wird; nasciturus pro iam nato habetur (1923 II mit schief gefaßter Fiktion). Der Anfall der Erbschaft erfolgt erst mit der Geburt; aber die Nachlaßrechte waren seit dem Erbfalle durch das objektive Wartrecht des Empfangenen verstrickt und insofern, wie sich nunmehr ergibt, bereits die seinigen. — Der beim Tode des Erblassers noch nicht Erzeugte kann diesen nur als Nacherbe unter Einschiebung eines vermittelnden Vorerben beerben.

Wir erkennen, daß das BGB. mit dem Worte „leben" seltsam umgeht. Nach 1923 II lebt das empfangene Kind nicht, es soll nur als vor dem Erbfall geboren gedacht werden, offenbar weil nach § 1 nur der bereits lebend Geborene rechtsfähig ist; aber der Widerspruch mit der Lebenswirklichkeit kann durch solche Fiktionen nicht verdeckt werden. Es ist der alte Fehler: das Gesetz tut so, als ob es die Tatsachen umgestalten könnte, während seine Macht sich doch nur auf die Gestaltung der Rechtsbeziehungen erstreckt; zu der hierfür erforderlichen Verwendung des Begriffes der Wartrechte ist das BGB. noch nicht vorgedrungen. So kommt es, daß wir mit unverdauten Fiktionen überschüttet werden und unterscheiden müssen: 1. den noch nicht lebenden Empfangenen, der als erbrechtlich lebend gilt und 2. die in Wirklichkeit Lebenden, die aber für den Erbgang als erbrechtlich tot behandelt werden sollen, deren Existenz hierfür geleugnet wird; als nicht lebend gilt, wer als gesetzlich Berufener die Erbschaft ausgeschlagen hat (1953 II), wer für erbunwürdig erklärt worden ist (2344 II), wer nach 2346, 2349 auf sein gesetzliches Erbrecht verzichtet hat, so daß sich die Wirkung nicht auf seine Abkömmlinge erstreckt, und ferner der durch Testament Enterbte (RG. 61, 14). Auch EG. 86 S. 2.

d) Eine bereits bestehende **juristische Person** kann vermöge ihrer Rechtsfähigkeit zur Erbin eingesetzt werden. Durch Landesgesetz darf aber ihre Erwerbfähigkeit auf einen Höchstbetrag beschränkt oder allgemein von staatlicher Genehmigung abhängig gemacht werden; EG. 86. Die Genehmigung ist einzuholen von dem Staate, in dessen Gebiete die juristische Person ihren Sitz hat und außerdem von dem, in dessen Gebiet der Erblasser seinen Wohnsitz hatte und der Nachlaß sich befindet.

Eine noch nicht bestehende j. P., deren Errichtung in Aussicht genommen wird, kann nur als Nacherbin eingesetzt werden; 2101 II, 2105 II. Dagegen ist es möglich, daß eine **Stiftung** simultan begründet und zur Erbin eingesetzt wird (84 mit der üblichen das Problem versteckenden Fiktion). Ist ein nicht rechtsfähiger Verein zum Erben eingesetzt, so läßt sich diese der Fassung nach ungültige Verfügung durch die Auslegung aufrecht erhalten, daß die gegenwärtigen und künftigen Mitglieder als Miterben berufen sind.

Der zeitliche und örtliche Geltungsbereich des BGB. § 6.

I. Die Erbfolge untersteht dem Rechte, das im **Zeitpunkte des Erbfalles** in Geltung ist.

a) War der Erblasser **vor dem Inkrafttreten des BGB.** gestorben, so bleibt für die Ordnung der „erbrechtlichen Verhältnisse", das sind alle durch den Erbfall ausgelösten Rechtsfolgen, das alte Recht maßgebend; EG. 213. Formellrechtlich insbesondere die Regeln über den Erwerb der Erbschaft und die Anfechtung des Erwerbes, über die Erteilung eines Erbscheines, über die Nachlaßpflegschaft und Testamentvollstreckung und über das erbschaftliche Liquidationsverfahren. Materiellrechtlich gelten fort die Normen über die Berufung zur gesetzlichen Erbfolge, über die Haftung des Erben und die Rechtsgemeinschaft der Miterben, über die Voraussetzungen und Wirkungen der Erbschaftsklage und über die erbrechtlichen Wirkungen des damals bestehenden ehelichen Güterstandes (EG. 200 I 2).

b) Die Rechtsfolgen des **nach dem Inkrafttreten des BGB.** erfolgten Erbfalles richten sich grundsätzlich nach dem neuen Rechte. So die Berufung kraft Gesetzes, der Anfall wie die Ausschlagung der Erbschaft, die Schuldenhaftung, die Miterbengemeinschaft, die Ausgleichungspflicht, der Pflichtteilanspruch, der Erbschein und Erbschaftanspruch. Dagegen wird die vor dem 1. Januar 1900 vollzogene Errichtung einer Verfügung von Todes wegen in ihrem ganzen rechtsgeschäftlichen Entstehungstatbestande (Formgebote, Testierfähigkeit, Willensmängel, Anfechtbarkeit, Bindung an das gemeinschaftliche Testament oder den Erbvertrag, EG. 214 II) nach dem alten Rechte beurteilt. Ob dies auch für die Auslegung gilt, ist bestritten; es scheint aber bedenklich, den in dem altrechtlichen Testamente gebrauchten Worten eine Bedeutung im Sinne des viel später entstandenen BGB. beilegen zu wollen, von der der Erblasser nichts ahnen konnte (so auch RG. 76, 22). Die materiellrechtlichen Wirkungen, wie etwa die

Rechtsstellung der Miterben zueinander oder die Haftung des Erben oder die Rechtsfolgen eines Vermächtnisses als Vindikations- oder Damnationslegates, werden ausschließlich auch für das altrechtliche Testament nach dem zur Zeit des Erbfalles geltenden Rechte eingestellt.

II. Der **deutsche Erblasser** wird nach deutschen Gesetzen beerbt, gleichviel wo er seinen Wohnsitz hatte und wo sich der Nachlaß befindet; EG. 24 I] Dementsprechend untersteht die Erbfolge des **ausländischen Erblassers** dem entsprechenden Heimatrechte, auch wenn er seinen Wohnsitz und sein Vermögen im Inlande hatte; EG. 25.

Die Anknüpfung an das Recht der Staatsangehörigkeit stößt für das Erbrecht auf große praktische Schwierigkeiten. Der allgemeine Gerichtstand der Erbschaft wie die Zuständigkeit des Nachlaßgerichtes werden grundsätzlich nach dem letzten Wohnsitz des Erblassers bestimmt (ZPO. 27, 28; FGG. 73). Materiellrechtlich kann der Deutsche seine nur nach deutschem Rechte begründeten Ansprüche auch gegen den Nachlaß eines Ausländers geltend machen, wenn dieser im Inlande seinen Wohnsitz hatte (EG. 25 S. 2). Da der ausländische Staat den in seinem Gebiete befindlichen Nachlaß eines Deutschen autonom seinem eigenen Rechte unterstellt, wird der deutsche Erbe naturgemäß das ausländische Recht des letzten Wohnsitzes des deutschen Erblassers und nicht das deutsche Recht anrufen müssen (EG. 24 II, 27, 28). Für Liegenschaften gilt nach dem Rechte vieler ausländischen Staaten schlechthin die lex rei sitae. Ausländer, die im Inland ihren Wohnsitz haben, gelten für die Erbschaftsteuer als Inländer; Erbschaftsteuergesetz (oben § 2) § 8 I Nr. 2.

Kapitel II.

Gesetzliche Erbfolge.

§ 7. Allgemeine Grundsätze.

I. Jeder Erbfall muß seinen Erben finden. Hierfür zu sorgen, ist die vornehmlichste Aufgabe der Rechtsordnung. Sie stellt fest, wer nach guter Volksanschauung als der normale Erbe zu achten ist. Sie beruft die kraft Gesetzes für erbberechtigt erklärten Personen in bestimmter Reihenfolge nacheinander, bis ein Berufener als Erbe eintritt. Zuletzt steht als Zwangserbe der Fiskus.

Die **gesetzliche Berufung hat die Vermutung für sich**; sie gilt als die regelrechte Ordnung, bis sie durch den Beweis einer gültigen Verfügung von Todes wegen widerlegt wird. Nach römischem und gemeinem Rechte dagegen stand die testamentarische Berufung in dem Vordergrunde; gesetzliche Berufung gab es nur: si intestato moritur. Daher hieß der gesetzliche Erbe Intestaterbe. Es ist irreführend, wenn heute noch von Intestaterben gesprochen wird. Damit wird zugleich die falsche Vorstellung erweckt, als ob heute noch die

Ausschließlichkeit der einen oder anderen Berufungsart gälte; während nach dem BGB. die gesetzliche Berufung neben der testamentarischen eintreten kann.

Die echten Erben sind nach deutscher Rechtsauffassung die Familiengenossen: die Blutsverwandten und der Ehegatte. Volle Erbberechtigung schafft nur die eheliche Abstammung. Den ehelichen Kindern stehen gleich die in „scheingültiger" Ehe erzeugten (1699) und die durch nachfolgende Ehe legitimierten (1719, 1722); das für ehelich erklärte Kind nur gegenüber dem Vater (1736, 1737), das Wahlkind nur gegenüber dem Annehmenden (1757). Das uneheliche Kind hat die erbrechtliche Stellung eines ehelichen gegenüber der Mutter und ihren Verwandten (1705); wieweit es in Ausführung des art. 121 der Reichsverfassung vom 11. August 1919 auch dem Vater und dessen Verwandten gegenüber erbrechtlich als eheliches behandelt werden soll, ist eine noch ungelöste Frage.

II. Den Aufbau für die sukzessive Berufung der Verwandten hat das BGB. unter den Gedanken der **Parentelenordnung** gestellt. Das bedeutet: als gesetzliche Erben werden die Verwandten berufen, die mit dem Erblasser die nächsten Vorfahren gemeinsam haben. Sie bilden unter sich eine „Ordnung" (Parentel), eine geschlossene Gruppe von Erbberechtigten: solange in ihr auch nur einer vorhanden ist, der fähig und bereit ist zum Erwerbe der Erbschaft, sind die Verwandten der folgenden Ordnung ausgeschlossen. Damit werden in glücklicher Gestaltung zwei Grundsätze vereinigt: die Vorfahren treten kraft Schoßfallrechtes vor ihre Abkömmlinge (z. B. die Eltern erben vor den Geschwistern) und die Genossen der jüngeren Generation erben vor denen der älteren (z. B. die von den Eltern abstammenden Abkömmlinge schließen alle von den Großeltern abstammenden aus). Um dies durchzuführen, gilt (innerhalb der drei ersten Ordnungen) der Grundsatz der **Erbfolge nach Stämmen** oder das **Repräsentationsrecht:** die entfernteren Abkömmlinge treten an Stelle der vorverstorbenen ein.

Dieses **Repräsentationsrecht** bedeutet: die nachberufenen Abkömmlinge erben mit dem Range und dem Maße des ausgefallenen vorberufenen Vorfahren. Die Gradnähe der Verwandtschaft zum Erblasser ist gleichgültig (die von der Tochter abstammende Urenkelin steht neben dem Sohne, sie rückt in die erste Generation ein) und zugleich wird ein Rechnungsgrundsatz für die Abmessung der Erbteile aufgestellt (die drei Enkel erben insgesamt den Kopfteil ihres verstorbenen Vaters). Die in 1924 III, 1925 III, 1926 III gewählte Fassung (im wesentlichen die Übersetzung von Gaius 3,7 und Nov. 118 c 1) ist verunglückt. 1. Irreführend ist, daß die entfernteren Abkömmlinge „an die Stelle" des vorstehenden treten. Sie erben vielmehr aus eigenem Rechte und als unmittelbar Berufene; es schadet ihnen nichts, wenn der Vordermann z. B. erbunwürdig ist und es hilft ihnen nichts, wenn jener erbwürdig, sie selbst aber erbunwürdig sind. „Stelle" bedeutet den Rangvorzug und das Teilungsprinzip. 2. Irreführend wird die Voraussetzung des Eintrittrechtes darauf abgestellt, daß der zu ersetzende Vorfahre „nicht mehr lebt". Das Gesetz unterstellt hier einen absonderlichen Begriff des tatsächlich Lebenden, aber erbrechtlich Toten. Als solcher gilt: außer dem beim Erbfall bereits Verstorbenen, wer die Erbschaft ausgeschlagen hat (1953 II), wer für erbunwürdig erklärt worden ist (2344 II), wer nur für seine Person auf sein gesetzliches Erbrecht verzichtet hat (2346, 2349) und auch der durch Verfügung von Todes wegen Enterbte (RG. 61, 14). Also z. B. die Enkel werden berufen, wenn ihr Vater die Erbschaft ausgeschlagen hat. Was das Gesetz aussprechen wollte, hat den Sinn: für jeden Stamm wird ein eigener Erbteil gebildet und den Stammesangehörigen ausschließlich vorbehalten; scheidet der Erstberufene vom Erwerbe des Stammerbteiles aus, so werden auf diesen die nächstfolgenden Abkömmlinge berufen. (Ferner EG. 86 S. 2.)

Wer mehreren Stämmen angehört (das Kind von Vetter und Base gegenüber den Urgroßeltern), hat die entsprechende mehrfache Erbberechtigung (1927).

III. Das BGB. spricht in seltsamem Sinne von der **Erhöhung des gesetzlichen Erbteils** (1935).

Scheidet einer der gesetzlichen Miterben vom Erwerbe seines Erbteiles aus, so kommt zuerst das Eintrittrecht zur Geltung. Fällt dieses aus, weil keine Abkömmlinge vorhanden sind (der kinderlose Sohn schlägt die Erbschaft aus); so wird der ledige Erbteil auf den erwerbenden Miterben (die annehmende Tochter) übergeleitet. Diesen Vorgang nennt das Gesetz „Erhöhung". Sie ist eine rein fiktive, unwahre, wenn der Miterbe „vor" dem Erbfall weggefallen ist. Fällt er „nachher" durch Ausschlagung oder Erbunwürdigkeitserklärung weg, so handelt es sich um eine kraft Gesetzes eintretende Erweiterung der ursprünglichen Berufung und keineswegs um den Anfall eines zweiten Erbteils. Die Berufung umfaßt einheitlich den nunmehr richtig berechneten gesetzlichen Erbteil, sie beruht auf einem einheitlichen Grunde; im Sinne des Gesetzes ist der ganze erhöhte Erbanteil als Einheit gleichzeitig mit dem Erbfall angefallen, der Berufene muß sich einheitlich über ihn entscheiden, ihn ganz annehmen oder ganz ausschlagen (1951 II).

Wenn dennoch 1935 (auch 2007) hierbei von mehreren Erbteilen spricht, obgleich solche gar nicht existieren (auch nicht als relativ besondere, womit die Theorie die Rechtsfrage zu verdunkeln liebt), so versteckt sich dahinter nur der Rechtsatz: Beschwerungen (Vermächtnisse, Auflagen, Ausgleichungspflicht) dürfen auf einen bestimmten Nachlaßgegenstand oder Nachlaßteil gelegt werden und bei dieser Begrenzung der Haftung bleibt es, auch wenn die vom Erblasser in Erwägung gezogene Spaltung der Erbanteile wegfällt. Bruder und Schwester sind die gesetzlichen Erben; dem Bruder ist ein Vermächtnis von 70000 Mk. auferlegt; der Nachlaß beträgt nur noch 100000 Mk., also schlägt der Bruder aus; die Schwester ist jetzt Alleinerbin; sie braucht aber das Vermächtnis nur soweit zu erfüllen, wie es der Bruder hätte tun müssen, also mit 50000; ihr ursprünglich angesetzter Nachlaßanteil soll im Sinne des Erblassers von der Vermächtnisschuld frei bleiben. Um dieses richtige und selbstverständliche Ergebnis festzustellen, ersinnt das BGB. den „erhöhten besonderen Erbteil"; es verwendet denselben Gedanken auch noch bei der Anwachsung und der Ersatzberufung (2095, 2159, 2187, 2007). Irgendein beachtlicher Unterschied zwischen Erhöhung und Anwachsung besteht nicht; 1935 ist zu streichen.

Die Erbfolgeordnung der Verwandten. § 8.

I. **Erben erster Ordnung** sind die Abkömmlinge des Erblassers (1924). Kinder erben nach Kopfteilen; Enkel und weitere Abkömmlinge nach Stämmen.

II. **Erben zweiter Ordnung** sind zunächst die Eltern nach Schoßfallrecht; jeder Elternteil zur Hälfte. In den Erbteil des erbrechtlich toten Elternteiles treten ein die von ihm abstammenden Abkömmlinge (1925). Diese Erbfolge über die Schultern der Eltern ist eine gute Lösung. Sie ergibt zugleich, daß halbbürtige Geschwister nur berufen werden, wenn der mit dem Erblasser gemeinschaftliche Elternteil ausgeschieden ist.

III. **Erben dritter Ordnung** sind zunächst die Großeltern (1926). Jedem Großelternpaare fällt die Hälfte des Nachlasses an. Diese Schichtung nach Halbteilen bleibt bestehen, wenn einer oder beide Großeltern der väterlichen oder mütterlichen Linie ausscheiden. Der ledig gewordene Anteil fällt seinen Abkömmlingen kraft Eintrittrechtes an. Erst wenn sämtliche Verwandte der einen Großelterngruppe erbrechtlich ausgeschieden sind, fällt der ganze Nachlaß der anderen Linie an.

IV. Von hier ab hört die strenge Durchführung des Parentelensystems auf.

a) In der **vierten Ordnung** werden zuerst die Urgroßeltern berufen (1928) und zwar schlechthin nach Kopfteilen. Ein Eintrittrecht gibt es nicht. Erst wenn sämtliche Urgroßeltern ausgefallen sind, wird der im Grade nächste Verwandte des Erblassers berufen; gleichnahe zu gleichen Teilen.

b) Diese Grundsätze finden auf alle weiteren Ordnungen Anwendung (1929). Das BGB. setzt für die Konstruktion der kühnsten Parentelen keine rechtlichen Schranken. Diese Erbberechtigung ohne Grenzen ist widersinnig. Wo die Lebensgemeinschaft mit dem Erblasser fehlt, sollte die gesetzliche Berufung der Verwandten ausgeschlossen sein. Über die dritte Ordnung dürfte jedenfalls nicht hinausgegangen werden. Nach ihr käme der Staat heran. Die entsprechende Änderung des BGB. muß kommen. Sie ist durch das Reichs-Erbschaftsteuergesetz angebahnt, insbesondere dadurch, daß § 9 die bevorrechteten Klassen mit den Großeltern, Geschwisterkindern und Wahlkindern abschließt (die Verschwägerten kommen für die gesetzliche Berufung nicht in Betracht.)

§ 9. Das gesetzliche Erbrecht des Ehegatten.

I. Das Anrecht auf den Nachlaß des verstorbenen Ehegatten gründet sich auf den Gedanken der Fortwirkung der ehelichen Lebensgemeinschaft. Diese wird am vollkommensten gewahrt durch die Fortsetzung der allgemeinen Gütergemeinschaft oder der Fahrnisgemeinschaft: das eheliche Gesamtgut bleibt erhalten, in den Anteil des verstorbenen Ehegatten wird grundsätzlich keine Erbfolge eröffnet (1483, 1557). Bei anderen Güterständen wird ein ähnlicher Erfolg erreicht durch das Berliner oder das deutsche gemeinschaftliche Testament (2269) oder durch die Aussetzung eines Wittums oder durch das Vermächtnis des Nießbrauches am Nachlasse auf Lebenszeit oder bis zur Wiederverheiratung. Zur Ergänzung und Aushilfe dient das gesetzliche Erbrecht des Ehegatten.

II. Erbberechtigt ist nur der Ehegatte, der beim Erbfall mit dem Erblasser durch **gültige Ehe** verbunden war. Die Nichtigkeit der scheingültigen Ehe kann, weil sie nunmehr aufgelöst ist, im Erbschaftstreite in jeder Weise geltend gemacht und bewiesen werden (1329). Die anderen Erben dürfen das Recht des Erblassers zur Anfechtung der Ehe geltend machen, wenn dieser selbst noch die Anfechtungsklage erhoben hatte (1343); den Beweis für den Anfechtungsgrund haben sie im Erbschaftstreite zu erbringen.

Scheidung bricht das gesetzliche Erbrecht; auch für den nichtschuldigen Ehegatten. Das Erbrecht wird aber auch bereits ausgeschlossen, wenn der überlebende Ehegatte durch schuldhafte Verletzung der ehelichen Pflichten einen Scheidungsgrund gegeben und der Erblasser die Klage auf Scheidung rechtswirksam erhoben hatte (1933); den Beweis für den Scheidungsgrund müssen die Gegenerben im Erbschaftstreite erbringen. Die vollzogene Ehescheidung wegen

Geisteskrankheit vernichtet das Ehegattenerbrecht; aber 1933 findet hier keine Anwendung. Was für die Scheidung gesagt ist, gilt ebenso für die Aufhebung der ehelichen Gemeinschaft.

III. Der **Erbteil des Ehegatten** beträgt neben den Abkömmlingen ein Viertel, neben den Verwandten der zweiten Ordnung die Hälfte des Nachlasses. Von den übrigen Verwandten konkurrieren mit dem Ehegatten nur die Großeltern: der Ehegatte erhält vorab die Hälfte und ferner alle von den Großeltern selbst nicht erworbenen Erbteile (1931 I). Alle weiteren gesetzlichen Erben schließt der Ehegatte aus (1931 II).

IV. Das gesetzliche Erbrecht der Ehegatten umfaßt außer dem Erbteil als **Voraus** die zum Haushalte gehörende Fahrnis und die Hochzeitsgeschenke (1931). Er soll in der Lage sein, den Haushalt in der bisherigen Weise fortzuführen. Neben den Abkömmlingen besteht das Recht auf den Voraus nicht; mit ihnen, so meinte man, wird der überlebende Elternteil entweder die Hausgemeinschaft fortsetzen oder sich über die Verteilung einigen. Der Voraus wird rechtlich als Vorausvermächtnis behandelt; es besteht auf ihn mithin nur ein Forderungsrecht, kein dingliches Aussonderungsrecht (1932 S. 2, 1967 II, 2174).

Das gesetzliche Erbrecht des Staates. § 10.

I. Nach dem BGB. ist der **Fiskus** der zuletzt berufene gesetzliche Erbe. Er kommt erst heran, wenn kein anderer vorhanden oder annahmebereit ist. Dann aber muß er als **Zwangserbe** eintreten, weil es keine erblose Verlassenschaft geben darf (1936, 1942 II).

a) Erbberechtigt ist der Fiskus des Einzelstaates, dem der Erblasser zur Zeit seines Todes angehört hat. Er kann kraft Gesetzes Miterbe (2088) oder Vorerbe sein (2105; nicht Nacherbe 2104 S. 2). Der Fiskus erwirbt die Erbschaft wie jeder Erbe; aber: 1. ohne Ausschlagungsrecht (1942 II); 2. dafür mit dem unverlierbaren Rechte auf Haftungsbeschränkung, weil ihm keine Inventarfrist bestimmt werden darf (2011; dazu ZPO. 780 II); 3. die literarischen Urheberrechte des Erblassers erlöschen (RGes. 19. Juni 1901 § 8 II und 9. Januar 1907 § 10 II und 22. Mai 1910).

b) Der Fiskus kann als gesetzlicher Erbe erst auftreten und belangt werden, wenn das Nachlaßgericht auf Grund eines öffentlichen Aufgebotverfahrens (1965) festgestellt hat, daß kein anderer Erbe vorhanden ist (1964 I, 1966). Diese Feststellung begründet die widerlegbare Vermutung, daß der Fiskus gesetzlicher Erbe ist (1964 II).

c) Nach Landesrecht kann gewissen Körperschaften, Stiftungen oder Anstalten des öffentlichen Rechts ein gesetzliches Erbrecht vor und mit Ausschluß des Fiskus verliehen werden (EG. 138, 139).

II. Viel bedeutsamer ist der Anteil, der dem Reiche an jedem Nachlasse durch das Reichs-Erbschaftsteuergesetz zugewiesen wird (oben § 2). Das ist allerdings kein Erbrecht; aber im materiellen Erfolge steht das Reich einem Pflichtteilberechtigten gleich.

Kapitel III. **Verfügungen von Todes wegen.**

§ 11. Begriff und Anwendungsgebiet.

I. **Verfügungen von Todes wegen** (V. v. T.) sind rechtsgeschäftliche Bestimmungen, die beim Tode des Verfügenden für seinen Nachlaß in Wirkung treten sollen.

Dem ältesten deutschen Rechte sind sie fremd. Die zum Familiengute gehörenden vererbten Liegenschaften standen als „das Erbe" unter der unverbrüchlichen Bindung des Wartrechtes der nächsten gesetzlichen Erben; und über die Fahrnis konnte der Eigentümer nur bei Lebzeiten und in körperlicher Rüstigkeit verfügen. Erst im Laufe des Mittelalters haben sich Vergabungen v. T. oder Gemächte entwickelt, die teils zu Erbeinsetzungsverträgen umgebildet, teils durch Testamente ersetzt worden sind. Die Einführung und volle Anerkennung der Testamente als der gewillkürten einseitigen V. v. T. erfolgte unter dem starken Einfluß der Kirche auf der Grundlage des römischen Rechtes.

II. **Begriff und Inhalt** der V. v. T.

a) Die eigentliche **erbrechtliche Natur** der V. v. T. als der gewillkürten Gestaltung der Erbfolge kennzeichnet sich dadurch: 1. der Eintritt des Erbfalls bildet ein wesentliches Erfordernis für die Vollendung des rechtsgeschäftlichen Tatbestandes und 2. die Verfügung ergreift lediglich die zum Nachlaß gehörenden Rechte. Darum entstehen die Rechte der Erben und Vermächtnisnehmer erst mit dem Erbfall und nur an dem alsdann noch vorhandenen Nachlasse. Vorher gibt es keine subjektiven Erbrechte, auch nicht etwa im Sinne von subjektiven Wartrechten; denn es existiert noch kein Gegenstand für eine dingliche Verfügung oder eine schuldrechtliche Verpflichtung. Ebenso ist vorher der Tatbestand nach der subjektiven Seite hin noch unvollendet, weil nach zwingender Voraussetzung erbrechtlicher Erwerber nur sein kann, wer bei Eintritt des Erbfalls noch lebt; das muß abgewartet werden und jetzt erst kann das angefallene Recht angenommen werden.

V. v. T. muß genau unterschieden werden von der „dinglichen Verfügung": dem Rechtsgeschäft unter Lebenden, das unmittelbar eine Rechtsänderung aus sich bewirkt. Die Ehefrau kann nach 1395 über ihr eingebrachtes Gut nur mit Einwilligung ihres Ehemannes verfügen; von Todes wegen aber darf sie selbständig darüber verfügen. — A. vermietet an B. seinen Garten, dieser soll beim Tode des A. in das Eigentum des B. übergehen; dieser Zweck kann erreicht werden: 1. durch

Abschluß eines Schenkungsvertrages unter Lebenden in der Form des § 518 oder 2. Errichtung eines Vermächtnisses, auch in der privatschriftlichen Form des eigenhändigen Testamentes. — Der Minderjährige kann über sein Vermögen unter Lebenden nur mit Zustimmung seines gesetzlichen Vertreters verfügen; dagegen darf er selbständig ein öffentliches Testament errichten und darin eigenmächtig über seinen Nachlaß verfügen, wenn er das 16. Lebensjahr vollendet hat (2229).

b) Den **normalen Inhalt** aller V. v. T. bildet die Einsetzung eines Erben und die Anordnung von Vermächtnissen oder Auflagen. Nur diese Verfügungen dürfen, eine von ihnen aber muß auch vertragsmäßig im Erbvertrage getroffen werden (1941). Viel weiter ist der Umfang der letztwilligen, widerruflich in einem Testamente oder auch in einem Erbvertrage getroffenen Bestimmungen. Vor allem gehört nicht zum Begriffe des Testamentes, daß es irgendwie über die Gesamtnachfolge durch Ernennung eines Erben verfügte. Vielmehr sind zu unterscheiden:

1. Letztwillige V. mit **erbrechtlichem Inhalte:** *α*) positiv außer Erbeinsetzung, Vermächtnis, Auflage besonders: Anordnung über die Erbauseinandersetzung 2048, den Vorrang eines Vermächtnisses 2189, die Einsetzung eines Testamentvollstreckers 2197; *β*) negativ: schlichte Enterbung 1938, Entziehung des Pflichtteils 2236; Widerruf eines Testamentes 2254.

2. Letztwillige V. zur **Ordnung familienrechtlicher Verhältnisse:** Ausschließung der Fortsetzung der allgemeinen Gütergemeinschaft überhaupt (1509) oder eines Abkömmlings von der Teilnahme 1511; Anordnung, daß der Erwerb von Todes wegen Vorbehaltsgut (1369) oder der elterlichen Verwaltung und Nutznießung entzogen sein soll (1638, 1651 Nr. 2); Benennung eines Vormundes (1777).

3. Letztwillige V. mit dem Zwecke und Erfolg, daß der erbrechtliche Erwerb und die Nutzungen, soweit sie für den standesmäßigen Unterhalt erforderlich sind, dem Zugriffe der Gläubiger entzogen sind (2214, 2338).

c) Rechtsgeschäfte auf den Todesfall **ohne erbrechtlichen Inhalt** und ohne Verfügungen von Todes wegen. Es ist möglich, daß der Erblasser gewisse Rechte vom Nachlaß und damit vom Erbgang ausscheidet: diese stammen zwar aus dem Vermögenskreise des Erblassers, aber die Rechte entstehen unmittelbar bei dem Dritten, er erhält sie nicht aus der Hand des Erben.

So bei der Versicherung auf den Todesfall; die Versicherungssumme (Kapitalversicherung, Unfallversicherung) fällt dem Dritten außerhalb des Nachlasses an, der Anspruch hierauf untersteht nicht dem Zugriff der Nachlaßgläubiger. Ferner allgemein der Vertrag zugunsten eines Dritten auf den Todesfall des Versprechensempfängers (331); der Erblasser verkauft seine wertvollen Gemälde unter der Vereinbarung, daß der Kaufpreis bei seinem Tode seinen Kindern ausbezahlt werden soll; der Kaufpreis wird nicht durch erbrechtliche Nachfolge erworben, der Nachlaß kann auf diese Weise ausgehöhlt werden. Der Erblasser kann auch eine über seinen Tod hinaus wirkende Vollmacht einem Dritten erteilen (168, 672): A. hinterlegt bei dem B. bestimmte Wertpapiere und Bücher und beauftragt wie bevollmächtigt den B., diese Sachen beim Tode des A. in das Eigentum des C. zu übertragen. Zu gleichem Zwecke kann A. auch etwa seinem Sohne gegenüber der Bank, bei der er ein Depot errichtet hat, die Vollmacht erteilen, beim Tode des A. dessen Depot zu erheben und darüber vollgültige Quittung auszustellen; der Sohn erspart damit die oft lästige Erteilung eines Erbscheines, er erhält das Depot außerhalb des Erbganges. Das alles ist nicht unbedenklich, aber rechtlich unanfechtbar. Wohl aber erhebt sich die wichtige und schwierige steuerrechtliche Frage, ob in den angeführten Fällen der § 5 der Reichsabgabenordnung vom 13. 12. 1919 anzuwenden sei, wonach „durch Mißbrauch von Formen und Gestaltungsmöglichkeiten des bürgerlichen Rechtes die Steuerpflicht nicht umgangen oder gemindert werden kann". Wir halten dabei fest, daß die zivilrechtliche Gültigkeit durch die steuerrechtliche Mißachtung des Rechtsgeschäftes nicht beeinträchtigt wird. Je mehr sich ferner die Übung der Erteilung einer Vollmacht auf den Todesfall einbürgert, um so weniger darf diese als eine „ungewöhnliche", zum Zwecke der Steuerumgehung benutzte „Rechtsform" im Sinne des § 5 behandelt werden.

Schließlich kommen als letztwillige Verfügungen die Bestimmungen über die **Beerdigung**, Feuerbestattung oder sonstige Behandlung (Widmung an eine Anatomie?) der eigenen Leiche. Die Kosten der Bestattung trägt der Erbe (1968).

III. In der Regel enthält die V. v. T. eine Erbeinsetzung. Der Erbe ist Gesamtnachfolger; aber nicht notwendig auf das Nachlaßganze. Der Erblasser kann vielmehr die Berufung des Erben auf eine bestimmte, fest abgegrenzte Quote des Nachlasses beschränken. Soweit die zugewendeten Erbanteile den Nachlaß nicht erschöpfen, greift ergänzend die gesetzliche Erbfolge ein; also gibt es eine **gescheckte Berufung.** Der Grundsatz nemo pro parte testatus pro parte intestatus decedere potest, hat heute keine Geltung. Daher können verschiedene V. v. T. **miteinander konkurrieren;** dabei überwindet die vertragmäßige jede frühere und spätere letztwillige Verfügung (2289); bei letztwilligen geht die jüngere Verfügung der älteren vor, soweit sie sich inhaltlich widersprechen.

§ 12. Gemeinsame Grundsätze über die Verfügungen von Todes wegen. Formzwang.

I. Das BGB. kennt nur zwei Arten der Verfügungen von Todes wegen: 1. das **Testament** als die einseitige, letztwillige, daher frei widerrufliche V. v. T. (1937, 2064) und 2. den **Erbvertrag** als die in Form eines Vertrages begründete, bindende, regelmäßig nur mit Zustimmung des Erklärungsempfängers aufhebbare V. v. T. (1941, 2274).

Beseitigt sind die Kodizille: letztwillige Verfügungen ohne Erbeinsetzung in erleichterter Form, besonders für Anordnung von Vermächtnissen. Unzulässig ist auch das mystische Testament, das auf einen Beizettel verweist, in dem der Name des Erben genannt sei. Die Erbeinsetzung muß heute offenkundig und abschließend im Testamente vollzogen werden. Der im Testamente gemachte Vorbehalt der Ergänzung ist für die Gültigkeit des Verfügungsinhaltes grundsätzlich bedeutungslos (2086); soll die Ergänzung bewirkt werden, so kann dieses nur in der rechten Form eines Testamentes geschehen.

II. Der Erblasser hat vollste **Verfügungsfreiheit.** Es gibt keinen Schutz des gesetzlichen Erbrechts; auch der nächste Verwandte darf ohne jeden Grund „enterbt" werden. Eine Schranke setzt nur der schuldrechtliche Pflichtteilanspruch für die Abkömmlinge, die Eltern und den Ehegatten als nächste gesetzliche Erben.

Die Testierfreiheit bedeutet ein durch Sitte und Pflichtbewußtsein gebundenes, autonomes Kannrecht. Sie ist ein Persönlichkeitsrecht: nur die vom Erblasser selbst beschlossene und in Person erklärte Verfügung wird anerkannt, er selbst muß auch abschließend festlegen, wer eine Zuwendung erhalten und worin ihr Gegenstand bestehen soll (2064, 2065). Die Ausübung des Kannrechtes untersteht bis zum Tode der freien, unveräußerlichen Selbstbestimmung des Erblassers: jede vertragmäßige Fesselung der Handlungsfreiheit, die die freie Entschließung über künftig vorzunehmende Verfügungen v. T. bände, ist unzulässig und nichtig (2302). Nur der Abschluß des Erbvertrages erzeugt eine Bindung (auch 2271). Dagegen wird die Verfügungsmacht über das Vermögen bei Lebzeiten selbst durch den Erbvertrag nicht aufgehoben (nur 2287, 2288).

III. Die Verfügungen von Todes wegen sind von jeher unter den Zwang bestimmter feierlicher und eigenartiger **Formgebote** gestellt worden. Es handelt sich um eigengeprägte Ausstattungsformen: Testament und Erbvertrag entstehen nur durch die Herstellung des gesetzlich gebotenen, formgerechten Erklärungstatbestandes. Die **Form schafft die rechtliche Existenz der Willenserklärung.**

a) Die Rechtsform hat allgemein die Zweckbestimmung: 1. den **Rechtscharakter** der Willenserklärung zu determinieren; sie als rechtlich gewollte von den juristisch gleichgültigen Äußerungen abzuheben und gegenüber den vorbereitenden Erwägungen oder Erklärungen über beabsichtigte Handlungen den Abschluß und die

Vollendung des Rechtsgeschäftes festzustellen; 2. als juristische **Willenshemmung** erzieherisch voreiligen und unüberlegten Entschlüssen entgegenzutreten; 3. durch Kundbarmachung des vollzogenen Rechtsgeschäftes Gewißheit und **Sicherheit** für die Rechtsbeziehungen im Verkehrsleben zu schaffen.

b) Diese Zwecke müssen bei Verfügungen von Todes wegen die höchste Bewertung finden. Die ungebundene Testierfreiheit soll **durch das Formgebot** unter den Zwang besonderer, **pflichtgetreuer Überlegung** gestellt werden. Durch die Formerfüllung muß der Erblasser bezeugen, daß er mit ernstem Bedacht die Verhältnisse nach seinem Tode erwogen und die gesetzlich geordnete Erbfolge mit klarem Bewußtsein abgeändert oder beseitigt hat. Nur die Form schützt den Erblasser davor, daß vorbereitende Aufzeichnungen oder mündliche gelegentliche Versprechungen gegen seinen wirklichen Willen als V. v. T. ausgegeben werden.

Darum ist es ein Gebot der allgemeinen Rechtssicherheit wie der Fürsorge für den Erblasser und die gesetzlichen Erben: nur die getreu in der vom Gesetz gebotenen Form errichtete V. v. T. darf rechtliche Geltung als Testament oder Erbvertrag finden. Ohne formgemäße Errichtung existiert kein „letzter Wille".

c) Unserem Volke fehlt wie in den Lebensgewohnheiten so im Rechtsverkehr das Verständnis für die ordnende und erzieherische Kraft der Formgebundenheit. Die fast allgemeine Unfähigkeit, auch nur die einfachsten Formgebote richtig zu erfüllen, sucht die Entschuldigung oder anmaßende Rechtfertigung in der vorwurfsvollen Frage: soll wirklich der wohlüberlegten fürsorgenden Anordnung eines Familienvaters deshalb die Anerkennung versagt werden, weil er eine sachlich völlig bedeutungslose Formvorschrift nicht erfüllt hat? Daß dabei im Vordersatze wie im Nachsatze zwei völlig willkürliche Unterstellungen gemacht werden, tut dem Lockrufe keinen Abbruch, daß die wahre bürgerliche Freiheit sich in der Formlosigkeit ausspräge, während der Gegner als Knecht eines pedantischen Formalismus zu verdammen sei. Rechtslehre und Praxis sind daher bemüht, die „sachlich wertlosen" Formanforderungen möglichst beiseite zu drücken. Gewiß gibt es einige Formgebote, deren Zweck und Gestaltung kritisch angegriffen werden kann. Wenn danach aber bei nahezu allen Formvorschriften Abbeugungsversuche angestellt werden, so ist der Erfolg der, daß heute kaum noch jemand mit einiger Sicherheit zu beurteilen vermag, ob ein Formfehler in letzter Instanz als vernichtend oder als erträglich angesehen werden wird. Der Leitsatz bleibt: ein Rechtsgeschäft, das der durch Gesetz vorgeschriebenen Form ermangelt, ist nichtig (125). Welche Form vorgeschrieben ist, muß durch Auslegung des Gesetzes ermittelt werden; aber durch eine Auslegung, die sich vor den klaren Bestimmungen des Gesetzes beugt und nicht unter dem Vorgeben, den Sinn des Gesetzes ermitteln zu wollen, dessen Wortlaut mißachtet.

Testierfähigkeit. Auslegung des Testamentinhaltes. § 13.

I. Der Erblasser kann ein Testament **nur in Person errichten** (2064). Die Errichtung durch einen Vertreter im Willen ist ausgeschlossen; ebenso die Übermittlung der Erklärung durch einen Ersatzmann. Die volle eigene Testierfähigkeit muß vorhanden sein; ihr Mangel kann nicht etwa durch die Zustimmung oder Mitwirkung des gesetzlichen Vertreters ergänzt werden. **Testierunfähig** sind:

a) der **Geschäftsunfähige** (104). Insbesondere wer infolge einer dauernden geistigen Erkrankung der freien Willensbestimmung beraubt ist; die Berufung darauf, daß der Geisteskranke in einem sog. lichten Zwischenraume gültig verfügt habe, ist psychiatrisch wie juristisch unzulässig. Nichtig ist das im Zustande der Bewußtlosigkeit oder der vorübergehenden Störung der Geistestätigkeit (schwerer Fiebererkrankung oder Trunkenheit) errichtete Testament (105).

b) der **Minderjährige** unter 16 Jahren (2229); der ältere Minderjährige darf durch mündliche Erklärung vor Richter oder Notar ein öffentliches Testament errichten (2238 II, 2247).

c) der **Entmündigte.** Die Testierunfähigkeit ist die Folge der dauernden Unfähigkeit zu vernunftgemäßer Überlegung und Willensbestimmung. Der Antrag auf Entmündigung muß sich auf eine bereits bestehende schwere geistige Erkrankung gründen. Wird der Beweis hierfür erbracht und dementsprechend die Entmündigung angeordnet, so steht fest, daß das inzwischen errichtete Testament infolge der geistigen Unfähigkeit des Erblassers nichtig war. Eines besonderen Beweises dafür bedarf es nicht. In diesem Sinne heißt es: die Testierunfähigkeit tritt kraft Gesetzes schon mit der Stellung des erfolgreichen Antrags ein (2229 III 2).

Das Gesetz spricht dies wörtlich nur aus für den wegen Geistesschwäche, Verschwendung oder Trunksucht Entmündigten. Das muß erst recht bei der Entmündigung **wegen Geisteskrankheit** gelten; denn hier stellt das Gericht fest, daß im Entmündigungsantrage mit Recht behauptet wurde: der Kranke leidet an einer so schweren Gehirnerkrankung, daß er zu jedem rechtswirksamen Handeln schlechthin unfähig war und ist. Dennoch verlangen manche (auch jetzt RG. Warneyer 1920, Nr. 179) noch den besonderen Beweis dafür, daß der nachmals wegen Geisteskrankheit Entmündigte in dem Zeitpunkte, als er während des laufenden Entmündigungsverfahrens das Testament errichtete, gemäß 105 I oder 104 Nr. 2 geschäftsunfähig gewesen sei. Dieser auf einen bestimmten Tag abzustellende Beweis ist, da der Einwand der Remissionen dazwischentritt, überaus schwierig; das RG. hat ihn nicht für erbracht angesehen. Der Erfolg ist dann der: spricht das Gericht, was in seinem Ermessen liegt, die Entmündigung bloß wegen Geistesschwäche aus, dann ist das Testament nichtig; nimmt es aber die volle geistige Erschöpfung an und entmündigt wegen Geisteskrankheit, dann ist das Testament rechtswirksam. Schwerlich liegt solches Ergebnis im Sinne des Gesetzes. — Seltsam und widersinnig ist, daß der wegen Geistesschwäche, Verschwendung oder Trunksucht Entmündigte ein vor der Entmündigung gültig errichtetes Testament widerrufen kann (2253 II), mithin auch durch Errichtung eines widerrufenden Testamentes (2254). Hier wird der Gegenbeweis, daß der Entmündigte nicht die erforderliche Geschäftsfähigkeit besaß, leichter zu erbringen sein.

II. Zuerst muß objektiv festgestellt werden, ob das Testament in rechter Form und von einem ausreichend Testierfähigen errichtet worden ist. Nur ein für sich **wirksamer** Erklärungstatbestand ist der **Auslegung fähig.** Die Auslegung soll den wirklichen Willen, mithin das erforschen, was der Erblasser mit seinen Anordnungen gemeint und bezweckt hat. Bei dem Testamente als der einseitigen Willenserklärung sind die gebrauchten Worte in dem Sinne anzuerkennen, der dem **subjektiven Sprachgebrauche** und Laienverstande des Erblassers entspricht; denn es gibt hier keinen Erklärungsempfänger, dessen Vertrauen auf die objektive Bedeutung der gebrauchten Worte geschützt werden sollte.

a) Eine **nachhelfende Auslegung** ist zulässig, soweit der wirklich erklärte Wille dafür die Grundlage bietet; so „kann" aus der Gesamtheit aller Beziehungen die Erbeinsetzung des A. als Einsetzung des A. mitsamt seinen Abkömmlingen gedeutet werden. Die Richtigstellung einer offenbar verkehrten Bezeichnung („Schwägerin" für die Schwester der Frau des Bruders; falsa demonstratio) ist geboten; es handelt sich dabei aber nicht um eine echte Willensauslegung. Die irrtümliche mit dem wahren Willen in Widerspruch stehende Erklärung unterliegt der Anfechtung (2078); damit wird die erklärte Verfügung vernichtet, keineswegs aber kann (auch nicht durch Auslegung) hierdurch die wirklich gewollte Verfügung positiv eingestellt werden; was nicht in rechter Weise erklärt ist, kann auf keine Weise Geltung erlangen.

b) Jede Verfügung muß so anerkannt werden, wie sie erklärt worden ist. Vor dem **unzweideutigen** und klaren Wortlaute hat die Auslegung Halt zu machen. Das ist anerkannt. Aber die Anwendung schafft Not. Die gewillkürte Freiheit in der Wortfassung wird zum Verhängnis. Da wir die Formelworte mit festgeprägter Bedeutung als veraltete Pedanterie verworfen haben, besteht für keinen Erblasser mehr die Sicherheit, daß er seinen Worten einen eindeutigen Sinn verleihen, seinen Willen so zum Ausdruck bringen kann, wie er ihn verstanden und geachtet wissen will. Indem „die außerhalb des Testamentes liegenden Umstände" als beachtlich herangeholt werden, gelangt man unvermeidlich zu der Erforschung und Verwertung der Motive, zu einer gutgemeinten und zugleich überheblichen Auslegungsmethode, die hineindeutet, woran der Erblasser niemals gedacht hat und wegdeutet, was er ernsthaft erreichen wollte, wofür aber der Ausleger keinen rechten Grund oder Zweck einzusehen vermag. Soll einigermaßen fester Boden bestehen, so ist festzuhalten: 1. ob eine Verfügung „unklar" ist und danach der Auslegung untersteht, darf nicht nach dem Inhalte und den Motiven, sondern ausschließlich nach dem objektiven Erklärungstatbestande beurteilt werden; 2. der zu erforschende letzte Wille ist nicht das, was der Erblasser verfügen wollte oder hätte beabsichtigen sollen, sondern nur der Sinn des positiv Erklärten; 3. eine Ergänzung von Lücken oder vielleicht gewollter, aber unterlassener Verfügungen (etwa unter der berüchtigten Annahme einer „stillschweigenden" Anordnung) ist ausgeschlossen.

c) Verfügungen v. T. sind **wohlwollend auszulegen:** so wie sie gültig bestehen können und am besten dem Willen des Erblassers entsprechen (2084). Das Gesetz geht davon aus, daß die einzelnen Verfügungen rechtlich selbständig sind, die Unwirksamkeit der einen Verfügung daher die Gültigkeit der anderen nicht beeinträchtigt (2085). Außerdem stellt das BGB. ohne genaue Unterscheidung mehrere Auslegungsregeln oder ergänzende Rechtsnormen auf; so besonders 2066—2076, 2087, 2097, 2098, 2101, 2102, 2110, 2148, 2164, 2166, 2169, 2173; der Erblasser muß sich mit ihnen vertraut machen.

Das eigenhändige Testament. § 14.

Welche Ausgestaltungsform für ein Testament erheischt werden soll, hängt von ihrer Zweckbestimmung ab. Betont man die allgemeine, auf den großen Kreis der am Erbfall Beteiligten einwirkende Bedeutung der Verfügungen und die Fürsorge für die möglichste Sicherstellung ihres Inhaltes, so muß auf der öffentlichen Beurkundung bestanden werden. Im Gegensatze zum römischen Rechte, das grundsätzlich die Errichtung eines schriftlichen oder mündlichen Privattestamentes vor sieben Zeugen zuließ, hatten sich daher die Praxis des gemeinen Rechtes und die Partikularrechte für das richterliche Testament, testamentum apud acta conditum sive iudici oblatum, entschieden. Das erschien auch bei den Beratungen zum BGB. als die rechte ordentliche Form und steht so in § 2231 Nr. 1. Erst der Reichstag hat unter der Einwirkung der aus den Gebieten des französischen Rechtes stammenden Juristen das privatschriftliche eigenhändige Testament (Code civil art. 970: testament olographe) als § 2231 Nr. 2 eingefügt. Mit ihm als der einfachsten Form hat die Darstellung zu beginnen.

I. Zur **Errichtung** des eigenhändigen Testaments wird **zwingend gefordert:** eine vom Erblasser unter Angabe des Ortes und Tages eigenhändig geschriebene und unterschriebene Erklärung (2231 Nr. 2). Unfähig zur Benutzung dieser erleichterten Form ist der Minderjährige und wer Geschriebenes nicht lesen kann (2247). Es ist eine Privaturkunde, die sich selbst als ernstlich geprägte und vollendete letztwillige Verfügung bezeugen muß; der besonnene Erblasser wird das auch äußerlich durch Herstellung einer besonderen Urkunde (nicht mitten in einem Familienbriefe) in der für den Rechtsverkehr üblichen Gestalt (nicht mit Kreide auf die Stalltüre) kundgeben; Abweichung nur bei außerordentlichen Umständen (Verschüttung im Bergwerk).

a) Die Urkunde muß dem **ganzen** Wortlaute und Inhalte nach vom Erblasser **eigenhändig geschrieben** sein. Benutzung des Vordruckes des Ortes oder Jahres, etwa auf dem Briefbogen, ist unzulässig. Ebenso ist das ganze Testament nichtig, wenn ein Dritter auf Geheiß des Erblassers etwa den Namen des Erben oder den Betrag der Vermächtnisse hineingeschrieben hat. Solche Mischung der Schrift zerstört jede Gewähr für die Echtheit der Gesamturkunde und für ihre inhaltliche Zuverlässigkeit; eine Unterscheidung nach gültigen und ungültigen Teilen ist unzulässig, weil es eine halbe Formerfüllung bei dem formell eine Einheit bildenden Testamente nicht gibt. Die §§ 139, 2085 beziehen sich auf die inhaltliche Abhängigkeit der einzelnen Verfügungen voneinander, nicht auf die Formgestaltung. (Bestritten; für Geltung der eigenhändig geschriebenen Sätze oder Teile RG. im Recht 1921 Nr. 582.)

b) **Unterschrift** ist das Selbstzeugnis des Erblassers für die eigene Niederschrift und Vollendung der Urkunde. Sie muß den **Familiennamen** kundgeben zur Feststellung der Identität des Schreibenden (DJZ. 1916, 32 mein Aufsatz und danach KG. in JW. 1918, 696; dagegen RG. 87, 110). Unterschrift bezeugt das, was als erklärt gelten soll; sie muß daher räumlich den Abschluß bilden und die Zeit- wie Ortangabe decken (bestritten). Der Brief ist Mitteilung, das Testament Verfügung; daß die Verfügung äußerlich in einem Briefe steht, macht sie keineswegs zu einer brieflichen Mitteilung und läßt nicht die übliche Briefform genügen (bestritten).

c) Das gesetzliche Gebot der Angabe des Ortes und Tages hat einen Sinn nur, wenn vom Erblasser die Bezeugung des **objektiv richtigen Ortes** und Tages der Errichtung in verkehrsüblicher, allgemeingültiger Bezeichnung gefordert wird (bestritten). Beide Angaben haben große juristische Bedeutung; die Zeit wegen 2229, 2230, 2258, 2068, 2078, 2079, 2336 II; der Ort wegen EG. 11 I 2. Darum darf nicht der Erblasser nach eigener Willkür bestimmen, welcher Ort oder Tag für die Testamenterrichtung als maßgebend angesehen werden soll.

d) Nachträgliche Änderungen sind neue Verfügungen; sie sind nur wirksam, wenn jeder Zusatz die Form eines eigenhändigen Testamentes vollständig erfüllt. Wer im Rechtsstreite den Inhalt eines eigenhändigen Testamentes zu seinen Gunsten anruft, muß die Echtheit der Unterschrift und die eigenhändige Niederschrift behaupten und **beweisen**; steht dieses fest, so bezeugt die äußerlich fehlerfreie Urkunde die Richtigkeit der Angaben; es ist Sache des Gegners, die Unrichtigkeit der Zeit- und Ortangabe zu beweisen. Wird im Prozesse die Formgültigkeit von keiner Partei bestritten, so darf das Gericht nicht von Amts wegen auf Formnichtigkeit erkennen. Es ist gestattet (2248) und ratsam, das eigenhändige Testament in amtliche Verwahrung zu bringen.

II. Die Formerfordernisse des eigenhändigen Testamentes werden im Gesetze nur ungenügend umschrieben. Das ist besonders ungeschickt bei einer Testamentform, die jedermann im geheimen und zu jeder Stunde zu Gebote steht. Die Testierfreiheit ist hierdurch zur Testiersucht aufgereizt worden; es findet sich, daß Erblasser ganze Bündel von eigenh. Test. hinterlassen, die inhaltlich kaum miteinander in Einklang gebracht werden können. Da dieses Test. sich der Laune jeder Stunde anpaßt, gibt es vielfach Test., die offensichtlich „vergessen" sind, aber gleichwohl als wirksam behandelt werden müssen, weil das Gesetz keine Grenze für die zeitliche Geltung dieser Sorte von Verfügungen setzt. Daß die Volksgemeinschaft reif und erzogen wäre für diese unbegrenzte Freiheit des Testierens, läßt sich nicht bejahen. Es fehlt ferner die Fähigkeit, auch nur die geforderten einfachen Formgebote zu erfüllen. Da infolgedessen zahlreiche eigenh. Test. Formfehler aufweisen, hat eine weichmütige Lehre damit begonnen, nahezu alle Formerfordernisse abzuschwächen und selbst grobe Fehler als erträglich hinzustellen (mein Aufsatz DJZ. 1914, 23). Damit ist auch die Rechtsprechung in Schwankungen geraten; es läßt sich schwerlich mit einiger Sicherheit abmessen, ob ein mangelhaftes eigenh. Test. schließlich vor Gericht als noch gültig oder nichtig erachtet werden wird. Den widerstreitenden testamentarischen und gesetzlichen Erben ist die Schließung eines Erbvergleiches dringend anzuraten. Beispiel: ein eigenh. Test., das überhaupt nicht den Ort, sondern nur den Straßennamen angab, wurde für formgültig erklärt (JW. 1921, 907); ein anderes, das die Ortangabe damit kundgab „temporaly residing in Baden-Baden" wurde wegen mangelhafter Ortsbezeichnung verworfen (OLG. 40, 159).

Das ordentliche öffentliche Testament. § 15.

I. **Öffentliche Urkunde** ist die gerichtliche oder notarielle. Durch die Mitwirkung der amtlich bestellten Urkundperson soll die Formgültigkeit und die Echtheit der letztwilligen Verfügungen gewährleistet werden.

a) Ob der Richter oder der Notar **sachlich zuständig** sei, bestimmt das Landesrecht; EG. 141. In Bayern, Württemberg, Baden sind nur die Notare, in Preußen und den meisten anderen Landesgebieten Richter oder Notare zuständig. Die sachliche Zuständigkeit ist zwingenden Rechtes. Der Erblasser kann sein Testament errichten, wo er sich gerade aufhält.

b) Bei der Errichtung müssen **mitwirken:** neben dem Richter ein Gerichtschreiber oder zwei Zeugen, neben dem Notar ein zweiter Notar oder zwei Zeugen (2233). Der Erblasser selbst wirkt nicht mit. Mitwirken bedeutet das aktive Zusammenwirken zur Aufnahme der Beurkundung; alle zur Mitwirkung berufenen Personen müssen ununterbrochen während der ganzen Verhandlung wahrnehmend und kontrollierend zugegen sein (2239); mithin besonders während der Aufnahme des Protokolls und bis zum Vollzuge aller Unterschriften.

1. Ausgeschlossen von der Mitwirkung sind der Ehegatte und die nächsten Verwandten und Verschwägerten des Erblassers (2234). Ihre Mitwirkung vernichtet das ganze Testament. Dagegen hat die Mitwirkung eines Bedachten nur zur Folge, daß die ihm gemachte Zuwendung nichtig ist (2235).

2. Die Zeugen sind Solennitätszeugen. Als solche sollen nicht zugezogen werden: Minderjährige, Gesinde und Gehilfen, Angestellte und aus strafrechtlichen Gründen unzuverlässige Personen (2237). Ihre Mitwirkung bewirkt keine Nichtigkeit.

II. **Zwei Errichtungsformen** stehen dem Erblasser zur Wahl (2238):

a) Er gibt durch **mündliche Erklärung** allen Mitwirkenden kund, was er verfügen will. Der Beamte hat durch aufklärende Mithilfe auf eine überlegte und klare Fassung einzuwirken. Nur diese Form steht dem Minderjährigen und dem Schreibensunkundigen zu Gebote.

b) Oder er **übergibt eine Schrift** mit der Erklärung, daß sie seinen letzten Willen enthält. Also körperliche Übertragung und Besitzwechsel vor den Mitwirkenden. Die Urkunde braucht weder vom Erblasser geschrieben noch unterschrieben zu sein; meistens wird er sie verschlossen übergeben.

III. Das öffentliche Testament **entsteht** durch die **Aufnahme des amtlichen Protokolls.** Das bedeutet die Herstellung der ordnungsmäßigen Beurkundung über den Vollzug aller zur Errichtung des Testaments notwendigen Erklärungen und Handlungen. Die hierüber aufgestellten Erfordernisse sind zwingenden Rechtes; ihre Nichtbeachtung verursacht die Nichtigkeit des Beurkundungsaktes.

a) Zum **Protokollinhalt** (2241) gehört zwingend: 1. die Angabe des Ortes und des Tages der Verhandlung; beide Angaben sind materiellrechtlich für die Beurteilung der Rechtsgültigkeit wie für die Auslegung des Testamentes von entscheidender Bedeutung, sie müssen sachlich richtig und wahr sein (so jetzt auch RG. 81, 96; 85, 121; eine falsche Angabe begründet außerdem die Folgerung, daß das Protokoll nicht ordnungsmäßig verlesen ist und die Zeugen nicht pflichtgemäß mitgewirkt haben); 2. die Bezeichnung des Erblassers wie die mitwirkenden Personen dergestalt, daß über ihre Identität kein Zweifel entstehen kann; 3. die Erklärung des Erblassers, daß er hiermit ein Testament errichtet und die Beurkundung entweder des Inhaltes seiner mündlichen Erklärungen oder der Übergabe der Testamentsurkunde.

b) Das Hauptgewicht liegt auf dem **Protokollabschlußverfahren** (2242). Es besteht aus drei Akten. 1. Die Protokollbestätigung erfolgt durch **Verlesung** des Protokollinhaltes und dessen Genehmigung seitens des Erblassers. 2. Die **Vollziehung** der Beurkundung durch eigenhändige Unterschrift des Erblassers und aller mitwirkenden Personen. 3. Der **Feststellungsvermerk:** es muß ausdrücklich im Protokoll ausgesprochen und festgestellt werden, daß die wesentlichen Formerfordernisse erfüllt worden sind (2242 I 2 und II, 2241 Nr. 3, 2243 II 1, 2244 III, 2245 II, 2249 II 1). Es genügt nicht, daß z. B. die Testamenturkunde übergeben oder das Protokoll verlesen worden ist; das Geschehnis muß vielmehr durch ausdrücklichen Ausspruch bestätigt werden. Die Feststellung hierüber bildet einen wesentlichen Teil des vorzulesenden und zu unterschreibenden Protokollinhaltes (RG. 69, 79; 75, 376). Insbesondere müssen auch die Erklärungen des Erblassers (etwa, daß er nicht schreiben könne, 2242 II) im Protokoll inhaltlich und als von ihm selbst abgegebene zum Ausdruck kommen (RG. 86, 391).

Die mitwirkenden Personen müssen während der ganzen Verhandlung und bis zum Abschlusse durch den Vollzug aller Unterschriften zugegen sein (2239). Der Erblasser wirkt nicht mit; die Vollendung des Testieraktes wird nicht dadurch gehindert, daß er nach Bewirkung seiner Unterschrift sich entfernt oder stirbt, bevor die Mitwirkenden unterschrieben haben. An dem abgeschlossenen Protokoll dürfen nachträglich keine Zusätze oder Änderungen vorgenommen werden.

IV. Das Protokoll muß in **deutscher Sprache** aufgenommen werden (2240). Dieses Gebot wird umgestoßen durch die willkürliche, den Beamten schlechthin bindende Erklärung des Erblassers, er sei der deutschen Sprache nicht mächtig (2244 I; FGG. 179 I; die vom Reichstag verschuldete sog. Polenklausel). Gibt der Erblasser diese Erklärung ab, so muß der Beamte aufnehmen:

a) entweder ein **doppelsprachiges Protokoll.** Das Hauptprotokoll wird in deutscher Sprache errichtet, die Übersetzung von dem vereidigten, mitwirkenden Dolmetscher angefertigt und als Anlage beigefügt. Das Protokoll muß über diese Vorgänge wie über die Erklärung des Erblassers genaue Feststellungen enthalten (2244 III; RG. 97, 297).

b) oder ein **bloß fremdsprachiges Protokoll** ohne Dolmetscher. So, wenn alle mitwirkenden Personen versichern, der Sprache mächtig zu sein, in der sich der Erblasser erklärt (2245). Das ist im Protokoll festzustellen. Eine deutsche Übersetzung soll als Anlage beigefügt werden.

V. **Ergänzende Formgebote**, die der Beamte kraft seiner Amtspflicht beobachten muß, deren Verletzung jedoch die Gültigkeit der Testamenterrichtung nicht beeinträchtigt. Das Testamentprotokoll ist mit allen Anlagen unter einheitlichen Verschluß zu bringen; das Ganze ist zur Sicherung gegen Veränderungen und gegen unbefugte Einsicht mit dem Amtssiegel zu verschließen und in besondere amtliche Verwahrung zu bringen (2246). Der Erblasser darf jederzeit die Rückgabe verlangen; sie wird als Widerruf des öffentlichen Testamentes angesehen (2256 I, II). — Weitere ergänzende Formvorschriften über die Aufnahme öffentlicher Urkunden sind von den Landesgesetzen erlassen worden; so über die Frage, wie der Beamte sich über die Identität und die Geschäftsfähigkeit des Erblassers vergewissern soll, über die Art der Niederschrift und über das Zusammenheften der Bogen und Blätter, Schnur und Siegel.

VI. Das in fehlerfreier äußerer Gestalt aufgenommene Testament hat **formelle Beweiskraft** für den beurkundeten Tatbestand und hat die Vermutung der Echtheit für sich (ZPO. 415, 418, 437 I). Der Gegenbeweis gegen die Beweiskraft der öffentlichen Urkunde kann sich nur darauf erstrecken, daß eine objektiv unrichtige Beurkundung über den Vorgang der Testamenterrichtung, etwa über den Inhalt der mündlichen Erklärung des Erblassers oder über die Übergabe der Testamenturkunde, stattgefunden habe. Die Frage der Auslegung wie der materiellrechtlichen Gültigkeit der Verfügungen wird hiervon nicht berührt; ebenso bleibt die Prüfung frei, ob die innere Form (der ordnungsmäßige Inhalt der Angaben und Feststellungen, die richtige Angabe des Ortes und des Tages der Protokollaufnahme usw.) gewahrt worden sei.

Ist durch schuldhafte Verletzung der Amtspflichten ein zwingendes Formgebot verletzt und ist danach das Testament für nichtig erklärt worden, so haftet der aufnehmende Beamte (839 I) und nach neueren Gesetzen in erster Linie der Staat für den Schaden, der dem zum Erben eingesetzten oder sonstwie bedachten Dritten infolge der Nichtigkeit des Testamentes entstanden ist (dazu RG. 74, 428; 97, 299).

§ 16. Außerordentliche Errichtungsformen. Nottestamente.

I. In Fällen der Not ist das ordentliche eigenhändige Testament die allein anzuratende Errichtungsform. Nur wenn der Erblasser dies nicht mehr vornehmen kann, mag er ein Nottestament errichten. Das BGB. bietet dafür keine Formerleichterung, sondern nur Formänderungen, deren Erfüllung übermäßig erschwert ist.

a) **Nottestamente** sind vorgesehen: 1. als Gemeindetestamente (2249). Ist zu besorgen, daß der Erblasser sterben werde, bevor er in ordentlicher öffentlicher Form testieren kann, so hat an Stelle des Richters oder Notars der Gemeindevorsteher des Aufenthaltsortes unter Zuziehung von zwei Zeugen das Testament aufzunehmen. 2. Bei Aufenthalt an einem vom Verkehr abgesperrten Orte kann vor dem Gemeindevorsteher oder mündlich vor drei Zeugen testiert werden (2250). 3. Während der Seereise kann an Bord eines deutschen, nicht zur Kriegsmarine gehörenden Schiffes vor drei Zeugen testiert werden (2251).

b) Diese Nottestamente sind öffentliche Testamente. Sie müssen den für diese aufgestellten Formvorschriften genügen; vor allem muß ein Testamentprotokoll aufgenommen werden, das allen Erfordernissen des ordentlichen öffentlichen Testamentes entspricht und die dort gebotenen Feststellungen (dazu noch 2249 II) trifft. Das sind Anforderungen, denen der Vorsteher einer kleinen Landgemeinde schwerlich genügen kann und die für die als Zeugen fungierenden Privatpersonen unerfüllbar sind. Nottestamente sind daher vielfach nichtig. Das Verschulden und danach die Haftung des Gemeindebeamten (839) werden meistens zu verneinen sein.

c) Die **Geltung** des Nottestamentes **erlischt**, wenn der Erblasser den Notzustand überlebt, mit Ablauf von drei Monaten (2252).

II. Besondere Formerleichterungen gelten für das **Militärtestament** nach dem Reichs-Wehrgesetz vom 23. März 1921, § 38. Das Privileg erstreckt sich: 1. auf alle „im Felde" befindlichen Angehörigen des aktiven Heeres und die sonstigen beim Heere befindlichen, den Militärstrafgesetzen unterworfenen Personen. Es genügt die räumliche Entfernung vom Garnisonorte nach Erlaß des Mobilmachungsbefehles; 2. auf die Besatzung eines in Dienst gestellten Schiffes der Kriegsmarine, solange es sich außerhalb eines inländischen Hafens befindet oder der Testator als Kriegsgefangener oder Geisel in der Gewalt des Feindes ist.

Als Errichtungsformen stehen zur Wahl: 1. die eigenhändig geschriebene und unterschriebene Urkunde; die Angabe des Ortes und der Zeit der Errichtung wird nicht gefordert; 2. Niederschrift durch einen anderen, eigenhändige Unterschrift nebst der Unterschrift zweier Zeugen; 3. mündliche Erklärung des letzten Willens vor zwei Zeugen und einem Offizier oder oberen Beamten der Wehrmacht, der hierüber ein Protokoll aufnimmt, es vorliest und mitsamt den Zeugen unterschreibt. An der Stelle der beiden Beweiszeugen kann im Falle 2 und 3 ein Offizier oder oberer Beamter der Wehrmacht, z. B. ein Auditeur, Militärarzt, Militärgeistlicher eintreten. Die Geltung dieser privilegierten Testamente erlischt, wenn der Erblasser noch lebt, mit Ablauf eines Jahres seit der Beendigung des Ausnahmezustandes.

Die „im Felde" oder „an Bord" befindlichen genannten Personen können ein ordentliches öffentliches Testament oder einen Erbvertrag errichten vor dem Kriegsgerichtsrat oder Geschwaderauditeur, die an Stelle des Richters oder Notars fungieren (RGes. 28. Mai 1901 § 1 Nr. 1, § 2; FGG. § 184; Bek. des Bundesrats 14. Januar 1915).

§ 17. Ernennung des Erben.

Die Erbeinsetzung bildet den regelmäßigen Anlaß und Inhalt der letztwilligen Verfügung. Nach römischem und gemeinem Rechte war die heredis institutio die zwingende Voraussetzung jedes Testamentes; sie mußte den ganzen Nachlaß als Einheit umfassen. Beides gilt heute nicht mehr. Es gibt **Testamente ohne Erben**; als Inhalt genügt irgendeine letztwillige, selbst nicht erbrechtliche (Vormundernennung, Anordnung der Leichenverbrennung) Verfügung. Und die Erbeinsetzung darf auf eine beliebige Quote des Nachlasses begrenzt werden. (Ferner negativ 1938.)

Damit hat das Wort **„Erbe" jede sichere technische Bedeutung verloren.** Erben bedeutet jedweden materiellen Erwerb von Todes wegen. Und wenn der Erblasser jemand ernstlich zum Gesamtnachfolger einsetzen will, so gibt ihm dessen Benennung als „Erbe" keineswegs die Gewißheit, daß die richterliche Auslegung dies auch so anerkennen wird; das ist die Folge unseres liederlichen Sprachgebrauches.

I. Welche rechtliche Bedeutung eine Einsetzung habe, ist nach dem Inhalte der Zuwendung zu ermessen. **Erbe ist,** wer den Nachlaß als Ganzes erwerben soll oder einen Erbanteil, in dem als Quote des Ganzen die Idee der Einheit in begrenztem Umfange fortbesteht (2087 I). Wem dagegen ein abgesondertes Einzelrecht zugewendet worden ist, soll als **Vermächtnisnehmer** angesehen werden (2087 II).

Mit dieser gesetzlichen Auslegungsregel werden die Schwierigkeiten nicht behoben. Ob die Bedenkung mit dem Landgute oder dem Fabrikanwesen oder mit allen Wertpapieren als Zuwendung eines „Bruchteils" (wie 2087 I ungeschickt sagt) des Nachlasses aufzufassen sei, ist ja gerade die erst zu lösende Frage. Man kann sie bejahen, wenn die Zuwendung den Hauptbestandteil des Nachlasses bildet und insofern das Nachlaßganze repräsentiert. Die Zuwendung des Pflichtteils soll im Zweifel nicht als Erbeinsetzung angesehen werden (2304).

Die Unterscheidung hat wichtige praktische Bedeutung. Die Haftung für die Nachlaßverbindlichkeiten trifft nur den „Erben"; nur für ihn gilt die Ausschlagungsfrist des § 1944; nur er erwirbt unmittelbar kraft Gesetzes das Eigentum an dem Nachlaßgrundstück; die Rechte des Pflichtteilberechtigten sind völlig verschieden, je nachdem er als Erbe oder als Vermächtnisnehmer eingesetzt ist (2305 f., 2314).

II. Die **Ernennung des Erben** muß vom Erblasser abschließend und aus eigener persönlicher Willensentschließung vollzogen werden. Der Erblasser kann die Auswahl des Erben oder die Bestimmung seines Erbanteils weder dem Testamentvollstrecker noch einem Miterben oder einer anderen Person übertragen. Ebensowenig darf er die maßgebliche Auslegung einem anderen anvertrauen. Bei der Bedenkung mit einem Vermächtnis ist dagegen solche Nachhilfe durch einen anderen gestattet.

a) Eine unklare oder unbestimmte Benennung ist durch richterliche **Auslegung** zu erläutern. So kann die Verfügung: A. soll mein Erbe sein; wenn er ohne Söhne vor mir stirbt, soll B. mich beerben, als indirekte Erbeinsetzung der Söhne gedeutet werden. Eine irrige Bezeichnung ist unschädlich (falsa demonstratio non nocet), sofern der wahre Sinn mit genügender Sicherheit festgestellt werden kann. Lautet die Verfügung dahin: vorbehaltlich weiterer Erbeinsetzungen berufe ich meinen Freund Max auf ein Viertel meines Nachlasses und ist die Ergänzung dann unterblieben: so ist regelrecht (2086) anzunehmen, daß im Sinne des Erblassers auf die Ergänzung kein entscheidendes Gewicht gelegt war, die Einsetzung mithin so gelten soll, wie sie dasteht. Hat der Erblasser einen Alleinerben eingesetzt, ihn aber derart bezeichnet, daß sich nicht ermitteln läßt, wer von den mehreren Personen, auf die die Benennung paßt, gemeint sei, so sollen sie alle als zu gleichen Teilen bedacht gelten (2073). Diese Verlegenheitsentscheidung scheint aber nur erträglich, wenn ein festbestimmter Kreis von Prätendenten in Frage kommt (Alleinerbe ist mein Vetter Franz, der Erblasser hat zwei dieses Namens); wenn dagegen eine unbegrenzte Menge in betracht kommt, weil jeder Anhalt für eine individuelle Bestimmung fehlt, so ist diese nachlässige Verfügung nichtig.

Hat der Erblasser nur über einen Teil des Nachlasses durch Erbeinsetzung verfügt, so tritt für den Rest die gesetzliche Erbfolge als die normale ein (2088; anders wenn er diese ausschließen wollte: 2089, 2094).

b) Das Gesetz hilft einigen üblichen, ungenauen Erbesbenennungen durch **Auslegungsregeln** nach; wer seinen Worten einen anderen Sinn beilegen will, mag sich deutlicher ausdrücken. „Gesetzliche Erben" schlechthin sind die nach §§ 1924 f. berufenen Personen (2066); ebenso die „Verwandten" (2067), zu ihnen kann auch der Ehegatte, nicht aber der Fiskus gezählt werden. Die Einsetzung des eigenen Abkömmlings enthält im Zweifel die Ersatzberufung seines Stammes (2068, 2069). Die Einsetzung eines Seitenverwandten oder Dritten kann auch die Ersatzberufung seines Stammes bedeuten; sie ist im Zweifel aber nicht auf die Abkömmlinge zu erstrecken, die zur Zeit des Erbfalles oder bei Eintritt der der Erbeinsetzung hinzugefügten Bedingung oder Befristung noch nicht erzeugt waren (2070).

Die Einsetzung des Gesindes oder Geschäftspersonals bezieht sich auf die zur Zeit des Erbfalles angestellten Personen (2071). Sind die „Armen" eingesetzt, so ist Erbin die öffentliche Armenkasse der Gemeinde, in deren Bezirk der Erblasser seinen letzten Wohnsitz hatte, unter der Auflage, das Zugewendete unter Arme zu verteilen (2072).

§ 18. Einsetzung von Miterben. Anwachsungsrecht.

I. Der Regel des Lebens entspricht es, daß der Nachlaß auf eine Mehrheit von Erben übergeht. Diese Miterben bilden eine Gemeinschaft zur gesamten Hand: der Nachlaß steht ihnen insgesamt als einheitliches ungeteiltes Gesamtvermögen zu. Miterbenrecht ist Anteilrecht an dem Nachlaßganzen. Zum Begriffe des Anteils gehört notwendig die Bestimmtheit der Anteilquote oder des „Erbteils" (1922 II; „Bruchteil" in 2087—2093 ist wegen 741, 747, 1008 irreführend). Die Erbanteile müssen den ganzen Nachlaß erschöpfen.

a) Der Erblasser kann die Erbteile bestimmen, wie er will. Aber inhaltlich muß es sich stets (wegen 2087) um die Einsetzung auf **quotenmäßige Anteile des Nachlaßganzen** handeln. Er kann mehrere auf einen gemeinschaftlichen Erbteil berufen (2093) oder sonst beliebige Gruppen verbundener Erben bilden. Hat er schlechthin mehrere nebeneinander zu Erben ernannt, so erben sie zu gleichen Teilen: handelt es sich aber um Verwandte, so ist anzunehmen, daß ihre Erbteile nach den Regeln der gesetzlichen Erbfolge bemessen werden sollen (2091; Erben sind mein Bruder und die drei Töchter meiner verstorbenen Schwester: der Bruder erbt die Hälfte, die Nichten teilen sich in die andere Hälfte).

b) Hat der Erblasser willentlich nur über eine Quote des Nachlasses verfügt, so fällt der freigebliebene Anteil an die gesetzlichen Erben. Ergibt sich dagegen aus dem Testamentinhalte der bestimmte Wille, daß die eingesetzten Erben die alleinigen Erben des ganzen Nachlasses sein sollen: so werden die Erbanteile, wenn sie etwa infolge falscher Berechnung das Ganze nicht erschöpfen, adäquat erhöht (2089; der ganze Nachlaß an A. zu $^1/_4$ und an B. zu $^1/_3$: dann A. $^3/_7$ und B. $^4/_7$). Verhältnismäßige Herabsetzung ist vorzunehmen, wenn die angesetzten Erbteile das Ganze übersteigen (2090; ferner 2092).

II. Das **Anwachsungsrecht** des römischen Erbrechtes war eine zwingende Rechtsfolge des Grundsatzes von der Einheit des Berufungsgrundes: die Berufung aus dem Testamente mußte den ganzen Nachlaß umfassen, die Konkurrenz der gesetzlichen Erben war ausgeschlossen. Schied einer der eingesetzten Miterben vom Erwerbe der Erbschaft aus, so dehnten sich die Anteile der anderen Miterben mit rechtlicher Notwendigkeit auf den freigewordenen Anteil aus; blieb nur einer übrig, so hatte er den ganzen Nachlaß erworben.

Das alles gilt heute nicht mehr. Hat der Erblasser die eingesetzten Erben auf die genau bezeichneten Erbteile beschränkt, so tritt, soweit ein Miterbe ausfällt, die gesetzliche Erbfolge ein. Eine Anwachsung unter den Testamenterben vollzieht sich nicht kraft Gesetzesvorschrift, sondern nur auf Grund der Anordnung des Erblassers, die alle oder eine bestimmte Abteilung von Miterben zu Gruppenerben vereinigt und damit jeden einzelnen virtuell auf den ganzen Nachlaß oder den ganzen Gruppenerbteil beruft. Scheidet einer der also verbundenen Miterben vom Erwerbe aus, so verbleibt sein Anteil seinen Genossen. Die sog. **Anwachsung** ist richtig verstanden nur ein **Berechnungsmodus für die Erbanteile.**

a) Die Anwachsung nach BGB. 2094 ist kein eigenartiges Rechtsinstitut. Daß der Erblasser gemeinschaftliche Erbteile bilden darf, versteht sich von selbst. Die Auslegung seiner Einsetzungsanordnung ist allein maßgebend; § 2094 ist dafür ziemlich überflüssig. Ungenau heißt es, daß der Erblasser die Anwachsung ausschließen könne (2094 III), da sie doch nur eintritt, wenn er sie angeordnet hat. Ebenso kann er den einen Berufenen vor anderen bevorzugen; das Recht des Ersatzerben soll dem Anwachsungsrechte vorgehen (2099).

Lautet die Einsetzung: A. $^1/_3$, B. und C. gemeinsam $^1/_3$, so ist B., wenn C. ausfällt, auf $^1/_3$ berufen. Wenn aber A. wegfällt? Sein Anteil fällt nur dann an B. und C., wenn alle zu einer Gruppe vereinigt sind und sie insgesamt die gesetzlichen Erben ausschließen sollen. Das ist eine Frage der Auslegung, für die das Gesetz keine Aufklärung bietet. Ob dem B. das Drittel angefallen ist, entscheidet sich nach dem Zeitpunkte des Erbfalles; ob C. vor dem Erblasser gestorben ist oder die Erbschaft ausschlägt, bleibt sich völlig gleich. Die sog. Anwachsung für B. bedeutet in Wahrheit: sein Erbanteil wird (höher) auf $^1/_3$ berechnet, weil seine eventuelle Einsetzung auf das ganze Drittel zu einer effektiven geworden ist. Nur insofern kann der Erblasser die gesetzliche Erbfolge „ausschließen", daß er seine Erbeinsetzungen auf den ganzen Nachlaß oder eine Nachlaßquote ausdehnt; soweit die Gruppenerben sämtlich ausfallen, tritt zwingend die gesetzliche Erbfolge ein.

b) Für die Anwachsung gilt nur eine eigenartige Vorschrift: die Haftung für Vermächtnisse und Auflagen wie die Ausgleichungspflicht sollen sachlich auf den ursprünglich angesetzten Erbteil beschränkt bleiben; insofern wird der anwachsende Erbteil als ein relativ besonderer Erbteil behandelt (2095). Diese Spaltung ist nur eine fiktive, die aus Billigkeitsgründen angenommen wird. In Wahrheit gibt es hier keine geschiedenen Erbteile, sondern der Erbe erwirbt den durch Anwachsung erhöhten, einheitlichen Erbanteil; mit ihm haftet er ungetrennt für alle vererbten Nachlaßverbindlichkeiten.

Diese Ordnung ist genau dieselbe wie bei der Erhöhung des gesetzlichen Erbteils. Sie erscheint hier wie dort spitzfindig, unklar, überflüssig.

§ 19. Ersatzberufung. Erbeinsetzung unter Bedingung und Zeitbestimmung.

I. Der Erblasser kann die Erbeinsetzungen nach Rangstufen abteilen, so daß jemand erst berufen werden soll, wenn der Erstberufene weggefallen ist. Das Gesetz spricht hierfür von **Ersatzerbe** (2096). Das bedeutet nicht, daß ein „Erbe" durch einen anderen ersetzt werden sollte (das wäre Nacherbfolge); ist der Erstberufene Erbe geworden, so ist damit die Ersatzberufung erledigt. Sind mehrere Ersatzerben nacheinander eingesetzt, so fällt die Erbschaft dem späteren erst an, wenn sämtliche Vordermänner weggefallen sind. Die Ersatzberufung ist eine eventuelle, keine bedingte.

Im Zweifel gilt die Ersatzberufung für beide Fälle, wenn der Erstberufene nicht Erbe sein kann oder es nicht werden will (2097). Bei wechselseitiger Ersatzberufung der Miterben gelten die für das Anwachsungsrecht aufgestellten Auslegungsregeln (2098 nebst 2094). Ersatzberufung geht der Anwachsung vor (2099). — Das Gesetz stellt die Voraussetzung auch hier (2096 wie 2094, 1935) darauf ab, daß der Erstberufene „vor oder nach" dem Eintritt des Erbfalls wegfällt. Das ist irreführend. Der Anfall der Erbschaft kann auch für den Ersatzberufenen nur mit dem Erbfall eintreten. Bedient sich der Erblasser im Testamente des Wortlautes des Gesetzes: A. soll mein Erbe sein, wenn A. aber vor oder nach mir stirbt, soll B. mich beerben: so ist wörtlich genommen B sowohl zum Ersatzerben als auch zum Nacherben eingesetzt. Das ist regelrecht aber die Meinung nicht; daher verbessert 2102 II die schlechte Fassung von 2096 (für den umgekehrten Fall 2102 I anders: Einsetzung zum Nacherben enthält zugleich die Ersatzberufung).

II. Die Erbeinsetzung kann unter eine **Bedingung** gestellt werden.

a) Bei der Einsetzung unter einer **aufschiebenden** Bedingung muß während des Schwebezustandes zwischen Erbfall und Bedingungerfüllung ein Vorerbe eingeschaltet werden (2105). Der bedingt Berufene wird mithin als Nacherbe behandelt. Für ihn gilt die abweichende Regel: er erwirbt mit dem Erbfall kein vererbliches Nacherbenwartrecht (2108 II 2); durch die Bedingung hat der Erblasser zum Ausdruck gebracht, daß die Berufung an die Person dessen gebunden sein soll, bei dem sich die bedingenden Ereignisse (Gehorsam gegenüber dem Befehl des Erblassers; Verheiratung) verwirklichen.

Die Erbeinsetzung unter einer **auflösenden** Bedingung bedeutet, daß der Eingesetzte Vorerbe sein und mit Eintritt der Bedingung aufhören soll, Erbe zu sein. Nacherben sind, wenn der Erblasser keine Bestimmung getroffen hat, die derzeitigen gesetzlichen Erben (2104).

b) Ob eine **echte Bedingung** vorliege, ist durch Auslegung für jeden Einzelfall zu ermitteln. Angabe der Beweggründe schafft keine Bedingung; ebensowenig die falsch und irreführend sogenannte gesetzliche Bedingung („wenn ich sterbe"). Auch die Einsetzung des Ehegatten steht nicht unter der „Bedingung", daß bis zum Erbfall eine gültige Ehe bestanden habe (2077 sagt das keineswegs). Andererseits müssen echte und ernstlich verordnete Bedingungen anerkannt werden; die heute auftretende Neigung, sie deshalb aus dem Testamente hinauszudenken, weil der Richter den Sinn oder Zweck der Bedingung nicht einsieht, ist zu befehden.

1. Die unerlaubte wie die unsittliche Bedingung vernichtet die von ihr in Abhängigkeit gestellte Verfügung. Nach römischem Rechte wurde sie gestrichen; das BGB. gestattet das nicht. Unsittlich ist es, durch bedingte Erbeinsetzung zur Ehelosigkeit zu zwingen oder zur Ehescheidung anzureizen. Dagegen erscheint uns zulässig: wenn meine Witwe sich wieder verheiratet, soll mein Nachlaß an den B. fallen.

2. Wann sich die Bedingung erfüllt, ist regelmäßig gleichgültig. Wenn der Erblasser aber entscheidendes Gewicht auf die Bezeugung des Gehorsams für sein Gebot oder Verbot gelegt hat, dann kommt nur die nach dem Erbfall und in Kenntnis der Verfügung vollzogene Handlung zur Bewertung. Eine negative Potestativbedingung (A. soll mein Erbe sein, wenn er dauernd abstinent lebt) ist als auflösend bedingte Einsetzung zu deuten (2075); im Falle der Zuwiderhandlung tritt Nacherbfolge ein.

3. Unter besonderen Umständen darf die gebotgetreue Anstrengung des Eingesetzten als Erfüllung der Bedingung bewertet werden. So besonders, wenn er eine zum Vorteil eines Dritten bestimmte Handlung vornehmen soll, dieser seine erforderliche Mitwirkung jedoch grundlos verweigert; aber das bleibt (trotz der schiefen Fiktion in 2076, 162) eine Frage der Auslegung; es ist nicht richtig, daß die Bedingung schlechthin als erfüllt gilt, wenn es heißt: A. soll mein Erbe sein, wenn er die B. heiratet, und diese die Bewerbung des A. ausschlägt.

III. Steht die Erbeinsetzung unter einem **Anfangstermin**, so muß bis zu seinem Eintritt ein Vorerbe eintreten (2105 I, Ausdehnung durch Abs. II). Ob das Wartrecht des Nacherben ein vererbliches sei, entscheidet sich danach, ob die Erbeinsetzung als betagte (vererbliche) oder als befristete (als eine bedingte, unvererbliche) auszulegen ist. Die Bestimmung eines Endtermines bedeutet die Einsetzung zum Vorerben (2139, 2104).

Nacherbfolge. § 20.

a) Begriff, Bedürfnis, Anwendungsgebiet.

I. Die Einsetzung eines Nacherben verfolgt den Zweck: in denselben Nachlaß soll nacheinander eine mehrfache Beerbung stattfinden. Zuerst soll ihn der Vorerbe erwerben. Er ist wirklicher Erbe, aber Erbe auf Zeit. In einem bestimmten Zeitpunkte hört er auf, Erbe zu sein; damit tritt der Nacherbe als endgültiger Erbe des ursprünglichen Erblassers ein.

Die Eigenart dieses Rechtsvorganges wird dadurch gekennzeichnet: 1. daß heute im Widerspruche mit dem Grundsatze semel heres semper heres das **Erbesein endigen** kann (daß der Erstberufene Erbe gewesen ist, kann nicht geleugnet und soll nicht wegfingiert werden); 2. daß die **Identität des Nachlasses** für den zeitlich gestaffelten, mehrfachen Erwerb **erhalten** wird. Der Nacherbe soll der Idee nach den ursprünglichen Nachlaß erwerben, obgleich dieser zwischenzeitlich vom Vorerben als eigenes Vermögen erworben, verwaltet, umgestaltet worden ist. Der **Nacherbe ist Erbe des einstigen Erblassers,** nicht des Vorerben. Die Durchführung dieser Voraussetzung bereitet besonders große Schwierigkeiten, weil der Vermögensbegriff im BGB. keine genügende Ausbildung und Anerkennnng gefunden hat.

II. Zum rechten Verständnis des Rechtsinstitutes der Nacherbschaft und zur selbständigen Beurteilung seiner Ausgestaltung gelangt nur, wer sich seine Zweckbestimmung klarmacht und die Frage nach dem Bedürfnis einer Nacherbfolge aus dem Vergleiche mit **verwandten Rechtsgestaltungen** zu beantworten vermag.

a) Seit alters zeigt sich das Bestreben des Erblassers, zunächst seinen Nachlaß einem Erben anzuvertrauen, zugleich aber dafür zu sorgen, daß nach dessen Tode der Nachlaß weiteren Personen zugute kommen soll. Der vorbildliche Fall ist der: mein Vermögen soll bei meinem Tode meiner Witwe zustehen, wenn sie stirbt (oder sich wieder verheiratet), unseren Kindern anfallen. Dieser Zweck kann auf verschiedene Weise erfüllt werden. 1. Durch Errichtung einer selbständigen **Familienstiftung,** die für unbegrenzte Zeit etwa ein Landgut oder Kapital für die Familiengenossen festlegt und bereitstellt (Regelung nach Landesrecht; preuß. AG.z.BGB. Art. 1—3). 2. Durch die fortgesetzte eheliche **Gütergemeinschaft** (1483, 1557), bei der die Erbfolge in den Gesamtgutanteil des verstorbenen Ehegatten ausgeschlossen ist. 3. Durch Errichtung eines gemeinschaftlichen **„deutschen" Testamentes** unter Ehegatten (2269). 4. Indem die Kinder zu unmittelbaren Erben eingesetzt werden, dem überlebenden Ehegatten aber der **Nießbrauch** an dem Nachlaß auf Lebenszeit oder bis zur Wiederverheiratung vermacht wird. 5. Oder umgekehrt: der überlebende Ehegatte ist der endgültige Alleinerbe; was bei seinem Tode vom Nachlaß übrig ist, fällt den Kindern dann als **Vermächtnis** an.

b) Im römischen und gemeinen Rechte war eine mehrfache Erbenfolge in denselben Nachlaß ausgeschlossen; die erworbene Erbschaft ging notwendig in dem Vermögen des Erben auf (confusio bonorum), aus dieser Vermögenseinheit konnte der Nachlaß nicht mehr abgeschichtet werden. Zur Aushilfe diente aber das Universalfideikommiß: der Ersteingesetzte wurde der Erbe (heres fideicommissarius); bei Eintritt eines bestimmten Ereignisses mußte er die Erbschaft als Vermächtnis dem Nachmann (heres fiduciarius) übertragen. Das preußische ALR. hatte hieran angeschlossen; durch die Praxis wurde daraus aber eine echte Nacherbfolge entwickelt. Auf diesem Boden steht das BGB.

III. Das BGB. unternimmt es, die Nacherbfolge auf eine universelle Grundlage zu stellen.

a) In Wahrheit handelt es sich um **zwei inhaltlich verschiedene Rechtsgestaltungen.**

1. Der **gewöhnliche** oder beschränkte **Vorerbe** wird als das allgemeine Vorbild hingestellt. Der Nachlaß soll möglichst in seinem sachlichen Bestande unverändert bleiben; die Verfügungsmacht des Vorerben wird wesentlich eingeschränkt. Dieser Vorerbe dient als Wegbereiter oder zwischenzeitlicher Platzhalter, als Notbehelf (2101) für den zum eigentlichen Gesamtnachfolger bestimmten Nacherben.

2. Der **befreite Vorerbe** ist ein ganz anderer Typus; nicht bloß, wie 2136—2138 angeben, ein von gewissen Beschränkungen entlasteter Vorerbe. Er ist echter Vollerbe und grundsätzlich voll verfügungsberechtigt über die Nachlaßrechte. Wird der Nacherbe, wie üblich, auf das verwiesen, was beim Eintritte der Nacherbfolge vom Nachlaß übrig sein wird: so muß er sich mit den verbliebenen Einzelrechten begnügen. Es ist schwer zu sagen, inwiefern ein derartiger Nacherbe als echter Gesamtnachfolger des Erblassers gelten könnte.

b) Diese Ordnung des BGB. verursacht eine sehr verwickelte, schwer verständliche Gestaltung der Rechtsstellung des Vorerben. Sie befriedigt praktisch nicht und erzeugt vor allem für den befreiten Vorerben eine Einengung der Verfügungsmacht, die vom Erblasser nicht gewollt ist und gegenüber den Vorschriften des Grundbuchrechtes schier unlösbare Schwierigkeiten bereitet.

1. Das frühere Reichs-Erbschaftsteuergesetz von 1919 § 23 behandelte den Vorerben als Nießbraucher und den Nacherben als den wirklichen alleinigen Erben. Das Gesetz von 1922 (oben § 2) dagegen erklärt in § 7: der Vorerbe gilt als Erbe und der Nacherbe hat den Erwerb als einen vom Vorerben stammenden Nachlaß zu versteuern (auf seinen Antrag soll aber der Versteuerung sein Verhältnis, also besonders die nähere verwandtschaftliche Beziehung zum Erblasser zugrunde gelegt werden). Wenn jedoch der Fall der Nacherbfolge nicht mit dem Tode des Vorerben eintritt, sondern z. B. mit der Wiederverheiratung der zur Vorerbin eingesetzten Witwe oder mit der Geburt des zum Nacherben eingesetzten männlichen Enkels, so gilt die Vorerbfolge als auflösend bedingter und die Nacherbfolge als aufschiebend bedingter Anfall. Nach der Reichs-Abgabenordnung vom 13. Dezember 1919 § 147, 148 wird das unter auflösender Bedingung erworbene Vermögen als unbedingt erworbenes behandelt; das unter aufschiebender Bedingung erworbene wird erst berücksichtigt, wenn die Bedingung eingetreten ist. — Der Vorerbe hat die durch die Vorerbschaft veranlaßte Steuer aus den Mitteln der Vor-

erbschaft zu entrichten. Soweit zur Beschaffung der Mittel hierfür eine Verfügung über Nachlaßgegenstände erforderlich ist, die der Vorerbe mit Vollwirkung allein nicht vornehmen kann, hat der Nacherbe seine Einwilligung zu erteilen (BGB. 2120).

2. Die steuerrechtlichen Unterscheidungen sind vom Standpunkte des bürgerlichen Rechtes ziemlich willkürlich. Sie rücken jedoch die Frage heran, ob nicht die Reformbedürftigkeit beim BGB. liegt. Der Normalfall des Lebens ist der befreite Vorerbe; zumeist soll er als endgültiger Vollerbe eintreten und es würde vollauf genügen, wenn der Nachmann den vom Nachlaß verbliebenen Überrest nicht als Erbe, sondern als Vermächtnisnehmer erhielte. Wir brauchten insoweit das komplizierte Gebilde der Nacherbfolge nicht. Wo dagegen das Interesse auf die Erhaltung des Familienbesitzes für mehrere Generationen gerichtet ist, wäre den Vormännern nicht die Rechtsstellung eines Erben, sondern die eines Verwalters und Nießbrauchers zuzuerteilen. Viel mehr soll der beschränkte Vorerbe gar nicht sein. Wenn das Gesetz ihm gleichwohl den Titel als Erbe zulegt, so ist dies eine Hilfskonstruktion, die unter dem Banne der beiden Dogmen steht: beim Tode des Erblassers muß ein Erbe sofort eintreten und Erbe kann nur sein, wer in diesem Zeitpunkte bereits lebt. Die Kontinuität der Beerbung wie die Koexistenz scheinen uns unantastbare Gebote zu sein, weil ein subjektloses Nachlaßvermögen für unkonstruierbar ausgegeben wird. Aber so gut wie das Subjekt bei der rechtsfähigen Stiftung hinzugedacht wird, könnte das auch bei dem zweckgebundenen Nachlaßsondervermögen geschehen. Auch bei der autonomen Testamentvollstreckung auf Lebenszeit (2209) ist der Erbe in Wahrheit nicht mehr als nomineller Herr der Nachlaßrechte und Nutzungsempfänger. So wäre es möglich, das verwickelte Rechtsinstitut der Nacherbfolge als überflüssig auszuscheiden.

IV. Eine **Nacherbfolge** tritt **nur** ein auf Grund der **Anordnung des Erblassers.**

a) Die Regel bildet die **effektive** Nacherbeinsetzung: der Erblasser bestimmt, daß eine Nacherbfolge statthaben soll und benennt die Personen, die als Vorerben und Nacherben eintreten sollen. Das Gesetz hilft den mehrdeutigen oder unvollständigen Verfügungen nach. 1. Ist A. zum Erben eingesetzt und B. ihm substituiert, so ist B. grundsätzlich als Ersatzberufener und nicht als Nacherbe zu behandeln (2102 II). 2. Wenn dagegen B. als Nacherbe eingesetzt war, A. jedoch beim Erbfall bereits verstorben ist und B. schon erbrechtlich „lebt“, dann ist B. zugleich auch als Ersatzberufener anzusehen (2101 I, 2084, 1923, 2108 I). 3. Die Verfügung, daß der eingesetzte Erbe den Nachlaß in einem späteren Zeitpunkt dem B. herausgeben soll, ist als Einsetzung des B. zum Nacherben, nicht als Anordnung eines Vermächtnisses für B. zu deuten (2103). 4. Fehlt die Angabe des Zeitpunktes für den Eintritt der Nacherbfolge, so tritt sie mit dem Tode des Vorerben ein (2106 I). 5. Die einem Abkömmling auferlegte Nacherbeneinsetzung steht grundsätzlich unter der Voraussetzung, daß der Abkömmling ohne Nachkommenschaft sei und ohne diese versterben werde (2107).

b) Die Nacherbfolge kann die einzige Rechtsgestalt sein, in der eine Erbeinsetzung nach dem BGB. Anerkennung finden könnte. Dem rechtsunkundigen Erblasser, der ihre ausdrückliche Anordnung verfehlt hat, bietet das Gesetz sie als Aushilfe. Wir sprechen dann von einer **konstruktiven Nacherbfolge.** Voraussetzung bleibt, daß solches Hilfsverfahren dem Willen des Erblassers entspricht; trifft das nicht zu, so wird sich die mangelhafte Erbeinsetzung regelmäßig als unwirksam erweisen (2101 I 2). 1. Ist eine bei Eintritt des Erbfalls noch nicht erzeugte Person zum Erben eingesetzt, so läßt sich das nur verwirklichen, wenn sie als Nacherbe behandelt wird. Das Gesetz schiebt daher als Hilfsvorerben die gesetzlichen Erben ein (2101 I 1, 2105 II). Ebenso wenn eine juristische Person eingesetzt ist, die erst nach dem Erbfall zur Entstehung gelangt (2101 II; anders 84 für die Stiftung). Anfall der Erbschaft an den Nacherben mit seiner Geburt oder Entstehung (2106 II). 2. Die Hilfskonstruktion ist ebenso anzuwenden, wenn die Erbeinsetzung unter einer Bedingung oder Befristung erfolgt ist, der Erblasser aber versäumt hat anzuordnen, wer bis zum Eintritt der aufschiebenden oder wer nach dem Eintritt der auflösenden Bedingung (Anfangs- oder Endtermines) als Erbe eintreten soll. Hilfserben sind auch hier die gesetzlichen Erben (2104, 2105).

b) Der gewöhnliche, beschränkte Vorerbe. Rechtszustand der Vorerbschaft. § 21.

I. Nacherbfolge ist zeitlich gestaffelte Doppelerbfolge. Danach sind **zwei Entwickelungsstadien** zu unterscheiden.

a) Der **Eintritt des Erbfalles.** 1. Er löst für den Vorerben den **Anfall** der Erbschaft aus. Damit beginnt der eigenartige Rechtszustand der Vorerbschaft. Der Nachlaß gehört dem Erben, aber als rechtlich gebundenes Vermögen. 2. Diese Gebundenheit wird erzeugt und inhaltlich bestimmt durch das gleichzeitig (sog. **Voranfall**) entstandene **erbrechtliche Wartrecht des Nacherben.** Diese Anwartschaft auf den Erwerb der Erbschaft ist ein gegenwärtiges subjektives Recht, das der Nacherbe sofort nach Eintritt des Erbfalles verkaufen und über das er durch Abtretung dinglich verfügen kann und das seine Gläubiger pfänden dürfen (RG. 101, 187). Bildet das Wartrecht somit einen vererblichen Bestandteil des Vermögens des Nacherben, so kann er darüber auch von Todes wegen verfügen und seine Erben, obgleich diese vermöge des vererbten Wartrechtes unmittelbare Nachfolger des ursprünglichen Erblassers werden, für den durch das

Wartrecht vermittelten Erwerb durch Einsetzung eines Testamentvollstreckers beschränken (dazu RG. 103, 356).

Von dieser regelmäßigen Gestaltung gibt es Ausnahmen. 1. Ein nur höchst persönliches und daher unvererbliches Nacherbenwartrecht ist anzunehmen, wenn der Erblasser den Nacherben unter einer aufschiebenden Bedingung oder Befristung eingesetzt hat (2108 II 2). 2. Es gibt, was fast allgemein übersehen wird, eine bloß objektivrechtlich gebundene Vorerbschaft, der kein Nacherbenwartrecht gegenübersteht. Ist ein noch nicht Erzeugter zum Erben eingesetzt, so muß vorab ein Vorerbe eintreten; sobald aber der Eingesetzte als Rechtssubjekt entstanden ist, tritt er sofort als Vollerbe und nicht als Nacherbe ein (2104, 2106 II). Ein Nacherbenwartrecht ohne Nacherben hier zu konstruieren, wäre zwecklose Künstelei.

Nach dem Erbschaftsteuergesetz § 25 III gehört die Anwartschaft des Nacherben, im Widerspruche mit dem BGB., nicht zu seinem steuerbaren Nachlaß. Wer die Erbschaft auf Grund des Wartrechts erwirbt, versteuert sie als eine vom Vorerben stammende.

b) Der **Eintritt des Falles der Nacherbfolge.** Die Vorerbschaft endigt, der Nacherbe tritt als Vollerbe in den für ihn bereitgehaltenen Nachlaß ein. 1. Die Erbfähigkeit des Nacherben hängt nicht von der Koexistenz mit dem Erblasser ab. Es genügt, daß er diesen überlebt hat. Lebt der als Nacherbe Eingesetzte (z. B. „mein ältester Enkel") bei Eintritt des Nacherbfolgefalles noch nicht, so müssen Zwischenpersonen als Nacherben ersten Grades vor ihm eintreten (analog 2101 I). Ist er vor diesem Zeitpunkte gestorben, so geht sein Wartrecht auf seine Erben über; wenn dieses aber ausnahmsweise nicht vererblich ist, so erlischt die Nacherbeneinsetzung. 2. Der Erblasser darf beliebig viele Nacherben hintereinander einsetzen. Es gibt dafür nur eine zeitliche Grenze: die letzte Nacherbfolge und damit der Abschluß der Beerbung durch Auflösung des Nachlasses muß regelmäßig binnen dreißig Jahren nach dem Erbfall eintreten (2109 mit Ausdehnung auf die Zeitgenossen des Erblassers).

II. Das Problem ist: wie kann es miteinander vereinigt werden, daß der Vorerbe wirklicher Erbe und Herr der Nachlaßrechte sein soll und daß gleichwohl der Nachlaß in seiner Identität für die Erbfolge des Nacherben bereit steht. Die Lösung liegt in dem Grundsatze, daß der Vorerbe den Nachlaß **in dem Zustande erhalten** muß, der einer ordnungsmäßigen, **das Wartrecht des Nacherben sichernden** Wirtschaftsführung entspricht. Es kommt auf das Gesamtergebnis am Ende der Vorerbschaft an. Der Vorerbe haftet für diese Verwaltungspflicht mit der Sorgfalt in eigenen Angelegenheiten (2130, 2131).

a) Der Vorerbe hat die Erbschaft als ein durch das Nacherbenwartrecht **gebundenes Sondervermögen** zu verwalten. 1. Als Grundlage hierfür wird er unverzüglich ein getreues Nachlaßverzeichnis aufnehmen;

der Nacherbe kann die Aufnahme und Mitteilung verlangen (2121—2123). Die freiwillige Errichtung eines amtlichen Inventars nach 1993 begründet zugunsten des Vorerben die Vermutung der Vollständigkeit (2009). Ist der Nacherbe ein minderjähriges Kind des Vorerben, so hat dieser nach § 1640 ein getreues und vollständiges Verzeichnis der Erbschaftgegenstände dem Vormundschaftsgericht einzureichen. 2. Begründet das Verhalten des Vorerben oder seine Vermögenslage die Besorgnis einer erheblichen Gefährdung des Nacherbenwartrechtes, so kann der Nacherbe jetzt bereits Sicherheitsleistung verlangen (2128) als vorbeugende Sicherungsmaßregel. 3. Das bare Geld, das nach den Regeln einer ordnungsmäßigen Wirtschaftsführung dauernd anzulegen ist, darf vom Vorerben nur in mündelsicheren Werten angelegt werden (2119, 1807, 1808). Die freie und zugleich verantwortliche Entscheidung, ob und wie das geschehen soll, steht beim Vorerben. Er soll nicht die Erbschaft als festliegendes Rentnergut, er darf sie als werbendes Vermögen behandeln. Heute (im Jahre 1922) ist klar, daß Mündelsicherheit keineswegs die Gewähr gegen großen Kapitalverlust bietet. Sind die Barmittel einmal mündelsicher angelegt, so kann der Vorerbe darüber nur noch mit Zustimmung des Nacherben verfügen (2116—2118). 4. Die Nutzungen des Nachlasses gehören in vollem Umfange und zu eigenem Vorteil dem Vorerben (2132—2134). Er trägt dafür die gewöhnlichen Erhaltungskosten (2124). 5. Zur Erhaltung des unverminderten Bestandes des Nachlasses als eines Sondervermögens dient auch hier der Grundsatz der dinglichen Surrogation (2111). Vor allem gehört kraft Gesetzes zum Nachlaß alles, was mit Mitteln der Erbschaft erworben ist und die Ersatzansprüche, die der Nacherbe zur Wiederherstellung des ursprünglichen Nachlaßbestandes gegen den Vorerben erheben kann.

b) Die **Verfügungsmacht** des gewöhnlichen Vorerben ist **beschränkt**: er kann aus eigenem selbständigen Rechte über die Nachlaßrechte nur in den Grenzen einer ordnungsmäßigen Verwaltungsführung dinglich verfügen. Das Gesetz leitet irre, wenn es in 2112 als Grundsatz voranstellt, der Vorerbe könne über die Nachlaßgegenstände verfügen. Die hinzugefügten Ausnahmen machen die angebliche Regel in Wahrheit zur Ausnahme. Die gewöhnliche Vorerbschaft zeigt folgende Gestalt.

1. Die **Liegenschaftsrechte** sollen als der feste Stamm des Vermögens erhalten bleiben. Der Vorerbe darf als bloß zeitlicher Herr des Nachlasses ihre Zugehörigkeit nicht durch Veräußerung aufheben und sie nicht mit Hypotheken belasten, die eine Werteinbuße und die Gefahr des Eigentumverlustes herbeiführen, und nicht mit Grunddienstbarkeiten, die eine dauernde Rechtseinbuße bewirken (2113 I). Dagegen kann er ein auf die Dauer der Vorerbschaft begrenztes Nießbrauchrecht bestellen und auch eine Briefhypothek in eine Buchhypothek umwandeln, weil hierdurch das Recht des Nacherben nicht beeinträchtigt wird. Auch Hypothekenforderungen und Grundschulden sind als dauernde Kapitalanlagen zu erhalten. Ihre Kün-

digung steht dem Vorerben im Rahmen einer ordnungsmäßigen Verwaltung zu; das eingezogene Kapital aber soll grundsätzlich zu gemeinsamer Verfügung des Vorerben und Nacherben hinterlegt werden; 2114, 2116; 2120, 378.

2. **Unentgeltliche** Verfügungen sind dem Vorerben nach zwingendem Rechtssatze untersagt, da sie stets die Verminderung der Vermögenssubstanz und die Verletzung des Nacherbenwartrechtes verursachen (2113 II). Von dieser Wirkung aus muß hier der bestrittene Begriff der Unentgeltlichkeit festgestellt werden. Entgeltlich sind vom Standpunkte des Nacherbenwartrechtes nur Verfügungen, die zur Erfüllung einer Nachlaßverbindlichkeit dienen oder im Austausche gegen ein dem Nachlaß zugeführtes ebenwertiges Gegenrecht (Kauf, Tausch, Hingabe zu verzinslichem Darlehn) erfolgen. Nicht dagegen ein Mitgiftversprechen zu Lasten des Nachlasses, obgleich dieses in der Rechtslehre vielfach als entgeltlich hingestellt wird; der Vorerbe darf solche Wohltaten nicht auf Kosten des Nacherben vornehmen und damit dessen Wartrecht kränken (vgl. RG. 83, 218 gegenüber 75, 327).

3. Der Erblasser kann die Verwaltung und Verfügungsmacht des Vorerben vollständig ausschalten, indem er für die ganze Zeit der Vorerbschaft einen Testamentvollstrecker als autonomen Verwalter des Nachlasses ernennt (2209—2211). Ernennt er einen Testamentvollstrecker zur Wahrung der Rechte des Nacherben, so wird die Verwaltung des Vorerben einer schärferen Aufsicht unterstellt, nicht aber seine Verfügungsmacht enger eingeschnürt (2222). Der Erblasser kann das Nutzungsrecht des Vorerben einschränken, indem er ihn mit einem Vermächtnis zugunsten eines Dritten beschwert, dem bestimmte Erträgnisse oder auch ein Nießbrauchrecht zukommen sollen. Ebenso kann er den Vorerben mit einer Auflage beschweren.

Auf Antrag des Nacherben darf der als unzuverlässig erwiesene Vorerbe zur Sicherheitsleistung verurteilt werden. Mit der rechtskräftigen Verurteilung hierzu wird dem Vorerben die Verfügungsmacht über die Nachlaßrechte entzogen; die Verwaltung ist dann einem gerichtlich bestellten Verwalter zu übertragen (2128, 1052).

4. Der Verfügung des Vorerben aus **eigener Machtbefugnis** bleiben hiernach unterstellt: alle Rechte an der Fahrnis, Forderungsrechte, Patentrechte; ferner das nicht mündelsicher angelegte bare Geld und die nicht hinterlegten Inhaberpapiere (2116).

Steht die Erbschaft mehreren Vorerben als Miterbschaft zur gesamten Hand zu, so kann der einzelne Mitvorerbe über seinen Anteil nach 2033 verfügen. An der Gebundenheit des Anteils durch die Nacherbschaft wird durch diesen Wechsel in der persönlichen Zuständigkeit des Anteilrechtes nichts geändert.

5. Schuldrechtliche Verpflichtungen kann der Vorerbe unbeschränkt eingehen; ihre Gültigkeit ist nicht abhängig von der dinglichen Verfügungsmacht über den Leistungsgegenstand. Diese kommt aber zu entscheidender Geltung, wenn es sich um die Bewirkung der geschuldeten Leistung handelt.

III. Die rechtliche Bedeutung dieser Verfügungsbeschränkungen wird nach dem Rechtserfolge abgemessen: die Verfügung des Vorerben ist **unwirksam,** soweit sie das Recht des Nacherben auf Erhaltung und Herausgabe des Nachlasses in seinem ungeschmälerten gegenständlichen Bestande vereiteln oder beeinträchtigen würde. Wir werden eine derartige Verfügung deutlicher als eine nicht rechtmäßige kennzeichnen.

a) Es kommt mithin alles auf das **Endergebnis der Verwaltung** an. Hat der Vorerbe liederlich gewirtschaftet und Nachlaßkapitalien zu eigenem Vorteile verbraucht, dann aber durch glückliche Spekulationen den Verlust wieder eingebracht, so ist alles in Ordnung. Dem entspricht es, daß die Unrechtmäßigkeit der Verfügung nur Bedeutung erlangt, wenn später die Nacherbfolge wirklich eintritt, und daß die Unwirksamkeit vom Nacherben erst geltend gemacht werden kann, nachdem der Fall der Nacherbfolge eingetreten ist.

Es handelt sich mithin um eine **Unwirksamkeit von ganz singulärer Art. 1.** Die nicht rechtmäßige Verfügung ist keineswegs absolut unwirksam oder gar nichtig. Der Vorerbe hat als Erbe über das Nachlaßrecht verfügt und den Erwerber in das Recht eingesetzt. Allerdings kann der Nacherbe die Rückerstattung des veräußerten Rechtes gegen jeden Erwerber mit dinglicher Wirkung durchsetzen. Aber dazu kommt es erst, wenn die Erbschaft dem Nacherben angefallen ist und überhaupt nicht, wenn der Nacherbe durch Tod oder Ausschlagung ausscheidet und die Nacherbeneinsetzung erlischt. 2. Umgekehrt ist die Verfügung aber auch nicht bloß relativ unwirksam. Denn die Restitution soll objektive Wirkung haben: das unrechtmäßig veräußerte Recht wird nicht nur zugunsten des Nacherben sondern auch zugunsten des Nachlaßgläubigers dem Nachlaßbestand wieder zugeführt. 3. Mithin tritt zunächst ein rechtlicher Schwebezustand ein: der Erwerber muß damit rechnen, daß ihm das erworbene Recht entzogen werden, umgekehrt aber auch die Verfügung besonders durch Genehmigung des Nacherben zu einer vollwirksamen erstarken kann. Der Vergleich mit einer auflösenden Bedingung ist hierfür ebenso falsch wie der mit der Anfechtung. Eher könnte passen die Analogie mit der Verfügung über ein fremdes Recht ohne Vertretungsmacht (185 I); aber auch das wird der Eigenart der Rechtslage nicht gerecht.

b) Jeder derartige Schwebezustand beunruhigt den Verkehr. Wir bedürfen eines Mittels, durch das die Verfügungsmacht des Vorerben im einzelnen Fall legitimiert wird, so daß eine dem Nacherben gegenüber vollwirksame und endgültige Rechtsänderung im

Bestande der Nachlaßrechte herbeigeführt werde. Das geschieht durch die **Zustimmung des Nacherben** zu der Verfügung. Sie kann: 1. aus freier Entschließung erfolgen für den Einzelfall oder für ein ganzes Gebiet von Rechtshandlungen mit der vollen Wirkung einer rechtsgeschäftlichen Ermächtigung. Daneben gibt es: 2. Fälle, in denen dem Nacherben vom Gesetze die Zustimmung als Pflicht auferlegt wird; weil die vom Vorerben geplante, seine eigene Machtbefugnis übersteigende Verfügung zur ordnungsmäßigen Verwaltung des Nachlasses erforderlich ist (2120). So vor allem, wenn zur Befriedigung der Nachlaßgläubiger etwa ein Acker oder angelegte Gelder veräußert werden müssen. Der Vorerbe kann gegen den widerstrebenden Nacherben auf Erteilung der Zustimmung klagen.

c) Die Unwirksamkeit der nicht rechtmäßigen Verfügung bietet für die Rechte des Nacherben keinen vollwertigen Schutz. Die Vorerbschaft umspannt meistens ein ganzes Lebensalter. Inzwischen kann der Vorerbe unauffällig die Werte des Nachlaßvermögens verderben; die erst mit Beendigung der Vorerbschaft zur Ausübung reifen Ansprüche des Nacherben auf Herausgabe und Ersatz kommen dann zu spät und sind wertlos. Vor allem kann der Nacherbe nicht gegen den Erwerber eines Nachlaßrechtes vorgehen, wenn dieser das Recht erworben hat im Vertrauen auf die Legitimation, die dem Verfügenden als „Erbe" und Besitzer der Erbschaft zukommt (2113 III, 932, 1207, 892). Hat der Vorerbe etwa seinem Freunde B. ein Originalgemälde von Lenbach aus dem Nachlaß geschenkt, so kann der Nacherbe nach Eintritt der Nacherbfolge dieses von B. trotz 2113 II nur herausverlangen, wenn er beweist, daß B. beim Eigentumerwerbe die Eigenschaft des Schenkers als Vorerbe und die Zugehörigkeit des Bildes zum Nachlasse gekannt oder grobfahrlässig nicht erkannt hat (932).

1. Um so bedeutsamer ist es, daß für die Liegenschaftrechte als den Grundstock des Vermögens besondere vorbeugende Schutzmaßregeln getroffen sind. Wird der Vorerbe als Berechtigter in das **Grundbuch eingetragen** oder verfügt er, ohne zuvor eingetragen zu sein (GBO. 41) über ein Liegenschaftrecht als Erbe, so muß der Grundbuchbeamte von Amts wegen zugleich das Recht des Vorerben eintragen (GBO. 52). Der Beamte erfährt diese Rechtsstellung zuversichtlich aus dem ihm vorzulegenden öffentlichen Testamente oder dem **Erbschein** (2363). Die Wirkung ist, daß der öffentliche Glaube des Grundbuchs eingeschränkt und die dingliche Verfolgung des Nacherbenwartrechtes gegen jeden Rechtserwerber gesichert wird (Anspruch auf Löschung des unrechtmäßig eingetragenen oder auf

Wiederherstellung des unrechtmäßig gelöschten Rechtes; nach dem Vorbilde der Vormerkung 883, 888). Damit tritt keine Sperre des Grundbuchs ein; aber tatsächlich wird nur schwer jemand für solchen revokabeln Erwerb etwas bezahlen. Die Eintragung des Wartrechtes unterbleibt nur, wenn der Nacherbe der Verfügung zustimmt oder auf die Mitbuchung seines Rechtes verzichtet.

2. Eine weitere wichtige Schutzmaßregel besteht in der **Abwehr des Zugriffes der Eigengläubiger des Vorerben.** Sie dürfen keine das Wartrecht des Nacherben kränkende Zwangsvollstreckung oder Arrestanlage gegen die Nachlaßrechte bewirken (2115); das auch nicht insoweit, als der Vorerbe verfügungsberechtigt ist, damit nicht seiner verantwortlichen Entscheidung über die getreue Ausübung der Verwaltung vorgegriffen werde. Damit auch hier der Gegenanspruch des Nacherben nicht zu spät komme (die öffentliche Versteigerung überträgt unentziehbares Eigentum 1244, ZwVG. 90, 91, 130): so verbietet ergänzend die Zivilprozeßordnung 773 schlechthin die Veräußerung oder Überweisung der von einem persönlichen Gläubiger des Vorerben gepfändeten Nachlaßgegenstände. Außerdem darf der Nacherbe bereits gegen die Pfändung selbst die Widerspruchsklage erheben (ZPO. 771, 773 S. 3) und damit die Aufhebung aller Vollstreckungsmaßregeln durchsetzen.

Ist über das Eigenvermögen des Vorerben der Konkurs eröffnet, so darf der Konkursverwalter keine Verfügung über Nachlaßgegenstände treffen, wodurch das Nacherbenwartrecht beeinträchtigt werden könnte. Die in 2115 verordnete Unwirksamkeit wird durch KO. 128 zu einem Verfügungsverbot an den Konkursverwalter gesteigert.

c) Der befreite Vorerbe. § 22.

I. Die Normalordnung der beschränkten Vorerbschaft ist so verwickelt, daß sie den Verkehrsbedürfnissen zumeist nicht entspricht. Der Erblasser räumt dem Vorerben in der Regel eine freiere Rechtsstellung ein. Diese Machtsteigerung soll ihn keineswegs zur Willkür verleiten; sie ist als fiduziarische gemeint, wobei das Vertrauen die Zuverlässigkeit verstärken soll. Es kann auch sein, daß es dem kinderlosen Erblasser lediglich darauf ankommt, seinen Nachlaß an seine Verwandten zurückzuleiten, nachdem die Witwe Erbin gewesen ist und es ihm minder bedeutsam erscheint, wieviel vom Nachlasse dann noch übrig sein wird. Oder daß er umgekehrt dem Vorerben als gewiegtem Geschäftsmanne freie Hand zur vorteilhaften Ausnutzung und Vermehrung der Nachlaßwerte bieten will.

Die Benennung als „befreite" Vorerbschaft (2136) ist einseitig. Wichtiger als die Entbindung von gewissen Pflichten gegenüber dem Nacherben ist die positive Steigerung der Verwaltungs- und Verfügungsmacht des Vorerben. Der Vorerbe wird zum grundsätzlich **selbständigen zeitlichen Herrn der Erbschaft** erhoben. Damit entsteht ein besonderer Typ der Vorerbschaft.

II. Die „Befreiung" tritt nur ein auf Grund der Anordnung des Erblassers. Das Gesetz zählt in 2136 die Beschränkungen und Verpflichtungen auf, von denen der Erblasser den Vorerben lösen kann. Der Erblasser darf hieraus nach Ermessen einzelne auswählen oder ausschalten. Wenn er jedoch den Vorerben schlechthin zur freien Verfügung über die Erbschaft ermächtigt oder wenn er den Nacherben **auf den Überrest**, d. h. auf das, was vom Nachlaß beim Eintritt der Nacherbfolge noch übrig sein wird, eingesetzt hat: dann bedeutet dies die Befreiung von allen im Gesetz aufgeführten Beschränkungen und Verpflichtungen (2137). Die Befreiung kann auch sachlich z. B. auf das begrenzt werden, was der Vorerbe neben dem sonstigen Erbgute als Pflichtteil erworben hat. Zulässig und sehr anzuraten ist die Bestimmung, daß alle Befreiungen erlöschen sollen, wenn sich der zum Vorerben eingesetzte Ehegatte wiederverheiratet.

III. Die **Rechtsstellung des befreiten Vorerben** wird nach folgenden Grundzügen bestimmt.

a) Gewisse Schutzvorschriften zugunsten des Nacherbenwartrechtes sind unabdingbar. Es müssen bestehen bleiben: 1. die Untersagung der Vornahme unentgeltlicher Verfügungen (2113 II); 2. die Ausschließung der Zwangsvollstreckung der Eigengläubiger des Vorerben (2115); 3. der Anspruch des Nacherben auf Mitteilung eines ordnungsmäßigen Vermögensverzeichnisses (2121, 2122).

b) Die **positive Steigerung der Rechtsmacht** des Vorerben erstreckt sich vor allem auf die unbeschränkte Befugnis, über Liegenschaftrechte entgeltlich zu verfügen. Die Ausübung dieser wichtigsten Befugnis stößt aber auf erhebliche Schwierigkeiten im Grundbuchverkehr. Eine reine Eintragung der Rechtsänderung ohne gleichzeitige Buchung des Nacherbenwartrechtes darf der Grundbuchbeamte nur vollziehen, wenn ihm die Entgeltlichkeit der Verfügung durch öffentliche Urkunde nachgewiesen wird (GBO. 29). Ein direkter Beweis hierfür ist nach formellem Grundbuchrechte unmöglich. Daran hatte die Praxis zunächst sich angeklammert; die Folge war, daß das ganze Rechtsinstitut der befreiten Vorerbschaft seines wesentlichen Inhaltes beraubt wurde. Jetzt geht die Richtung dahin, daß als Ausweis für die Entgeltlichkeit genügen soll der durch eine öffentliche Urkunde bestätigte, auf einen echten Austausch ebenwertiger Vermögensgüter begründete Rechtsbau des schuldrechtlichen Grundgeschäftes (vgl. RG. 69, 258; KGJ. 40, 180; 41, 183). An der Wahrheit des notariell beurkundeten Kaufvertrags zu zweifeln, ist nicht die Aufgabe des Grundbuchbeamten. Wenn die Praxis aber lehrt, daß für die Entgeltlichkeit der Verfügungen über Liegenschaftrechte erfahrungsmäßig die Wahrscheinlichkeit spreche, so bedeutet dies eine für das Grundbuchrecht unzulängliche „Vermutung".

c) Braucht der Vorerbe nur herauszugeben, was am Ende der Vorerbschaft vom Nachlaß noch übrig ist, so besteht für ihn keine Pflicht zu ordnungsmäßiger Verwaltungsführung. Folglich kann es gar keine Haftung geben wegen Schädigung des Nachlaßvermögens; selbst nicht wegen „Vorsatzes", weil der durch keine Pflicht Gebundene nicht schuldhaft handeln kann. Ferner ergibt sich, daß dem Vorerben das Recht zur Verwaltung des Nachlasses nicht entzogen werden darf, weil er auch nicht zur Sicherheitleistung verpflichtet ist.

d) Eintritt des Nacherben in die Erbenstellung. § 23.

I. Mit dem Erbfall hat der Nacherbe das Wartrecht auf die Erbschaft erworben. Er kann über dieses mit dinglicher Wirkung verfügen (oben § 21 I a). Er kann es aber auch jetzt bereits durch Verzicht abstoßen und damit seine Nacherbfolge beseitigen (2142 spricht von „Ausschlagung der Erbschaft"; diese kommt im wahren Sinne erst in Betracht, wenn der Fall der Nacherbfolge eingetreten ist). Solcher Verzicht hat besonders wichtige Bedeutung, wenn er statt des Wartrechtes den Pflichtteil begehren will (2306). Er kann seines Wartrechtes auch jetzt bereits durch Erbunwürdigkeitserklärung entkleidet werden (2340 II 2, 2344 I).

Dieser Verfügungsmacht entspricht es, daß wir dem Nacherben das Recht zugestehen, sogleich nach Eintritt des Erbfalles den Anfall des Wartrechtes endgültig zu bestätigen durch Aufgeben des Verzichtrechtes (oder analog 2142 durch „Annahme" der Erbschaft). Eines besonderen Ausspruches des Gesetzes bedurfte es hierfür nicht (RG. 80, 377). Dies hat eine große praktische Bedeutung; der Erwerber des Wartrechtes muß darin geschützt sein, daß der veräußernde Nacherbe die endgültige Rechtsstellung erlangt hat und nicht mehr das verkaufte und abgetretene Wartrecht durch Verzicht vernichten darf.

II. Mit dem Eintritt des Falles der Nacherbfolge endigt die Vorerbschaft. **Die Erbschaft fällt dem Nacherben an.** Sein Wartrecht wird zum Vollrecht am Nachlasse (2139).

Der Nacherbe kann nunmehr den Nachlaß mit dem Erbschaftsanspruch (2018) vom Vorerben wie von jedem anderen Erbschaftbesitzer herausverlangen. Der Umfang dieses Anspruchs richtet sich danach, ob ein beschränkter gewöhnlicher oder ein befreiter Vorerbe vorangegangen war. Das gilt auch für die schuldrechtlichen Ersatzansprüche wegen pflichtwidriger Verwaltung oder wegen unrechtmäßiger Verfügungen. Der Vorerbe hat den ihm erteilten Erbschein herauszugeben, weil er aufgehört hat, Erbe zu sein (2363 II).

Die schuldrechtlichen und dinglichen Rechtsbeziehungen zwischen dem Eigenvermögen des Vorerben und dem Nachlaß haben während der Dauer der Vorerbschaft geruht (sie waren rechtlich durch Vermögensvereinigung auf Zeit gebunden und nicht, wie das Gesetz 2143 und sonst sagt, erloschen); sie leben mit der Abschichtung des Nachlasses wieder auf. Umgekehrt kann der Vorerbe für außergewöhnliche Aufwendungen, die er zur Erhaltung eines einzelnen Nachlaßgegenstandes für erforderlich halten durfte, sich entweder selbst aus dem Nachlaß decken oder vom Nacherben Ersatz begehren (2124 II). Andere, freie Aufwendungen braucht der Nacherbe nur zu ersetzen, wie wenn der Vorerbe als Geschäftsführer ohne Auftrag gehandelt hätte (2125). Zu einer echten Erbauseinandersetzung kann es kommen, wenn z. B. die zur alleinigen Vorerbin eingesetzte Witwe eine neue Ehe eingeht und für diesen Fall angeordnet ist, daß sie den Nachlaß mit den Kindern erster Ehe als Nacherben teilen soll.

Solange der Vorerbe den Eintritt der Nacherbfolge weder kennt noch kennen muß, dauert seine Verfügungsmacht fort. Das gilt auch zugunsten des gutgläubigen Dritten als Erwerbers. So 2140 nach allgemeiner Regel (49 II, 674, 407, 412, 413; 169, 729, 1424, 1682).

Den Zeitpunkt für den Eintritt der Nacherbfolge können der Vorerbe und der Nacherbe durch Vereinbarung nicht verschieben. Wenn A., der bis zur Vollendung seines 70. Lebensjahres als Vorerbe eingesetzt ist, mit 60 Jahren erblindet, so wäre es ganz vernünftig, wenn er jetzt bereits die Erbschaft und ihre Verwaltung auf den Nacherben B. übertragen würde. Durch Verzicht auf die Vorerbschaft kann er das nicht, sondern nur durch „Verkauf" (2385) und Veräußerung des Nachlasses. Das Erbschaftsteuergesetz (§ 3 Nr. 6) behandelt die proleptische Herausgabe von Nachlaßgegenständen an den künftigen Nacherben als Schenkung.

III. Die **Haftung für die Nachlaßverbindlichkeiten** trägt während des Rechtszustandes der Vorerbschaft ausschließlich der Vorerbe. Da, wie wir gesehen haben, seine Eigengläubiger von der Zwangsvollstreckung in den Nachlaß ausgeschlossen werden, ist die Unterscheidung, welchem Vermögen die vom Vorerben eingegangenen Verbindlichkeiten angehören, von großer Wichtigkeit. Kauft der Vorerbe auf Kredit einen Dampfpflug und verleibt er diesen nach 588 II dem Inventar (richtiger der Ausrüstung) eines Nachlaßlandgutes ein: so liegt eine Eigenverbindlichkeit vor, obgleich der Pflug als Ersatzstück zum Nachlaßvermögen gehört. Wenn der Vorerbe dagegen zur Verwaltung der ererbten Bibliothek die Fortsetzung der ihr zugehörenden Zeitschriften bestellt, so liegt eine echte Nachlaßverbindlichkeit vor. Für den Umfang der Haftung, die Durchführung der Haftungsbeschränkung und den Eintritt der unbeschränkbaren Haftung gelten lediglich die allgemeinen Regeln. Seine Haftung als Erbe endigt mit der Vorerbschaft. Aber es kann eine Nachhaftung eintreten: soweit der bisherige Vorerbe noch Nachlaßgegenstände zurückbehalten hat oder zu Ersatzleistungen verpflichtet ist, können sich die Nachlaßgläubiger aus diesen als Nachlaßbestandteilen befriedigen (2145, unklar). Ebenso dauert seine Haftung mit dem Eigenvermögen fort, soweit er das Recht der Beschränkbarkeit seiner Haftung eingebüßt hatte.

Im übrigen ist mit dem Eintritt der Nacherbfolge der Nacherbe der rechte Schuldner der Nachlaßverbindlichkeiten geworden. Tatsächlich wird es sich jetzt nur noch um gewisse dauernde Belastungen und um rückständig gebliebene Schulden handeln. Seine Haftung beschränkt sich grundsätzlich auf das, was er als Nacherbe aus der Erbschaft wirklich erlangt hat (2144). Ist während der Vorerbschaft die Nachlaßverwaltung angeordnet oder der Nachlaßkonkurs eröffnet worden, so wirken beide zugunsten des nunmehr eingetretenen Nacherben fort. Ebenso kommt ihm das vom Vorerben errichtete Nachlaßinventar zu statten (2144 II). Unbeschränkbar haftet der Nacherbe den Nachlaßgläubigern nur, wenn er die ihm gerichtlich auferlegte Inventarpflicht verletzt oder den Vorbehalt aus ZPO. 780 nicht erwirkt hat.

Das gemeinschaftliche Testament. § 24.

I. Gemeinsam in einem einheitlichen Testierakte können **nur Ehegatten** verfügen (2265). Nur bei ihnen besteht der innige, über den Tod fortdauernde Zusammenhang der Vermögensinteressen, der die Zulassung einer Gesamtverfügung rechtfertigen kann.

Diese Testamentart nimmt den Ursprung von den wechselseitigen vertragmäßigen Vergabungen des älteren deutschen Rechtes. Nach der Rezeption des römischen Rechtes sind diese Vergabungen mit den gemeinrechtlichen Testamentformen verschmolzen worden. So entstand ein Mischgebilde. Auch im Rechte des BGB. wird diese Verfügungsart halb als Testament und halb als Erbvertrag behandelt. Die gesetzliche Ordnung hierüber ist mangelhaft. Mit gutem Grunde kann bezweifelt werden, ob neben dem Erbvertrage eine gemeinschaftliche Testierform noch erforderlich gewesen und ob sie nützlich sei.

II. Die Gemeinschaftlichkeit bezieht sich zunächst lediglich auf die **Errichtungsform:** das eine Testament verlautbart den letzten Willen beider Ehegatten. Das muß durch die Herstellung eines einzigen Beurkundungsaktes erfolgen. Beim öffentlichen Testamente wird nur ein Protokoll aufgenommen über die Erklärungen beider Ehegatten. Das eigenhändige Testament muß in vollkommen abschließender Form von dem einen Ehegatten errichtet werden, worauf der andere eigenhändig unter erneuter Angabe des Ortes und Tages die Erklärung beischreibt und unterschreibt, daß das Testament auch als sein Testament gelten soll (2267). Der erste Hauptteil wird sachgemäß aussprechen: wir verfügen folgendes; aber auch wenn er lautet: ich verfüge dieses, so stellt die Beitrittserklärung des anderen Ehegatten die Gemeinschaftlichkeit her. Die Formerfordernisse bilden eine Einheit; nur wenn sämtliche richtig erfüllt sind, ist ein gültiges Testament entstanden. (Dagegen für Gültigkeit des ersten Teiles, auch wenn der zweite nichtig ist OLG. 16, 72; 21, 339.)

Das gemeinschaftliche Testament steht und fällt mit der Gültigkeit der Ehe. Der Tod erhält es, die Scheidung zerbricht es (2268 I, 2077, 1586). Die Unwirksamkeit tritt auch ein, wenn der eine Ehegatte auf Scheidung wegen Verschuldens des anderen zu klagen berechtigt war; er die Klage erhoben hat, aber gestorben ist, bevor das rechtskräftige Urteil auf Scheidung ergangen ist.

III. An den Inhalt stellt das Gesetz keine besonderen Erfordernisse. Aber es ist klar, daß die Gemeinschaft des Testieraktes nur gewählt werden wird als Ausdruck für die innere Gemeinschaft des Testierzweckes. Die inhaltliche Verbundenheit der beiderseitigen Verfügungen wird nach dem Brauch des Lebens zu einer wechselseitigen Abhängigkeit gesteigert, so daß die Verfügungen des einen Ehegatten nur gelten sollen, wenn die des anderen wirksam sind und bleiben. Wir sprechen dann von einem gegenseitigen oder **korrespektiven Testamente.** Ein solches ist nach dem Gesetze grundsätzlich anzunehmen, wenn die Ehegatten sich gegenseitig bedacht haben oder wenn verfügt ist, daß der dem überlebenden Ehegatten angefallene Nachlaß bei seinem Tode an die Verwandten oder sonst nahestehende Personen des erstverstorbenen Ehegatten fallen soll (2270). Diese wechselseitige Abhängigkeit der Verfügungen voneinander empfängt ihren vollen Ausdruck durch den Wirkungssatz, wonach der überlebende Ehegatte, der die ihm vom anderen Ehegatten angefallene Erbschaft angenommen hat, unwiderruflich an seine eigenen letztwilligen Verfügungen gebunden wird (2271 II). Die Korrespektivität macht das Testament zu einem abgeschwächten Erbvertrag. Damit rechtfertigt sich, daß die Praxis die Normen über den Erbvertrag zur Ergänzung der unzulänglichen Ordnung über das gemeinschaftliche Testament heranzieht (vgl. auch 2292).

Das echte gemeinschaftliche Testament tritt in zwei typischen Gestalten auf.

a) Das sog. **Berliner Testament** lautet: wir setzen uns gegenseitig zu Erben ein; unsere Tochter nebst ihren Abkömmlingen berufen wir auf das, was beim Tode des Überlebenden von der Erbschaft übrig sein wird.

Hier tritt eine gespaltene Erbfolge ein, gesondert für den Nachlaß des Mannes und für den der Frau. Stirbt der Mann, so wird die Frau befreite Vorerbin; über ihr eigenes Vermögen kann sie unter Lebenden frei verfügen, aber an ihre Verfügungen von Todes wegen ist sie vermöge der korrespektiven Natur des Testamentes unwiderruflich gebunden. Die Tochter ist Nacherbin ihres Vaters; sie kann das erworbene Nacherbenwartrecht veräußern und verwerten oder aber auch die Nacherbfolge ausschlagen und vom Nachlaß des Vaters den Pflichtteil begehren (2306 II, 2142, 1944). In den Nachlaß der Mutter tritt die Tochter als unmittelbare Vollerbin ein. Zulässig ist auch, daß jeder Ehegatte für seinen Nachlaß einen besonderen Nacherben einsetzt; so besonders wenn keine Abkömmlinge vorhanden sind.

b) Das, wie ich es nennen möchte, **Deutsche gemeinschaftliche Testament** im Sinne von 2269 I. Es wird lauten: Wir Ehegatten setzen uns gegenseitig zu Erben ein, der Überlebende ist der alleinige Vollerbe des erstversterbenden, unsere Tochter ist die Erbin des letztversterbenden. Hier wird das beiderseitige Vermögen erbrechtlich vereinigt und als eine Erbschaft zugeteilt. Stirbt der Ehemann, so ist die Witwe seine Alleinerbin mit unbeschränkter freier Verfügungsmacht unter Lebenden über das vereinigte Vermögen. (Sie ist nicht bloß Vorerbin, daher ist die immer noch übliche Bezeichnung dieses Testamentes als eines „berliner" falsch und irreführend. Sie steht freier da, als wenn die fortgesetzte Gütergemeinschaft eingetreten wäre; 1487, 1445.) Die Tochter erwirbt kein Wartrecht; sie ist für den Nachlaß ihres Vaters enterbt und kann daher den Pflichtteil beanspruchen (2303 I). Aber die Tochter hat dafür kraft der korrespektiven Natur des Testamentes ein gesichertes Erbrecht auf den ganzen Nachlaß. Dies wird allerdings durch die freie Verfügungsmacht der Mutter gefährdet; daher der Rat, daß in jedes „deutsche Testament" eingefügt werden sollte: wenn sich die Witwe wieder verheiratet, so ist der Nachlaß des Vaters zwischen ihr und der Tochter zu teilen, oder richtiger: so hat die Witwe drei Viertel des Nachlasses des Ehemannes als Vermächtnis der Tochter zu übertragen.

Für beide Fälle ist nach dem Vorbilde des Erbvertrages auszusprechen, daß jede Schenkung verfemt ist und als ungerechtfertigte Bereicherung herausbegehrt werden darf, die der überlebende Ehegatte aus dem Nachlaß oder dem eigenen Vermögen gemacht hat in der tückischen Absicht, die getroffenen korrespektiven Verfügungen zu vereiteln. Daher analoge Anwendung von 2287 (RG. 78, 268; 77, 112); ferner von 2294, 2296, 2298; 2281, 2285.

Das Erbschaftsteuergesetz (§ 9 III) begünstigt das „deutsche" Testament: die Erben versteuern das vom verstorbenen Ehegatten herstammende Vermögen nach der Klasse, die der näheren Verwandtschaft zu ihm entspricht; sonst wenn es günstiger ist nach der Verwandtschaft mit dem letztverstorbenen Ehegatten.

IV. Bei Lebzeiten beider Ehegatten kann das ganze Testament durch gemeinschaftlichen **Widerruf** aufgehoben werden. Aber auch jeder Ehegatte darf seine eigenen Verfügungen, selbst die korrespektiven, beliebig einseitig widerrufen, jedoch nur in der Form einer dem anderen Ehegatten gegenüber abgegebenen öffentlich beurkundeten Erklärung

(2271). Damit werden zugleich die korrespektiven Gegenverfügungen des anderen Ehegatten ihrer Grundlage beraubt und hinfällig.

Durch die Annahme der ihm vom verstorbenen Ehegatten angefallenen Erbschaft drückt der überlebende seinen eigenen korrespektiven Verfügungen das Siegel auf. Sie werden damit unwiderruflich. Die korrespektive Gegenseitigkeit wird zur vertragmäßigen Gebundenheit. Das Recht zur Aufhebung der eigenen Verfügungen verbleibt ihm jedoch, wenn der hiermit Bedachte sich ihm gegenüber einer Verfehlung schuldig gemacht hat, die zur Entziehung des Pflichtteils berechtigt (2271 II nebst 2294, 2336; ferner 2338, 2289 II, 2271 III; auch Anfechtung der eigenen Verfügungen nach 2281 f.).

§ 25. Unwirksamkeit des Testaments.

I. Ob ein Testament **gültig entstanden** sei, hängt davon ab, ob die formellen und materiellen Voraussetzungen des rechtsgeschäftlichen Errichtungsaktes erfüllt sind. Ob es aber zur vollen Wirksamkeit gelangt, entscheidet sich erst später danach, ob beim Erbfall die Voraussetzungen für seinen Vollzug schon und noch vorhanden sind. Diese spezifisch „erbrechtliche" Wirksamkeit wird vor allem ausgeschaltet, wenn der als Erbe Eingesetzte zur Zeit des Anfalles der Erbschaft noch nicht oder nicht mehr „lebt"; wozu auch der Fall gehört, daß er die Berufung ausschlägt oder der eingesetzten juristischen Person die staatliche Genehmigung zum Erwerbe versagt wird.

Für die Beurteilung der „rechtsgeschäftlichen" Wirksamkeit gilt der Leitsatz: benigne interpretair; die Auslegung des Testamentinhaltes ist im Zweifel nach der Richtung zu lenken, daß die Verfügung Erfolg haben kann (2084). Trotz der Einheit des Testamentinhaltes soll von der selbständigen Geltung jeder einzelnen Verfügung ausgegangen werden; die Geltung der Erbeinsetzung wird regelrecht von der Nichtigkeit des angeordneten Vermächtnisses nicht berührt (2085 gegen 139); im übrigen muß durch Auslegung ermittelt werden, inwieweit die eine Verfügung inhaltlich von der Gültigkeit der anderen abhängig ist (dazu 2195, 2258 I). Besonders große Bedeutung hat der Grundsatz der **Konversion:** bevor der Richter eine Verfügung für unwirksam erklären darf, muß er erwägen, ob sie nicht durch Umdeutung in anderer Rechtsgestalt aufrecht erhalten werden kann (2084, 140, z. B. ein ungültiger Erbvertrag als Testament, ein formnichtiges Vermächtnis als Schuldanerkenntnis, ein privatschriftliches Schenkungsversprechen als eigenhändiges Testament).

II. Die Fälle der Unwirksamkeit des rechtsgeschäftlichen Errichtungsaktes.

a) **Nichtigkeit** des Testamentes tritt ein: 1. bei Verletzung eines wesentlichen Formgebotes; 2. wenn der Erblasser testierunfähig war; 3. wenn der Inhalt gegen zwingende Normen, insbesondere gegen die guten Sitten verstößt; Einsetzung eines verbotenen Vereines oder eines Pferdes zum Erben; Einsetzung des „Ehegatten", wenn die Ehe nichtig ist (2077).

b) Eine besonders gesteigerte Anwendung hat die **Anfechtbarkeit.** Mehr als sonst sollen hier der wirkliche Wille und selbst die Beweggründe Beachtung finden; denn es handelt sich um eine einseitige Willenserklärung, bei der nur der Sinn, den der Erklärende mit seinen Worten verbinden wollte (nicht die objektive Bedeutung im Verkehrsleben) gelten soll. 1. Zuerst muß kommen die Feststellung, daß ein formgültiger Erklärungstatbestand vorliegt. 2. Dann muß die Auslegung einsetzen. Sie ermittelt gegenüber dem besonders bei eigenhändigen Testamenten zumeist unvollkommenen oder unklaren Ausdruck, „was" angeordnet ist (falsa demonstratio non nocet). Die Motive des Erblassers hat der Richter hierbei nicht zu erforschen und nicht kritisch zu verwerten; sie gelangen nur zur Geltung, wenn sie vom Erblasser selbst zu ausgesprochenen Bedingungen erhoben sind. 3. Nun erst kommt die Anfechtung heran, die den dem Sinne nach festgestellten Erklärungsinhalt wegen seines Widerspruchs mit dem wirklichen Willen des Erblassers vernichten will. Auslegung baut auf, Anfechtung zerstört. Die Anfechtung kann nur die Geltung der nicht gewollten Verfügung verhindern, niemals den vermeintlichen wahren Willen des Erblassers positiv durchsetzen (sie kann die irrtümliche Einsetzung des A. austilgen, nicht aber die beabsichtigte, aber versehentlich weggelassene Einsetzung des B. erzeugen).

Den wichtigsten Anfechtungsgrund bildet der Irrtum. Neben dem Irrtum über den Inhalt der Erklärung (Ersatzerbe ist gesagt statt Nacherbe) und in der Erklärungshandlung gelangt gegenüber letztwilligen Verfügungen auch der sog. **Irrtum im Beweggrunde** zur gesetzlichen Anerkennung (2078 II). Damit nicht jede Verfügung zur Freibeute unzufriedener Erbprätendenten werde, müssen an den Beweis strenge Anforderungen gestellt werden. Der Anfechtende muß beweisen: für die Verfügung des Erblassers war die positive Vorstellung von diesem genau bezeichneten früheren, gegenwärtigen oder künftigen Umstande bestimmend; diese Vorstellung war unrichtig; sie war für ihn derart maßgebend, daß er ohne sie die Verfügung nicht getroffen haben würde (dazu RG. 86, 206). Ereignisse, an die der Erblasser überhaupt nicht gedacht hat, dürfen nicht als Ursache seines Irrtums hingestellt werden.

Anfechtbar ist ferner eine letztwillige Verfügung, zu deren Errichtung der Erblasser durch arglistige Täuschung oder durch widerrechtliche Drohung bestimmt worden war (2078 II). Besonders hervorzuheben ist die Anfechtung wegen Übergehung eines Pflichtteilberechtigten, dessen Vorhandensein dem Erblasser bei der Testamenterrichtung nicht bekannt war oder der erst nachträglich geboren worden ist (2079). Das ist kein Fall des Irrtums; die Tatsache der Übergehung genügt für sich; Anwendung auf den Erbvertrag (2281) und auf das gemeinschaftliche Testament (Warn. 11 Nr. 213).

Anfechtungsberechtigt ist, wem die Anfechtung unmittelbar zustatten kommt (2080). Eine besondere Form ist dafür nicht vorgeschrieben. Die Anfechtungsfrist beträgt ein Jahr (2022).

c) Der Streit über die Gültigkeit einer letztwilligen Verfügung ist stets ärgerlich. Über seinen Ausgang läßt sich, besonders wenn die Formgültigkeit in Frage steht, kaum eine sichere Prognose aufstellen. Die Klugheit gebietet, die Ungewißheit durch einen **„erbrechtlichen Vergleich"** zu schlichten und zwar so, daß damit unter den Erbanwärtern die erbrechtliche Rechtslage endgültig und auch gegenüber den Nachlaßgläubigern wie der Steuerbehörde maßgeblich festgestellt wird. Da das BGB. hierbei völlig im Stiche läßt, muß die freie Rechtsbildung einsetzen. Sie hat sich bereits einige Anerkennung errungen.

III. Zum Wesen des Testamentes als einer letztwilligen Willenserklärung gehört seine **freie Widerruflichkeit** (2253 I). Eine vertragmäßige Bindung an diese Verfügungen ist ebenso nichtig wie der Verzicht auf den Widerruf (2302).

a) Der Widerruf erfolgt durch Errichtung eines neuen Testamentes, das entweder das frühere ausdrücklich **widerruft** oder positiv abändernde inhaltliche **Gegenverfügungen** trifft. Da der Erblasser nach heutigem Recht beliebig viele Testamente nebeneinander in Geltung setzen darf, hebt die jüngere Verfügung die ältere nur dann und nur soweit auf, als beide miteinander inhaltlich unvereinbar sind (2258 I). Seltsam berührt es, daß nach 2258 II der Widerruf keine Vernichtung bewirkt; die ältere Verfügung wird durch die spätere vielmehr nur verdeckt oder gehemmt; wird die zweite durch eine dritte widerrufen, so lebt die widerrufene erste zu voller Wirkung wieder auf. Dasselbe gilt, wenn der erste Widerruf schlechthin widerrufen wird (2257). Es ist zu bezweifeln, daß diese beiden Regeln dem Laien verständlich sind und seinem Willen entsprechen; hier mag die Auslegung nachhelfen, da den Gesetzesbestimmungen keine zwingende Kraft zukommt. Für den Richter entstehen große Schwierigkeiten, wenn er einen Haufen eigenhändiger Testamente desselben Erblassers miteinander vereinigen soll.

b) Anders steht es mit der Aufhebung des Testamentes durch **schlüssige Handlungen.** Hierdurch werden Geltung und Wirkung dieses Testamentes endgültig vernichtet. Erforderlich ist: 1. die **formzerstörende Tat** (2255 I). Der fürsorglich Handelnde wird sich nicht mit Veränderungen an der Urkunde begnügen (von denen das Gesetz redet); auch das Zerreißen der Blätter schützt nicht dagegen, daß aus der Aufbewahrung der Papierfetzen der Wille entnommen würde, das Testament sollte doch noch fortleben (so RG. JW. 41, 798). Sicher geht, wer die Urkunde vollständig verbrennt. Einzelne Verfügungen wie Vermächtnisse können auch durch Ausstreichung (mit Tinte, nicht mit Bleistift; RG. Warn. 8 Nr. 90) aufgehoben werden. Beim öffentlichen Testamente genügt die erwirkte Rückgabe aus der besonderen amtlichen Verwahrung (2256 I). 2. Die Zerstörung hat aufhebende Wirkung nur kraft des **Willens des Erblassers.** Dazu muß er die volle Testierfähigkeit besitzen. Dieser Wille wird durch die persönlich vorgenommene Zerstörungstat genügend kundgetan (2255 II stellt dafür eine überflüssige Vermutung auf). Natürlich bleibt der Gegenbeweis offen, daß das Testament durch Zufall oder Dritte vernichtet worden ist; dann ist seine Rekonstruktion durch Zeugen, Abschrift, Photographie oder andere Beweismittel gestattet. Ein Testament bleibt in Geltung, auch wenn der Erblasser es offenbar längst vergessen hat und es den veränderten Verhältnissen beim Erbfall nicht mehr entspricht; höchstens könnte eine Anfechtung in Frage kommen.

Eröffnung der Testamente. § 26.

I. Das Testament setzt eine besondere Ordnung der Erbfolge fest und wendet sich damit an die Allgemeinheit aller, die in Rechtsbeziehungen zum Nachlaß stehen oder treten könnten (potius publicum est instrumentum). Darum muß jedes Testament möglichst bald nach Eintritt des Erbfalles, sofern die Urkunde geschlossen ist, geöffnet und sein Inhalt allen Beteiligten **eröffnet,** d. h. amtlich kundgegeben werden (2260). Damit tritt es in den Rechtsverkehr ein. Die Eröffnung bildet als echte Publikation die Voraussetzung für die Erwirkung eines Erbscheines (2356); erst mit ihr kann die Frist zur Ausschlagung der Erbschaft beginnen (1944 II). Das Verbot des Erblassers, das die alsbaldige Eröffnung zu hemmen versuchen wollte, ist nichtig (2263). Er kann auch nicht die Kundmachung etwa an den Nacherben hinausschieben; das Geheimnis des Testamentes muß für alle sogleich offenbart werden. Nur bei dem gemeinschaftlichen Testamente sind die Verfügungen des lebenden Ehegatten, soweit sie sich absondern lassen, geheim zu halten (2273).

II. Zum Zwecke der Eröffnung muß jedes Testament an das zuständige **Nachlaßgericht abgeliefert** werden. a) Diese Pflicht entsteht als zivilrechtliche für jede Privatperson schon aus dem Besitze des Testamentes (2259 I; Erzwingung durch Ordnungsstrafen FGG. § 83; ferner StGB. § 274 Nr. 1). Der Zweifel, ob die Urkunde oder etwa eine erhaltene Postkarte ein gültiges Testament darstelle, entbindet nicht von der Aufbewahrungs- und Ablieferungspflicht. b) Ist das Testament in amtlicher Verwahrung bei einer nichtgerichtlichen Behörde oder einem Notar, der nicht zugleich der Nachlaßrichter ist, so trifft sie die öffentlichrechtliche Pflicht zur alsbaldigen Herausgabe (2259 II).

III. Das Nachlaßgericht bestimmt alsdann den Termin zur Eröffnung und lädt dazu die gesetzlichen Erben sowie tunlichst die sonstigen Beteiligten. Im Termine wird die verschlossene Urkunde geöffnet und ihr Inhalt verkündet. Jeder Interessent hat das Recht auf Vorlegung der Urkunde und persönliche Einsichtnahme. Die Urschrift des Testamentes bleibt in amtlicher Verwahrung. Über den ganzen Eröffnungsakt wird ein gerichtliches Protokoll aufgenommen. Die Einzelheiten ergeben sich aus 2260—2264.

§ 27. Testamentvollstrecker (T.V.).

I. Die Testamentvollstreckung ist ein Institut des deutschen Rechtes. Aus dem Salmann des Sachenrechtes, dem das zu vergabende Gut unter Lebenden übertragen wurde mit der Verpflichtung, es beim Tode des Veräußerers an die Bedachten herauszugeben, entstand, nachdem sich das Testament als Verfügung von Todes wegen eingebürgert hatte, der eigentliche erbrechtliche Vollstrecker. Seine Aufgabe war insbesondere, für den Vollzug der Vermächtnisse zu sorgen. Hieran hatte die Kirche das größte Interesse; unter ihrem Einflusse wurde die T.Vung seit dem 14. Jahrhundert zu einer ständigen Ergänzung jedes Testamentes.

Wir werden gut tun, uns dem anzuschließen. Wer es wohl meint mit seinen Erben, ernennt ihnen einen T.V. Wenn Miterben eintreten, ist die T.Vung das beste, wenn nicht einzige Mittel, um allen Streit auszuschalten, die Verwaltung zu sichern und die Auseinandersetzung gegenüber der unzulänglichen gesetzlichen Ordnung glatt abzuwickeln. Auch für den Alleinerben wird damit zumeist der Erbschein erspart und die Erfüllung der Nachlaßverbindlichkeiten gesichert. Unsere Erbrechtsordnung könnte wesentlich klarer und einfacher gestaltet werden, wenn die Ernennung eines T.V., wie im amerikanischen Rechte, zu einer unentbehrlichen Einrichtung gemacht würde. Es ist ein Fehler des BGB., daß ein T.V. nur auf Anordnung des Erblassers und nicht auch auf Antrag der Erben bestellt werden darf und daß die Verwaltung des T.V. nicht die gleiche haftungsbeschränkende Wirkung hat wie die des Nachlaßverwalters.

II. Der T. V. ist der **Repräsentant**, den der Erblasser zur Vollziehung seiner Verfügungen von Todes wegen ernannt hat. Als Repräsentant ist er das Willensorgan der im Nachlaß vereinigten Rechtsbeziehungen. Er ist nicht Vertreter; weder des Erblassers, noch der Erben. Es besteht eine **Teilung der Kompetenzen:** die Nachlaßrechte sind sachlich zuständig dem Erben; aber der T.V. verwaltet sie und verfügt über sie aus eigenem Rechte und in eigenem Namen. Willensvollstrecker ist der T.V. insofern, als er in Treuen des Erblassers steht und dessen Anordnungen auch gegen den Willen der Erben durchsetzen soll. Die T.Vung hat ihren Entstehungsgrund ausschließlich in der letztwilligen Anordnung des Erblassers (2197, 2278 II). Das Gesetz kennzeichnet die Rechtsstellung des Vollstreckers als ein ihm selbständig zustehendes „Amt" (2297 II und ständig).

„Amt" ist zu verstehen als zivilrechtliche Repräsentationsstellung. Repräsentiert werden die im Nachlaß als abgesondertem Vermögen vereinigten Vermögensrechte. Nicht weil der Nachlaß ein eigenes Rechtssubjekt darstellte, sondern gerade weil er dieses nicht ist, muß ein Organ geschaffen werden, das als Willensbildner für das willensunfähige Vermögen eintritt (wie das Parlament nicht den Willen des als solchen „rechtsunfähigen" Volkes vertritt, sondern der Wille des Volkes selbst ist). Über die Konstruktion der T.V. besteht nach wie vor Streit. Daß der T.V. kein Vertreter ist, wird heute überwiegend anerkannt. — Die Benennung „Testamentvollstrecker" ist insofern unzutreffend, als die Vollstreckung auch für den Erbvertrag gilt. Besser wäre Nachlaßvollstrecker oder Willensvollstrecker, wobei allerdings das erbrechtliche keinen Ausdruck findet.

a) Die **„Ernennung"**, d. h. die Anordnung, daß eine Vollstreckung eintreten soll, muß der Erblasser persönlich treffen. Wer Vollstrecker werden soll, kann er fremder Bestimmung überlassen: einem anderen (2198 I; „Dritter" steht hier falsch, auch den Erben kann er damit betrauen) oder dem Nachlaßgericht durch Ersuchen (2200) oder in weitestem Umfange dem T.V. selbst (2199). Fähig zum T.V. ist nur der unbeschränkt Geschäftsfähige (2201); auch eine juristische Person.

b) Das **Amt** des T.V. **beginnt** mit der Annahme durch Erklärung gegenüber dem Nachlaßgericht (2202). Eine Pflicht zur Annahme besteht nicht. Das Amt erlischt mit seiner Zweckerfüllung ohne Form und Erklärung (das ist sehr bedenklich für die Verkehrsicherheit; RG. 81, 167); ferner wenn der T.V. stirbt oder die volle Geschäftsfähigkeit verliert (2225). Er kann sein Amt jederzeit kündigen (2226); aus wichtigem Grunde darf ihn das Nachlaßgericht seines Amtes entsetzen (2227).

III. Die **regelmäßige Kompetenz** des ordentlichen T.V.

a) Als seine Hauptaufgabe wird bezeichnet, daß er die Verfügungen des Erblassers zur **Ausführung** zu bringen hat (2203). Die Beschlüsse der Erben binden ihn nicht; aber er wird ihre Ansicht bei wichtigen Angelegenheiten einholen und achten. Die Vermächtnisse und Auflagen hat er zunächst aus den seiner Verfügung unterstellten Nachlaßmitteln zu erfüllen. Verweigert der beschwerte Erbe die hierfür erforderliche Mitwirkung, so ist es die Aufgabe des T.V., gegen ihn die Erfüllungsklage zu erheben.

b) Der T.V. hat den Nachlaß unverzüglich in seine **Verwaltung** zu nehmen (2205 S. 1). Er hat das Recht wie die Pflicht zum Besitze der Nachlaßgüter, die zur Erfüllung seiner Aufgaben erforderlich sind (2205 S. 2). Gegen den widerstrebenden Erben muß er die Klage auf Herausgabe erheben; Selbsthilfe ist ihm nicht gestattet. Zur Verwaltung gehört auch die Ermittelung der Erben.

c) Soweit das Verwaltungsrecht reicht, steht **ihm allein die Verfügung** über die Nachlaßrechte zu (2205); der Erbe ist hiervon völlig ausgeschlossen (2211). Die Vermutung spricht für eine vollumfassende Verfügungsmacht; sie kann aber nach dem Willen des Erblassers und dem Zweck der Verwaltung beschränkt sein (2208). Zu unentgeltlichen Verfügungen ist er überhaupt nicht berechtigt. Das mahnt zur Vorsicht. Denn Verfügungen, die der T.V. außerhalb seiner Kompetenz vornimmt, sind unwirksam. In Zweifelfällen mögen T.V. und Erbe gemeinsam verfügen. Aber wenn dieser z. B. ein gewöhnlicher Vorerbe ist, genügt auch das zur Verfügung über ein Liegenschaftsrecht nicht; hier bedarf es noch der Zustimmung des Nacherben.

d) Die vom T.V. eingegangenen **Schuldverbindlichkeiten** verhaften den Nachlaß nur insoweit, als ihre Begründung wirklich erforderlich ist zur ordnungsmäßigen Verwaltung oder als Grundlage für eine rechtmäßige Verfügung (2206 I). Diese enge Beschränkung schützt den Erben, ist für den Gegner aber, der die Verwaltungslage kaum durchschauen kann, sehr gefährdend. Der T.V. wird in zweifelhaften Fällen die Einwilligung des Erben einholen; dieser ist zur Erteilung verpflichtet, soweit die Verwaltungsführung dies erfordert (2206 II). Der Erblasser kann, um diese Schwierigkeiten auszuschalten, dem T.V. die unbeschränkte Befugnis zur Eingehung von Verbindlichkeiten erteilen (2207).

e) Mit die wichtigste Aufgabe des T.V. ist es, die **Auseinandersetzung** unter den Miterben herbeizuführen (2204). Hier bewährt sich deutlich seine autonome Machtstellung als Repräsentant. Er verfügt über die Nachlaßrechte, verteilt sie und überträgt auf jeden Miterben das Eigentum an den ihm zugewiesenen Nachlaßsachen. Das autokratische Verfahren erübrigt die meist schwierige Einigung der Miterben; folglich gibt es keinen Streit unter ihnen. Die ohnedem unzulängliche Vermittelung des Nachlaßgerichtes wird hier ausgeschlossen (FGG. § 86). Das ist die größte Wohltat, die der Erblasser seinen Erben erweisen kann.

IV. Besondere Umstände und Zwecke heischen eine anders geartete Abgrenzung der Kompetenz. Wir unterscheiden:

a) die **unternormale** oder partikulare **Zuständigkeit.** 1. Der bloß beaufsichtigende T.V. ohne die Rechte zur Verwaltung, Verfügung und Auseinandersetzung. Er kann nur verlangen und durchsetzen, daß der Erbe die Verfügungen des Erblassers ausführe (2208 II). 2. Der bloß verwaltende ohne Verfügungsmacht (2209 S. 1). 3. Dem T.V. kann die Verwaltung und Verfügung über einzelne Rechte entzogen werden. 4. Oder es werden ihm nur einzelne Rechte zur Ausübung übertragen. 5. Der T.V. soll lediglich für die Ausführung der einem Vermächtnisnehmer auferlegten Beschwerungen sorgen (2223). 6. Eine besondere Abart ist der zur Wahrnehmung der wartrechtlichen Interessen des Nacherben bestellte, den Vorerben beaufsichtigende T.V. (2222).

b) die **übernormale Zuständigkeit.** 1. Der T.V. soll in der Eingehung von Verbindlichkeiten für den Nachlaß nicht beschränkt sein (2207). 2. Von größter Bedeutung ist die als Selbstzweck übertragene **autonome Dauerverwaltung** (2209 mit unklarer Fassung). Wenn z. B. der Erbe krankhaft veranlagt oder überschuldet oder verschwenderisch ist, so wird ihm der Erblasser auf die ganze Lebensdauer einen T.V. ernennen (2210). Die erwünschte Wirkung ist dann die, daß der Nachlaß als Sondervermögen der Verfügung des Erben und damit dem Zugriff seiner Eigengläubiger entzogen bleibt (2214) und ungeschmälert für die kommende Generation erhalten wird.

V. Die **Rechtsstellung des Erben** wird dadurch gekennzeichnet, daß ihm die Verwaltung und Verfügung über den Nachlaß, soweit die T.Vung reicht, entzogen ist (2211). Daraus folgt, daß den Eigengläubigern des Erben, dieweil sie nicht mehr Rechte ergreifen können, als ihrem Schuldner zustehen, der Zugriff und die Zwangsvollstreckung in den Nachlaß versagt wird (2214). Der Rechtserfolg ist, daß der Nachlaß als Sondervermögen abgeschichtet bleibt und das alleinige Befriedigungsobjekt für die Nachlaßgläubiger bildet. Das stimmt genau überein mit dem Zweck und der Wirkung der Nachlaßverwaltung (1984); gleichwohl hat das Gesetz die mit dieser verbundene Wirkung der Haftungsbeschränkung auf die T.V. nicht übertragen. — Wie der Erbe über die Erbschaft im ganzen durch Ausschlagung, so kann er als Miterbe auch trotz der T.Vung über seinen Erbanteil durch Veräußerung verfügen; die T.Vung bleibt dabei bestehen.

a) Die inneren Rechtsbeziehungen zwischen dem Erben und dem T.V. beruhen auf der **Treugebundenheit** des Vollstreckers. Hieraus ergeben sich bestimmte Pflichten des T.V., die für die Sicherstellung des Erben derart unentbehrlich und zwingend erscheinen, daß sie auch nicht durch Anordnung des Erblassers ausgeschaltet werden dürfen (2220: Pflicht zur unverzüglichen Mitteilung eines Nachlaßverzeichnisses, zur ordnungsmäßigen Verwaltung, zur persönlichen Verwaltungsführung nach dem Vorbilde eines Beauftragten, zur Haftung wegen des schuldhaft verursachten Schadens). Erweist sich, daß die Befolgung der Anordnungen des Erblassers den Nachlaß erheblich gefährden würden, etwa infolge der gegenwärtigen Verwirrung der Geld- und Verkehrszustände, so darf das Nachlaßgericht auf Antrag des T.V. oder eines Nachlaßgläubigers sie außer Kraft setzen (2216 II).

b) Für die Führung seines Amtes kann der T.V. eine angemessene **Vergütung** verlangen (2221; bereits nach 612 I). Der Erblasser wird gut tun, ihre Höhe von sich aus zu bestimmen. Die Vergütung ist eine reine Nachlaßschuld, die der T.V. sich selbst aus dem Nachlasse auszahlen darf (181). Bei Streit entscheidet das Prozeßgericht. Soweit die Vergütung das rechte Maß übersteigt, wird sie als unentgeltliche Zuwendung (Vermächtnis) zu behandeln und zu versteuern sein.

c) Der Erbe kann bereits während der normalen T.Vung die Herausgabe der Nachlaßgegenstände verlangen, deren der Vollstrecker zur Erfüllung seiner Obliegenheiten offenbar nicht bedarf (2217 I); erst recht die Auszahlung des anteilmäßigen Betrages vom Erlöse der zum Zwecke der Auseinandersetzung verkauften Nachlaßgegenstände. Stehen Nachlaßverbindlichkeiten aus, die ungewiß oder noch nicht fällig sind, so darf der Erbe für ihre Berichtigung Sicherheit leisten und damit die sonst dafür erforderlichen Nachlaßgegenstände frei machen (2217 II). Auf Ersatz des durch schuldhafte Verletzung seiner Pflichten verursachten Schadens haftet der T.V. mit seinem eigenen Vermögen (2219) dem Erben wie dem Vermächtnisnehmer.

VI. Die Rechtsstellung des T.V. wird nach außen kundgegeben durch ein **gerichtliches Zeugnis** (2368 I). Es muß die vollständige Auskunft über seine Person, über seine Ernennung und die Annahme des Amtes und insbesondere über den Umfang seiner Kompetenz geben. Das Zeugnis hat die Legitimationskraft eines Erbscheines; es bestätigt mit öffentlichem Glauben seine Verfügungsmacht über die Nachlaßgegenstände. Der Vertrauensschutz des Dritterwerbers entfällt, wenn er die Unrichtigkeit des Zeugnisses kennt oder weiß, daß das Nachlaßgericht es für kraftlos erklärt oder die Rückgabe verlangt hat und schlechthin auch ohne Kenntnis mit der Beendigung des Amtes (2361, 2368, 2366). Der Dritte muß mithin selbst prüfen, ob die T.Vung noch besteht und ebenso ob der Gegenstand der Verfügung zum Nachlaß gehört. War der Dritte in entschuldbarer Unkenntnis von dem Bestehen der T.V., so erwirbt er das ihm vom Erben übertragene Recht auf Grund der Legitimation, die der Besitz der Fahrnis wie die schlichte Eintragung als Berechtigter im Grundbuch dem Erben verleihen (2211 II). Gegen diese gefährdenden Eingriffe in seine alleinige Verfügungsmacht wird der T.V. nur geschützt, indem er den Besitz der Nachlaßfahrnis erlangt (daher 2205 S. 2) und indem seine Ernennung im Erbschein des Erben und im Grundbuch kundgemacht wird (2364; GBO. § 53).

a) Der T.V. hat für die Berichtigung der Nachlaßverbindlichkeiten zu sorgen; das gehört zu einer ordnungsmäßigen Verwaltung. Die Durchführung der **Haftungsbeschränkung** ist zunächst die Sache des Erben; nur er kann den Antrag auf Anordnung der Nachlaßverwaltung stellen, nur gegen ihn kann die gerichtliche Frist zur Inventarerrichtung gesetzt werden (1981, 1994). Der T.V. darf aber den Antrag auf Eröffnung des Nachlaßkonkurses stellen (KO. 217, 224 Nr. 6) und das gerichtliche Aufgebot der Nachlaßgläubiger erwirken (1973). Durch Handlungen des T.V. kann der Erbe nicht das Recht der Haftungsbeschränkung einbüßen; besonders wichtig ist ZPO. § 780 II.

b) Die gerichtliche Geltendmachung der seiner Verwaltung unterliegenden Nachlaßrechte steht ausschließlich dem T.V. zu (2212; der Rechtsstreit über das Erbrecht selbst ist dagegen Sache des Erben). Das in solchem **Aktivprozesse** ergangene Urteil wirkt für und gegen den Erben (ZPO. § 327). Auch für **Passivprozesse**, mit denen die Haftung aus Nachlaßverbindlichkeiten erstritten wird, ist der T.V. grundsätzlich der rechte Beklagte; das Urteil hat Rechtskraft gegen den Nachlaß (ZPO. § 327 II, 728, 748). Da jedoch über die Haftung in diesem Falle die Abgrenzung der Kompetenz des T.V. durchweg entscheidet und der durch die Klage beanspruchte Leistungsgegenstand vielleicht auch der Verfügung des Erben untersteht, dem Kläger dies wechselseitige Verhältnis aber meistens unerkennbar sein wird, so ist für die praktische Rechtsanwendung (gegenüber dem zweifelhaften 2213 und ZPO. § 748) der Rat zu geben: wer einen Anspruch gegen den Nachlaß richtet, hat ihn gegen den Erben und den T.V. gemeinsam als Verurteilungsanspruch gerichtlich geltend zu machen. Damit geht er in jedem Falle sicher.

Erbvertrag. § 28.

a) Begriff und Arten.

I. Der **Erbvertrag** ist die den Erblasser bindende, grundsätzlich unwiderrufliche Verfügung von Todes wegen. Er darf zum vertragmäßigen Inhalt nur die Einsetzung eines Erben oder die Anordnung von Vermächtnissen und Auflagen aufnehmen (1941, 2278). Werden, was durchaus zulässig ist, mit ihm andere Verfügungen wie etwa die Ernennung eines Vormundes oder Testamentvollstreckers zu einem Gesamtakte verbunden, so dürfen diese nur als letztwillige, widerrufliche getroffen werden (2299).

Die Gemächte des älteren deutschen Rechtes haben im Laufe des Mittelalters zwei Rechtsgebilde aus sich abgezweigt. Das eine ist unter dem Einflusse des römischen Rechtes zu dem widerruflichen, eine Erbeinsetzung verfolgenden Testamente ausgestaltet worden. Der andere Zweig behielt die Vertragnatur und die ihr entsprechende Unwiderruflichkeit bei. Er ist dann seit dem 16. Jahrhundert im Gegensatze zum römischen Recht, das jede Bindung verwarf, durch Gewohnheitsrecht zu allgemeiner Anerkennung gelangt. Am frühesten bei den Erbverbrüderungen des hohen Adels; dann für Ehegatten miteinander. Seltsam berührt, daß er formlos geschlossen werden konnte.

Der Erbvertrag bietet dem zum Erben Eingesetzten die Zuversicht seiner Berufung und Schutz gegen wankelmütige neue Entschließungen des Erblassers. Aber er birgt die Gefahr, daß der Erblasser mit gebundenen Händen bei einer Verfügung stehen bleiben muß, obgleich sie angesichts der wesentlich veränderten Verhältnisse als unvernünftig und ungerecht erscheint. Das Gesetz läßt daher allgemein zu, daß sich der Erblasser im Erbvertrage das Recht des freien Rücktritts vorbehält (2293). Wird davon (wie es scheint vielfach) Gebrauch gemacht, so entsteht das Zwittergebild einer grundsätzlich unwiderruflichen aber frei widerrufbaren Verfügung, bei der von einem Erbvertrage wenig übrig bleibt.

II. Bei der Erbverbrüderung, die ein Mitrecht zur gesamten Hand und daraus abgeleitet ein gegenseitiges Anfallrecht beim Aussterben eines verbrüderten Hauses begründete, war der Erbvertrag ein wirklicher Vertrag. Er mag es heute noch sein, wenn beide Teile als Erblasser sich wechselseitig bedenken. Im normalen Falle ist er eine **einseitige Verfügung.** „Vertragschluß" ist nur die Form, durch die die Bindung des Erblassers an seine Verfügung zum Ausdruck gebracht werden soll. Der andere Teil ist nicht Vertragsgegner, mit dem etwa eine Einigung stattfinden müßte. Er wird in keiner Weise rechtsgeschäftlich gebunden; er kann die Erbschaft ausschlagen, obgleich er seine eigene Erbeinsetzung „angenommen" hat. Der Erblasser braucht in keiner Weise die Zustimmung des Gegners zu dem Inhalte der Verfügungen einzuholen; dieser wirkt lediglich als formeller Empfänger der Erklärung mit, wenn etwa ein Dritter zum Erben eingesetzt wird. Festzuhalten ist insbesondere, daß aus dem Erbvertrage kein gegenwärtiges subjektives Erbrecht, überhaupt kein Recht des Bedachten entsteht (wie 2289 I sich fehlerhaft ausdrückt). Der Erbvertrag erzeugt wie das Testament lediglich ein erst mit dem Erbfall entstehendes Recht auf Berufung, das erst mit dem Todesfall anfällt, angenommen oder ausgeschlagen werden kann. Das Wort Vertragerbe (1941, 2287) hat nur den Sinn, daß seine Berufung grundsätzlich gegen Widerruf gesichert sein soll. Auch der Erblasser selbst wird in dem Rechte, über sein Vermögen unter Lebenden zu verfügen, nicht beschränkt (2286; dazu unten § 29 II a).

III. Erbvertrag bedeutet **Erbeinsetzungsvertrag.** Über den Erbverzichtvertrag ist später zu handeln. Wir unterscheiden:

a) den **einseitigen** Erbeinsetzungsvertrag, durch den der Erblasser den mitwirkenden Vertragsgenossen zum Erben einsetzt;

b) den **gegenseitigen** Erbeinsetzungsvertrag, bei dem beide Teile als Erblasser verfügen und sich wechselseitig zu Erben einsetzen. Die Vermutung spricht dafür, daß diese Verfügungen in korrespektiver Abhängigkeit voneinander stehen, die Nichtigkeit der einen die mit ihr verbundene Gegenverfügung mitergreift (2298; ebenso der Rücktritt). Die gegenseitige, mit der Einsetzung eines Nacherben für den Überlebenden verbundene Erbeinsetzung unter Ehegatten bedeutet nach dem Vorbilde des „deutschen Testamentes", daß beide Vermögen in der Hand des Überlebenden vereinigt werden und der Nacherbe den Gesamtnachlaß von dem zuletzt Versterbenden erben soll (2280 nach 2269). Eine Unterart ist der Einkindschaftsvertrag, durch den der zweite Ehegatte dem Stiefkinde die erbrechtliche Stellung eines eigenen Kindes einräumt.

c) den nackten Erbeinsetzungsvertrag **zugunsten eines Dritten** (1941 II). Hier wird der Vertragsgegner materiellrechtlich überhaupt nicht beteiligt. Er nimmt lediglich die Erklärung des Erblassers entgegen, daß etwa dessen uneheliches Kind oder ein Verein zum Erben eingesetzt wird.

b) Schließung und Wirkung des Erbvertrags. § 29.

1. Als Erblasser kann einen Erbvertrag nur schließen, wer unbeschränkt geschäftsfähig ist (2275 I). Eine wenig begründete Ausnahme gilt für den in der Geschäftsfähigkeit beschränkten Ehegatten und Verlobten (2275 II gegenüber 2229 III). Der Vertragsgegner ist beim gegenseitigen Erbvertrage selbst Erblasser; in allen übrigen Fällen, besonders wenn er nur zum Erben eingesetzt werden soll, braucht er weder persönlich anwesend noch vollgeschäftsfähig zu sein.

Der Vertrag muß geschlossen werden bei gleichzeitiger Anwesenheit beider Teile vor einem Richter oder Notar (2276). Für die **Form** gelten grundsätzlich dieselben Erfordernisse wie für die Errichtung eines öffentlichen Testamentes. Wenn aber Ehegatten oder Verlobte miteinander einen Erbvertrag schließen und dieser in derselben Urkunde mit einem Ehevertrage verbunden wird, genügt die für diesen vorgeschriebene Form (2276 II, 1434). Trotz dieser äußeren Verbindung behalten beide Verträge ihre materiellrechtliche Selbständigkeit; schlägt z. B. der überlebende Ehegatte die Fortsetzung der im

Ehevertrage vereinbarten allgemeinen Gütergemeinschaft aus, so wird damit die Geltung des Erbvertrages nicht beseitigt.

II. Die **Bindung** an den Erbvertrag bedeutet, daß die hierin getroffenen erbrechtlichen Verfügungen **grundsätzlich unwiderruflich** sind.

a) Unbeschränkt bleibt die Befugnis des Erblassers, über sein Vermögen durch Rechtsgeschäfte unter Lebenden zu verfügen (2286). Er darf auch noch Schenkungen vornehmen. Aber soweit er diese gerade und nur in der Absicht macht, den Vertragerben zu beeinträchtigen, bricht er treulos sein gegebenes Wort. Der also benachteiligte Vertragerbe kann, sobald ihm die Erbschaft angefallen ist, von dem Beschenkten die Herausgabe des Geschenkes nach den Grundsätzen der ungerechtfertigten Bereicherung verlangen (2287, 818, 819). Das ist kein echter Konditionsanspruch, weil die Bereicherung auf einem gültigen Rechtsgrunde beruhte und kein Deliktanspruch, weil der Beschenkte nicht die Schädigung verursacht hat und die Zuwendung ohne Kenntnis von dem Erbvertrage erworben haben kann. Als Erklärung bleibt nur die Reflexwirkung aus der zugunsten des Vertragerben geschaffenen, schutzbedürftigen Rechtslage.

b) **Vertragliche Verfügung bricht die letztwillige.** Das sog. Recht des vertragmäßig Bedachten, richtiger die Verwirklichung der bindenden erbrechtlichen Erbeinsetzung oder Zuwendung darf weder durch ein früheres noch durch ein späteres Testament beeinträchtigt werden (2289; Ausnahme zugunsten von 2338). Die in dem Erbvertrage zugleich getroffenen letztwilligen Verfügungen sind dagegen frei widerruflich; wird der Erbvertrag selbst aufgehoben, so treten sie ebenfalls außer Kraft, wenn nicht anzunehmen ist, daß der Erblasser sie trotzdem gelten lassen wollte (2299).

c) Der Erbvertrag kann nur von den Personen, die ihn geschlossen hatten, durch Gegenvertrag **aufgehoben** werden. Der Gegner muß den Erblasser aus der Gebundenheit freigeben; nach seinem Tode kann die Aufhebung nicht mehr erfolgen. Der Erblasser muß den Aufhebungsvertrag persönlich schließen; er ist dazu selbständig befugt, auch wenn er in der Geschäftsfähigkeit beschränkt ist (2290).

d) Der Erblasser darf sich im Erbvertrage das Recht des einseitigen freien **Rücktritts vorbehalten** (2293). Damit wird seine Gebundenheit verneint und die wesentliche Eigenschaft des Erbvertrages ausgeschaltet; ein derartiger Erbvertrag ist im Rechtsbau kaum von dem widerruflichen Testamente verschieden. Ohne Vorbehalt kann der Erblasser zurücktreten, wenn der Eingesetzte oder Bedachte sich einer Verfehlung schuldig macht, die zur Entziehung des Pflichtteils berechtigen würde oder wenn die vertragmäßige Verfügung in Abhängigkeit steht mit einem Verpfründungs- oder Abnährungsvertrage zugunsten des Erblassers, diese Gegenverpflichtung aber aufgehoben wird (2294, 2295). Der Rücktritt wird vollzogen durch persönliche, öffentlich beurkundete Erklärung des Erblassers gegenüber dem Vertragsgegner und nach dessen Tode durch Testament (2296, 2297).

Ist das Rücktrittrecht in einem gegenseitigen Erbvertrage vorbehalten, so erlischt mit seiner Ausübung durch den einen Vertragschließenden im Zweifel der ganze Erbvertrag. Ist der eine Miterblasser gestorben, so kann der Überlebende von den eigenen Verfügungen nur noch zurücktreten, wenn er alles ihm durch den Erbvertrag irgendwie Zugewendete ausschlägt; damit werden zugleich die korrespektiven Verfügungen des Erstverstorbenen hinfällig. Dazu 2298.

III. Der Erbvertrag ist nichtig, wenn einer der Vertragschließenden der erforderlichen Geschäftsfähigkeit ermangelt hat oder wenn zwingende Formgebote verletzt worden sind. Der Erbvertrag kann aus denselben Gründen **angefochten** werden wie ein Testament vom Erben. Bei diesem bedarf der Erblasser der Anfechtung nicht, weil er es nach Belieben widerrufen kann. Da ihm dieses Recht gegenüber dem grundsätzlich unwiderruflichen Erbvertrage fehlt, spricht das Gesetz das Recht der Anfechtung auch dem Erblasser zu (2281 I). Er vollzieht die Anfechtung durch öffentlich beurkundete Erklärung gegenüber dem Vertragsgegner (2281 II). Der Erblasser muß die Erklärung persönlich abgeben; er ist dazu aus eigener Machtbefugnis fähig, selbst wenn er in der Geschäftsfähigkeit beschränkt ist (2282; also auch z. B. der wegen Geistesschwäche Entmündigte; eine sehr bedenkliche Vorschrift). Die Anfechtungsfrist beträgt ein Jahr (2283). Die Anfechtung darf nach 2078 II darauf gegründet werden, daß der Erblasser durch die irrtümliche Erwartung des Eintritts oder Nichteintritts eines Umstandes zur Schließung des Erbvertrages bestimmt worden sei. Für die Existenz wie die Bedeutung eines solchen Motives wird er selbst das maßgebende und unwiderlegbare Zeugnis ablegen. Auch hiermit wird die den Erbvertrag kennzeichnende Bindung wesentlich gelockert. Erneut erhebt sich die Frage nach dem Bedürfnis und der Rechtfertigung dieses ganzen Rechtsinstitutes.

c) Vermächtnisvertrag. Schenkungsversprechen auf den Todesfall. § 30.

I. **Vermächtnisvertrag** ist ein Erbvertrag, durch den dem Bedachten das Forderungsrecht auf einen Vermögensvorteil zugesichert wird, z. B. der Witwe auf den Nießbrauch an dem Nachlaß ihres Ehemannes. Das Gesetz scheint diese Verfügung dahin aufzufassen, als ob damit eine proleptische Schuldverpflichtung begründet wäre. Nur so läßt sich die gesteigerte Haftung des Erben erklären, wenn der Erblasser in tückischer Absicht den Vermächtnisgegenstand zerstört oder beschädigt hat (2288). In Wahrheit besteht vor dem Erbfalle noch kein Recht des Bedachten, in das eingegriffen werden könnte (2176 gilt auch hier). Verwandt damit ist im Erfolge das Schuldversprechen zugunsten eines Dritten auf den Todesfall (331 I); bei diesem aber erwirbt der Dritte sogleich ein Forderungsrecht unter Lebenden und auf ein aus dem Nachlaß abgesondertes Vermögensgut.

Zulässig, aber von geringer praktischer Bedeutung ist auch ein Auflagevertrag.

II. Unter den Titel der Erbverträge stellt das Gesetz noch die **Schenkung auf den Todesfall** (2301). Das entscheidende Kennzeichen für diese soll darin bestehen, daß das Schenkungsversprechen von der Bedingung abhängig gemacht ist, der Beschenkte werde den Schenker überleben. Das soll der Grund dafür sein, daß das Versprechen als eine Verfügung von Todes wegen behandelt werde. Aber das Überleben des Bedachten bildet bei allen erbrechtlichen Verfügungen keine „Bedingung“, sondern eine essentielle Voraussetzung.

a) Bei richtiger Beurteilung darf in solchem „Versprechen“ eine Verfügung von Todes wegen nur erkannt werden: wenn das Forderungsrecht auf die Zuwendung erst mit dem Erbfalle entstehen und als Erbfallschuld aus dem Nachlaß befriedigt werden soll. Also ein gewöhnliches unbedingtes Vermächtnis. Dem entspricht es, daß diese Zuwendung nicht bloß durch einen Erbvertrag, sondern auch in einem Testament angeordnet werden darf, in welchem Falle von einem „Versprechen“ gar keine Rede sein kann. Gedacht wurde an den Fall des römischen Rechtes: in gemeinsamer Lebensgefahr macht ein Genosse dem anderen ein Geschenk, aber so, daß die Schenkung kraftlos war, wenn der Schenker sie überstand; mortis donatio est, cum quis habere se vult quam eum cui donat magisque eum cui donat quam heredem suum. Hier ist das Überleben eine echte Bedingung, denn es handelt sich um ein Geschenk unter Lebenden. Das BGB. verlangt dagegen eine Verfügung in der Form eines Erbvertrages oder Testamentes; und für eine solche hat das Schenkungsversprechen auf den Todesfall schwerlich noch Wert und Anwendung.

b) Das Gesetz fügt hinzu, daß die Regeln über die **Schenkung unter Lebenden** anzuwenden sind, wenn der Schenker selbst die Schenkung durch Leistung noch vollzogen hat. 1. Durch Handgeschenk, das ist Übergabe und Annahme der geschenkten Sache oder Abtretung des geschenkten Rechtes (des Sparkassenguthabens, die Übergabe des Sparkassenbuches genügt für sich noch nicht, 952; RG. 73, 221; 83, 223). 2. Durch ein formgültiges Schenkungsversprechen (518). Damit wird bereits eine Schuldverbindlichkeit unter Lebenden erzeugt, die als vererbte auf den Erben übergeht; daß sie unter eine Bedingung oder Betagung gestellt wird, macht sie keineswegs zu einer Verfügung von Todes wegen.

c) Der Erblasser kann bewirken, daß ein bestimmtes Recht erst mit Eintritt des Erbfalles dem Begünstigten anfällt, aber nicht aus dem Nachlasse, sondern als ein **vom Nachlasse** bereits unter Lebenden **ausgeschiedenes Recht**. Es wäre verkehrt, wenn man hier aus der Bedingung des Überlebens nach 2301 eine erbrechtliche Verfügung unterstellen wollte. Dahin gehören: 1. vor allem der Vertrag zugunsten eines Dritten auf den Todesfall (331); 2. die Lebensversicherung auf den Todesfall; 3. die Vollmacht und der Auftrag, bei Eintritt des Todesfalles über bestimmte Rechte zu verfügen oder die auf der Bank hinterlegten Wertpapiere abzuheben.

d) Erbverzichtvertrag. § 31.

I. Der **Erbverzichtvertrag** ist das Mittel, durch das der künftige erbrechtliche Anfall und das Pflichtteilrecht gegenüber dem einzelnen Nachlaß ausgeschaltet werden können. Er entstammt dem älteren deutschen Rechte und hatte besondere Bedeutung dafür, daß die Tochter aus adeligem Hause bei ihrer Verheiratung ihrer Stammesanrechte entsagte. Der regelmäßige Fall betrifft das Ausscheiden des Verzichtenden aus der Reihe der gesetzlichen Erben wie der Pflichtteilberechtigten (2346).

Ein Verzicht im wahren Sinne liegt nicht vor, weil vor dem Erbfalle noch kein Recht existiert, das aufgegeben werden könnte. Richtiger wäre es, von einer proleptischen vertragmäßigen **Anfallentsagung** zu sprechen. 1. Der Erbverzichtvertrag ist genau zu unterscheiden von dem **Erbentsagungsvertrage** zwischen den künftigen gesetzlichen Miterben (312 II). Bei diesem handelt es sich um die rein schuldrechtliche Verpflichtung, den künftigen Erbteil oder Pflichtteil, sobald er und wenn er erworben ist (was vorab völlig ungewiß ist), auf den Gläubiger zu übertragen; regelmäßig gegen die im voraus bezahlte Abfindung. Man wird diese für den Rechtsverkehr unzulängliche Vorschrift damit ergänzen müssen, daß die Verpflichtung zur Abtretung bereits in sich die wirksame Abtretungserklärung über das künftig anfallende Recht enthält (auch die Verpflichtung, das angefallene Recht nicht auszuschlagen). — 2. Den Erbverzichtvertrag schließt dagegen der künftige Erblasser mit seinen erwarteten Erben. Er hat eine unmittelbare objektivrechtliche Wirkung insofern, als er die gesetzliche Ordnung der Erbfolge abändert.

II. Der Verzichtende ist für den im Vertrage bestimmten Erbfall **erbrechtlich tot** (2346: wie wenn er nicht mehr lebte, auch 2310 S. 2). Er existiert nicht mehr für die gesetzliche Erbfolge; das kann der Erblasser bereits durch die ihm völlig freistehende Enterbung erreichen. Die wichtigste Rechtsfolge ist, daß der Verzichtende kein Pflichtteilrecht hat. Damit erst erlangt der Erblasser die völlige unbeschränkte Verfügungsmacht über seinen Nachlaß; er kann diesen nunmehr ungeschmälert etwa für den ältesten Sohn als ungeteiltes Familiengut erhalten. Dazu bedarf es keiner positiven Erbeinsetzung; der Erfolg ist bereits erreicht, wenn die übrigen Kinder verzichtet haben. Daraus ergibt sich, daß praktisch für den Erbverzichtvertrag nur in Betracht kommen der Ehegatte und die Abkömmlinge als effektive oder mögliche Pflichtteilberechtigte.

a) Der Verzicht wird regelmäßig nur gegen Gewährung einer **Abfindung** vereinbart (auch als Abrechnung auf bereits bezahlte Schulden). Ist der Verzicht nichtig, so fehlt dem Abfindungsversprechen der rechtliche Grund (812). Das Erbschaftsteuergesetz § 3 Nr. 5 sieht die Abfindung als Schenkung an.

b) Der Verzicht des Abkömmlings gilt im Zweifel nur auf den **ledigen Anfall**, also nur wenn andere Abkömmlinge oder der Ehegatte des Erblassers zur Erbfolge gelangen (2350 II).

c) Der Verzicht erstreckt sich, wenn nicht das Gegenteil im Vertrage bestimmt worden ist, auch auf die Abkömmlinge des Verzichtenden; dieser scheidet mit seinem **ganzen Stamme aus** (2349). Die Entsetzung des ganzen Stammes aus dem erbrechtlichen Verbande ist nicht unbedenklich; ein leichtsinniger Schuldenmacher kann damit eigenmächtig seine wohlgeratenen Kinder jeder Erbaussicht berauben. Offenbar hat nachgewirkt die Erbentsagung der adeligen Tochter „für sich und ihre Erben" nach altdeutschem Rechte.

III. Der Erbverzichtvertrag bedarf nur der gerichtlichen oder notariellen **Beurkundung** (2348); er muß nicht wie der Erbeinsetzungsvertrag vor dem Beamten geschlossen werden. Die gleichzeitige Anwesenheit beider Teile wird nicht gefordert. Das gilt auch für seine Aufhebung (2351).

a) Der Erblasser kann den Vertrag grundsätzlich nur persönlich schließen. Der beschränkt Geschäftsfähige bedarf dazu keiner Zustimmung. Eigenartig ist, daß für den geschäftsunfähigen Erblasser sein gesetzlicher Vertreter handeln kann (2347 II). Diese Erweiterung der „Vertragfähigkeit" schafft für die sonst Beteiligten um so größere Gefahren, als sie nach 2351 auch für die Aufhebung des Erbverzichtes gilt.

b) Der Verzichtende gibt immerhin die rechtlich begründete Aussicht auf künftigen Erwerb auf. Daher bedarf er, wenn er in der Geschäftsfähigkeit beschränkt ist, stets der Zustimmung seines gesetzlichen Vertreters und regelrecht noch der Genehmigung des Vormundschaftsgerichtes (2347 I, wieder mit der bedenklichen Ausnahme für Ehegatten und Verlobte, vgl. 2275 II, 2290).

IV. Das BGB. erweitert das Anwendungsgebiet des Erbverzichtvertrages (2352).

Verzichten kann auch der in einem Testament als Erbe Eingesetzte oder der als Vermächtnisnehmer Bedachte. Da das Testament frei widerruflich ist, wird ein Verzicht hier nur unter ungewöhnlichen Umständen vorkommen; etwa als proleptische Ausschlagung der zugunsten des Verzichtenden in einem gemeinschaftlichen Testamente getroffenen korrespektiven Verfügungen unter Aufrechterhaltung der eigenen Gegenverfügungen, oder wenn der Erblasser nachträglich geschäftsunfähig geworden ist und darum nicht mehr widerrufen kann (2347 II gegen 2254, 2229).

Gegenüber einem Erbeinsetzungsvertrage ist der Verzicht nur zulässig, sofern ein Dritter eingesetzt oder bedacht worden ist. Statt der normalen Aufhebung gemäß 2291 f., verzichtet hier der Dritte.

In beiden Fällen wirkt der Verzicht nur gegen das dem Verzichtenden selbst zugewendete „Recht", nicht gegen die Rechtsstellung seiner Abkömmlinge (2349 gilt hier nicht).

Vermächtnisse. § 32.

a) Begriff. Anordnung. Beteiligte.

I. **Vermächtnis** ist das durch Verfügung von Todes wegen für den Bedachten erzeugte Forderungsrecht gegen den Beschwerten auf Leistung des vermachten Gegenstandes (2174, 1939). Der Erblasser macht auf Kosten des Nachlasses dem Begünstigten eine Zuwendung, ohne ihn zum Erben einzusetzen. Diese Zuwendung besteht stets und **nur** in einem **Forderungsrechte**; gemeinrechtlich ausgedrückt: es gibt nach dem BGB. nicht mehr ein Vindikationslegat (durch das dem Legatar unmittelbar das Eigentum an der vermachten Sache anfiel), sondern nur noch ein Damnationslegat. Der vermachte Gegenstand soll aus der Hand des Erben erworben werden, der zuerst die vererbten Schulden tilgen soll und erst aus dem danach verbliebenen Überschusse die Vermächtnisforderung zu befriedigen braucht. Daher ist zu beachten: das Vermächtnis schafft eine schuldrechtliche „Beschwerung" und nicht eine dingliche „Belastung".

Vermächtnisse können nur durch Testament oder Erbvertrag angeordnet werden. Die erleichterte Form der Kodizille oder Nachzettel gilt nicht mehr.

Es gibt noch eine Reihe von anderen Forderungsrechten, die mit dem Erbfall gegen den Nachlaß kraft Gesetzes entstehen. Sie zeigen eine Ähnlichkeit mit den Vermächtnissen, weil auch sie keine Gesamtnachfolge, sondern eine Singularsukzession bedeuten. Das Verständnis für unsere Erbrechtordnung kann aber nur verdorben werden, wenn wir sie unter die gemeinrechtliche Kategorie der **„gesetzlichen Vermächtnisse"** zusammenbringen. In Frage kommen: 1. das Recht auf den Dreißigsten und das auf den Voraus (1969, 1932). Hier erklärt das Gesetz die Vorschriften über Vermächtnisse für entsprechend anwendbar; daß sie Vermächtnisse wären, sagt es nicht. 2. Der Unterhaltanspruch der Mütter eines erwarteten

Erben während der Schwangerschaft (1963), der Ausgleichungsanspruch unter Miterben (2050) und der Pflichtteilanspruch (2303, 2317). Bei diesen fehlt jene Verweisung. Sie wäre auch gar nicht zu rechtfertigen. Die einzelnen Fälle sind in ihrem Rechtsbau und vor allem hinsichtlich der Gestaltung der Haftung derart eigenartig ausgeprägt, daß jeder seine besondere Behandlung finden muß. 3. Völlige Verwirrung tritt ein, wenn auch noch 1301 und 1582 herangeholt werden, bei denen es sich um vererbte Schulden und nicht um Erbfallschulden handelt. Ebenso gut könnte jemand die Steuerschuld nach dem Erbschaftsteuergesetz als gesetzliches Vermächtnis an das Reich ansprechen.

II. Der Erblasser ist in der **Bemessung** der angeordneten Vermächtnisse **nicht beschränkt.** Gemäß der hochgehaltenen Testierfreiheit kann er den ganzen Nachlaß durch Vermächtnisse ausschöpfen und sogar mehr „vermachen", als die Hinterlassenschaft beträgt. Das BGB. kennt keine der quarta Falcidia gleiche Vorschrift, wonach der Gesamtbetrag aller Vermächtnisse auf drei Viertel des ererbten Gutes reduziert wurde. Um so mehr muß wenigstens die Haftung des Erben begrenzt werden: er muß den Bedachten im Notfall den ganzen Aktivüberschuß des Nachlasses herausgeben; hat er dies nach 1992 getan, so ist er von der weiteren Haftung frei. Mit seinem Eigenvermögen muß er nur einstehen, wenn er infolge der Verletzung der ihm gerichtlich gesetzten Inventarpflicht das Recht der Haftungsbeschränkung verloren hat (2005, 2006 III, 2013). Beruht die Überschuldung des Nachlasses auf Vermächtnissen oder Auflagen, so braucht der Erbe nicht den Nachlaßkonkurs einzuleiten (auch nicht die Nachlaßverwaltung). Wird die Beschränkung der Haftung durchgeführt, so treten die Vermächtnisnehmer hinter die Gläubiger der vererbten Schulden zurück (1973 I, 1974 II, 1991 IV, KO. § 226 Nr. 5). Ein vorsichtiger Erbe wird indessen eine übermäßig beschwerte Erbschaft ausschlagen. Der mit einem Untervermächtnis beschwerte Vermächtnisnehmer haftet überhaupt nur mit dem, was er selbst aus dem Vermächtnis erhalten hat (2187).

III. Mit einem Vermächtnis kann jeder **beschwert** werden, der mit Nachlaßgut bedacht worden ist; der Erbe, der Vermächtnisnehmer, der Empfänger einer Schenkung auf den Todesfall (2174). Sind mehrere mit demselben Vermächtnis beschwert, so wird die Verpflichtung nach dem Verhältnis des Erwerbes verteilt (2148). Das Vermächtnis wird als eine auf dem Nachlaß selbst haftende, nicht als eine den Beschwerten persönlich treffende Verbindlichkeit behandelt. Schlägt z. B. der beschwerte Erbe die Erbschaft aus, so geht die Leistungspflicht auf den über, dem sein Wegfall unmittelbar zustatten kommt (2161; vgl. 1935, 2095); einfacher ausgedrückt, **die Vermächtnisschuld folgt dem Vermögen nach, auf dem sie ruht.**

IV. Als Vermächtnisnehmer kann nur **bedacht** werden, wer beim Erbfall noch lebt (2160); vor dem Erbfall besteht nicht etwa bereits ein vererbliches Wartrecht auf das Vermächtnis. Dagegen muß der Bedachte nicht, wie der Erbe, in diesem Zeitpunkte schon leben; auch einem Nachgeborenen kann ein Vermächtnis zugewendet werden (2162, zeitliche Grenze regelmäßig 30 Jahre).

a) Ist ein Vermächtnis schlechthin, ohne Benennung eines einzelnen besonders Beschwerten, zugunsten eines Miterben ausgesetzt, so liegt ein **Vorausvermächtnis** vor. Als Schuldner sollen dann alle Miterben, auch der Bedachte sich selbst gegenüber gelten (2150). Diese gesetzliche Fiktion umgeht das Problem, wie es möglich wäre, daß jemand sein eigener Gläubiger sein könnte. Man mag sich die Rechtslage so erklären, daß der Gegenstand des Vorausvermächtnisses von dem Nachlaß abgesondert wird und außerhalb der Erbfolge durch unmittelbare Rechtsübertragung zugewiesen wird (daher 2110 II; auch 2373, 2033).

b) Die Ernennung des Bedachten ist freier gestellt als die des Erben. Vor allem darf der Erblasser die Bestimmung oder **Auswahl des Empfängers** anderen Personen übertragen (gegen 2065 II). 1. Dem Beschwerten, der etwa den Tüchtigsten aus den Mitgliedern eines bestimmten Vereines auswählen soll. Kommt der Beschwerte dieser Verpflichtung nicht nach, so kann jeder Beteiligte Klage auf Erfüllung des ganzen Vermächtnisses an sich selbst erheben; wer zuerst durchdringt, behält das Errungene (2151; diese Auslegungsregel wird meistens nicht zutreffen). 2. Einem beliebigen Dritten, besonders dem Testamentvollstrecker. Gegen ihn gibt es keine Klage. 3. Auch die Bestimmung des **Gegenstandes** des Vermächtnisses kann dem Erben oder einem Dritten anvertraut werden; er soll etwa die Gewehre und Jagdausrüstung unter die drei benannten Kriegskameraden des Erblassers verteilen. Kommt es hier nicht zur Verteilung, so sind die Beteiligten nicht, wie in den beiden vorigen Fällen Gesamtgläubiger mit Präventionsrecht, sondern jeder ist zu gleichem Teile mitberechtigt (2153).

c) Für den Erstberufenen kann ein Ersatzbedachter nach dem Vorbilde des Ersatzerben ernannt werden (2190). Und nach der Art einer Nacherbfolge kann durch **Nachvermächtnis** bestimmt werden, daß der vermachte Gegenstand in einem bestimmten späteren Zeitpunkte vom ersten Vermächtnisnehmer als Schuldner an einen Nachfolger herausgegeben werden soll (2191). So z. B. das Landgut ist vom Erben an den Vermächtnisnehmer A. zu übereignen und A. wird verpflichtet, wenn er das 60. Lebensjahr vollendet hat, es an den Nachvermächtnisnehmer B. zu übertragen. A. haftet als ein unter aufschiebender Bedingung oder Befristung verpflichteter Schuldner (160, 162, 163; nicht 2113 f.).

b) Inhalt der Vermächtnisforderung. § 33.

I. Die Vermächtnisforderung **entsteht** für den Bedachten **mit dem Erbfall:** sie fällt ihm kraft Gesetzes an (2176, 1942). Durch Bedingung und Befristung wird der Anfall hinausgeschoben. Dieser ohne Wissen und Wollen eintretende Erwerb ist jedoch kein zwingender er kann durch Ausschlagung zurückgestoßen werden (2180, ohne Frist und Form; vgl. 517).

a) Die Haftung für die Erfüllung der Vermächtnisforderung ruht auf dem Nachlaß. Sie wird zur persönlichen **Schuldverpflichtung** des Erben erst mit der **Annahme** der Erbschaft (1958). Die Rechtsgrundlage hierfür ist nicht ein (fingierter) Schuldvertrag, sondern der einseitige Schuldbegründungsakt des Erblassers, der darin seine Rechtfertigung findet, daß jeder freigiebig zugewendete Rechtserwerb durch Auflegung von Leistungspflichten eingeschränkt werden darf.

b) Das Vermächtnis ist ein erbrechtliches Schuldverhältnis. Soweit sich aus der erbrechtlichen Natur nicht Abweichungen ergeben, sind die allgemeinen **Grundsätze des Schuldrechtes** entsprechend anzuwenden. Vom Standpunkt des Beschwerten handelt es sich um eine gewöhnliche, nicht um eine unentgeltliche Verpflichtung; er muß für die volle im Verkehr erforderliche Sorgfalt einstehen (276 gilt, nicht 521) und haftet für schuldhafte Verletzung seiner Pflichten, auch für Verzug schuldrechtlich (nicht erbrechtlich) mit seinem eigenen Vermögen. Ebenso gelten die allgemeinen Grundsätze über die Rechtsfolgen der ursprünglichen und nachträglichen objektiven Unmöglichkeit (aber nicht 307).

c) Eine besondere Behandlung aber erheischt das **Unvermögen** (die subjektive Unmöglichkeit). Es liegt vor, wenn der Vermächtnisgegenstand zwar existiert, aber nicht zum Nachlaß gehört. Von einer Vertretungspflicht (275 II) kann hier nicht die Rede sein; weder der Erblasser noch der Erbe haben versichert, daß sie zur Bewirkung der Leistung fähig seien. Befindet sich der vermachte Gegenstand beim Erbfall nicht mehr im Nachlaß, weil der Erblasser ihn z. B. nach Errichtung des Testamentes veräußert hat (ferner 2169, 2172 sehr unklar gefaßt), so trifft die Vermächtnisanordnung ins Leere, sie ist unwirksam. Gleichwohl läßt das Gesetz zu, daß auch eine nachlaßfremde Sache vermacht werden kann, vorausgesetzt, daß der Erblasser nachweisbar die Zuwendung wissentlich und willentlich auf den rechtsfremden Gegenstand erstreckt hat (2170, 2169 I). Dieses „**Verschaffungsvermächtnis**" bewirkt nicht, was zum Begriffe eines echten Vermächtnisses gehört, eine erbrechtliche Nachfolge in den Nachlaß; es erzeugt vielmehr eine absolute Schuldverpflichtung, die als Gegenwert für die Zuwendung der Erbschaft übernommen werden soll. Der Beschwerte muß hier auch für subjektives Unvermögen zur Bewirkung der Leistung einstehen. Weigert sich der Berechtigte, den vermachten Gegenstand zu veräußern oder fordert er dafür einen unverhältnismäßig hohen Preis, so hat der Beschwerte dem Bedachten den wirklichen Wert zu entrichten (2170 II). Immer aber steht dem Erben auch gegenüber dem Verschaffungsvermächtnis das Recht der erbrechtlichen Haftungsbeschränkung zu (nach 1992).

d) Im Testament steht: 1. Dem A. vermache ich meinen Flügel; der Erblasser hat ihn seiner Nichte geschenkt; das Vermächtnis ist damit hinfällig geworden; 2170 I findet keine Anwendung. 2. Mein Erbe soll ein Originalgemälde von Lenbach, das Bismarck darstellt, erwerben und dem B. als Vermächtnis übereignen; Haftung nach 2170, aber nur mit Mitteln des Nachlasses. 3. Der Alleinerbe hat das dem C. vermachte Fahrrad vor dem Erbfall dem Erblasser entwendet und dem X. übertragen (nach Annahme der Erbschaft greift 185 II 1 ein); der Erbe muß trotz 2169, 2171 dem C. den jetzigen Wert zur Zeit des Erbfalles ausrichten. 4. Genau unterschieden werden muß: die erbrechtliche Haftung, die den Umfang der Bewirkungspflicht für das Vermächtnis betrifft und sich grundsätzlich auf den Nachlaß beschränkt gegenüber der schuldrechtlichen Haftung wegen Verletzung der bereits durch die Annahme der Erbschaft entstandenen Leistungsverpflichtung.

II. **Gegenstand des Vermächtnisses** kann jedes übertragbare Vermögensrecht sein. Auch für den Inhalt der Leistungspflicht gelten die gewöhnlichen Regeln des Schuldrechtes. Es genügt, auf die Besonderheiten hinzuweisen, die aus der erbrechtlichen Natur der Vermächtnisforderung veranlaßt werden.

a) Bei einem **Wahlvermächtnis** steht das Wahlrecht dem Beschwerten zu; der Erblasser kann dieses jedoch auch dem Bedachten oder einem Dritten einräumen (262, 2154). 1. Das **Gattungsvermächtnis** wird meistens ein Verschaffungsvermächtnis sein; Art und Güte der zu leistenden Sachen sind nicht nach objektivem Maßstabe, sondern nach den subjektiven Verhältnissen des Bedachten zu bestimmen (2155 gegen 243). Anwachsung findet statt, wenn mehreren gemeinschaftlich derselbe Gegenstand vermacht, jeder eventuell mit dem ganzen bedacht ist (2157—2159; A. mit seiner Frau sollen meine Gemäldesammlung „erben"). 2. Wichtige Anwendung findet das Vermächtnis des **Nießbrauchs am ganzen Nachlaß**; besonders zugunsten der Ehefrau. Nach dem Aufbau des Gesetzes kann nur das Forderungsrecht auf Bestellung dieses Nießbrauchs vermacht werden; das Nießbrauchrecht selbst muß, weil das BGB. das Vermögen als einheitlichen Gegenstand einer dinglichen Verfügung nicht kennt, an jedem einzelnen Rechte in der seiner Eigenart entsprechenden Rechtsform übertragen werden (1089). So an jedem Grundstück durch Einigung und Eintragung in das Grundbuch. Daß aber der Sohn als Alleinerbe seiner Mutter den Nießbrauch an jedem einzelnen Teller und sonstigen Hausgeräte durch besonderen dinglichen Vertrag und spezielle Übergabe gemäß 1032 bestellen sollte, wird im Verkehrsleben schwerlich Beachtung finden; die Mutter behält oder ergreift den Besitz an der Fahrnisgesamtheit, damit ist die Rechtsbestellung erledigt. Bemerkenswert ist, daß die Nachlaßgläubiger aus dem Nachlaß Befriedigung erwirken dürfen ohne Rücksicht auf das Nießbrauchrecht (1086, 1089); sie können Befriedigung für ihre Zinsforderungen unmittelbar vom Nießbraucher verlangen (1088). Ist im angegebenen Falle der Sohn minderjährig, so steht der Mutter neben dem dinglichen Nießbrauchrechte kraft Vermächtnisses zugleich das Nutznießungsrecht kraft elterlicher Gewalt am Nachlasse zu und dieses zweite Recht ist unpfändbar (ZPO. § 862 gegenüber § 771).

b) Die vermachte Sache ist in dem tatsächlichen und rechtlichen Zustande zu leisten, in dem sie sich bei Eintritt des Erbfalls befindet. Dagegen haftet der Beschwerte bei einem Gattungsvermächtnis nach Kaufrecht für Mängel im Rechte und für Mängel der Sache (2182 I).

Beim Verschaffungsvermächtnis beschränkt sich diese Haftung auf Mängel im Rechte (2182 II); im übrigen ist der vermachte Gegenstand so zu liefern, wie er vorgefunden wird.

c) Für Nachlaßverbindlichkeiten haftet der Vermächtnisnehmer grundsätzlich nicht. Wohl aber übernimmt er die **dinglichen Lasten**, die zur Zeit des Erbfalles auf dem vermachten Einzelgegenstande ruhen; er kann deren Beseitigung auch nicht vom Beschwerten verlangen (2165). Besteht die Belastung in einem Pfandrechte an der vermachten Fahrnis, so geht auf den Bedachten demgemäß die dingliche Haftung, nicht aber die persönliche Schuldverpflichtung über. Das ist anders, wenn auf dem vermachten Grundstück eine Hypothek oder ein sonstiges Grundpfandrecht lastet zur Sicherung einer Schuldverpflichtung des Erblassers. Hier greift entsprechend der Verkehrsanschauung die Regel ein: wer die dingliche Last der Hypothek überkommt, tritt zugleich in die persönliche Schuldverpflichtung ein; der Bedachte wird, sobald er das Eigentum an dem Grundstück erworben hat, so behandelt, daß er dem Erben gegenüber die Erfüllung der Schuld bis zum damaligen Werte des Grundstückes übernommen hat (2166; das gilt nicht für die Höchstbetraghypothek, wohl aber für andere Sicherungshypotheken). Über die Rechtslage bei einer Gesamthypothek verfügt 2167.

d) Für die **Erbschaftsteuer** haftet der Vermächtnisnehmer, soweit er durch den Erwerb bereichert ist (Erbschaftsteuergesetz § 2 Nr. 1). Die Bereicherung kann auch in der Befreiung von einer Schuld bestehen, legatum liberationis; versteuert wird hier der volle „geschenkte" Schuldbetrag. Davon macht § 22 Nr. 7 die Ausnahme: steuerfrei ist der Erlaß gegenüber dem Ehegatten oder einem Abkömmling als Schuldner, wenn damit lediglich die Beseitigung der Überschuldung des in Vermögensverfall oder Konkurs geratenen Bedachten erreicht wird. Neben dem Vermächtnisnehmer haften der Nachlaß und der Erbe als Gesamtschuldner in Höhe des Wertes des aus der Erbschaft Empfangenen (§ 18 IV). Der Betrag der Steuer wird nach denselben Grundsätzen berechnet, die für den Erwerb des Erben gelten. Bevorzugt wird der Erwerb einer inländischen Gemeinde und ferner solcher Stiftungen, Gesellschaften, Vereine oder Anstalten, die juristische Persönlichkeit besitzen und ausschließlich kirchliche, mildtätige oder gemeinnützige Zwecke verfolgen; sie zahlen, gleichviel wie hoch sich die Zuwendung beläuft, stets nur fünf vom Hundert (§ 23). Zuwendungen an nichtrechtsfähige Verbände (z. B. Pensionskassen der Arbeiter oder die mensa academica) genießen denselben Vorzug, wenn sie ausschließlich mildtätigen oder gemeinnützigen Zwecken gewidmet sind. Zuwendungen an eine politische Vereinigung sind völlig steuerfrei, sofern der von einer Person geleistete Beitrag im Jahre 5000 Mk. nicht übersteigt (§ 24 I); man darf dies auch auf Vermächtnisse beziehen.

Sehr üblich ist es, daß der Erblasser anordnet, das Vermächtnis soll frei von Steuer ausgerichtet werden. Die Zweifel, die in solchem Falle entstehen können, beantwortet § 16 damit, daß die Steuer so zu berechnen ist, wie wenn ihre Entrichtung dem Erben nicht auferlegt wäre. Das bedeutet: gehört der Bedachte der 5. Steuerklasse an, so wird der Grundbetrag von 14 vom Hundert eingesetzt und nicht der von 3,5 deshalb, weil der Sohn mit der Vermächtnissteuer beschwert ist.

Auflage von Todes wegen. § 34.

I. Durch die **Auflage** wird eine schuldrechtliche **Haftung ohne Forderungsberechtigten** erzeugt. Sie ist eine Verfügung von Todes wegen, weil die Leistungsverpflichtung erst mit dem Erbfall entsteht und den Erben oder Vermächtnisnehmer als Erwerber von Nachlaßgut verstrickt. Für den Erblasser bedeutet dies das gesteigerte rechtliche Können, ihm beachtlich scheinende Zwecke oder Interessen durch Vermögenszuwendung zu fördern, deren Erfüllung außerhalb des Rechtskreises eines bestimmten Rechtssubjektes liegt. Destinatäre solcher objektiven Zweckbestimmung können sein Menschen, Tiere, leblose Sachen; die Unterstützung der Kriegsbeschädigten, die Pflege eines Papagei, die Anlage und Unterhaltung eines Turn- und Sportplatzes; im eigenen Interesse die Errichtung eines Denkmals für den Erblasser oder die Feuerbestattung seiner Leiche.

a) Das Gebiet der Auflageanordnung wird nur durch sittliche und gesetzliche Verbote eingeschränkt. Ob der Zweck vom Standpunkte des Richters zu billigen sei (Errichtung eines vegetarischen nur von Naturärzten geleiteten Kinderheims), untersteht seiner Prüfung nicht. Unzulässig ist die Auflage an den Erben, ein Testament mit bestimmtem Inhalte über den eigenen Nachlaß zu errichten; das verstößt gegen den Grundsatz der Testierfreiheit. Ebenso ist unwirksam die Auflage an den Erben, er solle keine Schulden mehr machen oder nicht mehr rauchen.

b) In der Sprache des Lebens werden oft verwechselt Auflage und Stiftung. 1. Die Auflage zum Zwecke der Errichtung einer rechtsfähigen Stiftung ist gerichtet auf die Schaffung eines selbständigen Rechtssubjektes, dem das gewidmete Vermögen als eigenes übertragen werden und ihm zu eigenen Zwecken dienen soll. 2. Bei Errichtung einer unselbständigen Stiftung bleibt das gewidmete Vermögen im Eigentume des Beschwerten, aber er soll es als abgetrenntes Sondervermögen verwalten. Um das zu sichern, wird die Zuwendung regelmäßig einer öffentlichen Korporation oder Anstalt übereignet; z. B. einer Universität für die Gewährung von Stipendien. 3. Bei der reinen Auflage geht die Zuwendung völlig im Vermögen des Auflagebeschwerten auf. Er wird nur durch eine privatrechtliche Verpflichtung gebunden.

II. Die **Auflageverpflichtung** nimmt ihren **Rechtsgrund aus der Freigiebigkeit** der Zuwendung. Der Erblasser kann die dem Erben oder Vermächtnisnehmer aus seinem Nachlasse freigiebig gewidmeten Vermögensvorteile nach Gefallen abmessen und beschweren. Die Auflageverpflichtung entsteht daher ex re: sie ist keine Bedingung für den Erwerb, sondern eine **Rechtsfolge aus dem Erwerbe.** Darum entfällt die Auflagepflicht, wenn die Erbeinsetzung nichtig oder das Vermächtnis unwirksam ist; während umgekehrt die Unmöglichkeit der Auflageerfüllung die Gültigkeit des erbrechtlichen Erwerbes nicht beeinträchtigt (2194; es sei denn, daß die Zuwendung lediglich das Mittel war zur Erfüllung des Zweckes, dann fällt mit dessen Unerfüllbarkeit die zwecklose Zuwendung als ungewollt dahin). Die weitere Folgerung ist, daß der Beschwerte grundsätzlich für die Erfüllung der Auflage nur bis zur Höhe des ihm angefallenen Erwerbes haftet (der Vermächtnisnehmer schlechthin 2187, 2188; der Erbe ausnahmsweise darüber hinaus mit dem Eigenvermögen nach 2013).

Die Anordnung der Auflage muß auf der eigenen Willensbestimmung des Erblassers beruhen (2065 I, 2192). Er muß auch den **Zweck** mit ausreichender Deutlichkeit festlegen. Im übrigen aber kann die Auswahl des Empfängers der Auflageleistung (dem begabtesten Schüler) wie auch die Entscheidung über die Art und den Betrag der Leistung dem Beschwerten oder einem Dritten anheimgestellt werden (2193 gegen 2065 II).

Das **Erbschaftsteuergesetz** bildet in § 4 einen eigenartigen Begriff der **Zweckzuwendung**. Als solche soll gelten: 1. die der Zuwendung beigefügte Auflage zugunsten eines Zweckes, mithin die Auflage im Sinne des BGB. 1940, und 2. die Leistung zugunsten eines Zweckes, von der die Zuwendung abhängig gemacht ist; das wird vermutlich als Leistung condicionis implendae causa zu verstehen sein (wenn A. der Stadt sein Haus schenkt, soll er mein Erbe sein, oder der eingesetzten Stiftung wird die nach EG. 86 erforderliche Genehmigung erteilt, wenn sie dem Bruder des Erblassers eine Jahresrente von 10000 Mk. aussetzt); das ist keine echte Auflage. — Die Steuer wird hier berechnet von dem Werte der Verpflichtung des mit der Zuwendung Beschwerten (§ 12 I), dabei gilt der dem Begünstigten ausgerichtete Vermögensvorteil als ein vom Erblasser stammender Erwerb (§ 2 II 2). Da es aber weder angemessen (die Armen) noch vielfach möglich ist (der Papagei, der Naturpark), die Steuer dort zu erheben, wo die Zweckerfüllung ausgeführt wird, so ist der Steuerschuldner der mit der Ausführung der Zweckzuwendung Beschwerte (§ 18 II); er hat jedoch nur den Betrag zu versteuern, um den er bereichert ist und kann daher den Wert der in Geld veranschlagbaren Auflageleistung von der ihm gemachten Zuwendung abrechnen (§ 12 VII). Hier kommen wesentlich die Erleichterungen zugunsten der für mildtätige oder gemeinnützige Zwecke verwendeten Beträge zur Anwendung (§ 23).

III. Die Leistungspflicht des Auflagebeschwerten wird als schuldrechtliche Erfüllungspflicht und als **echte Nachlaßverbindlichkeit** behandelt (1967 II, 1973, 1991 IV, 2217 II). Da ein forderungsberechtigter Gläubiger fehlt, ermächtigt das Gesetz bestimmte Personen, den Erfüllungszwang prokuratorisch im Interesse des Auflagezweckes auszuüben, die Vollziehung der Auflage zu verlangen (2194). Keineswegs sind dazu die Auflagebegünstigten berechtigt.

a) Das **Klagerecht auf Erfüllung** steht als anvertraute Ermächtigung zu: vorerst dem Testamentvollstrecker (2203, 2217 II) und sodann als Gegeninteressenten gegenüber dem Beschwerten jedem Erben und dem nächsten Anwärter auf die beschwerte Nachlaßzuwendung (der Ersatzerbe, Nacherbe, der nächste gesetzliche Erbe). Wenn das Gesetz diesen Anwärter damit umschreibt, daß ihm der Wegfall des mit der Auflage zunächst Beschwerten unmittelbar zustatten kommen würde: so bedeutet das keineswegs, daß der Kläger den Beschwerten aus dem Erwerbe entsetzen und diesen selbst erringen könnte. Vielmehr wird damit nur die Aktivlegitimation zur Klage, und zwar abschließend, umschrieben; dem Kläger selbst kommt dabei außer der Mühe und der Gefahr der Prozeßführung nichts zustatten. Darum ist diese Fürsorgemaßregel lahm. Liegt dagegen die Erfüllung der Auflage im öffentlichen Interesse, so steht der Vollziehungsanspruch daneben auch der nach Landesrecht zuständigen Behörde zu (2194 S. 2).

b) Größere Bedeutung kann erlangen der indirekte Antrieb zur Auflageerfüllung durch Erhebung des Anspruchs auf **Herausgabe der Bereicherung** (2196). Die Voraussetzung dafür bildet, daß die Vollziehung der Auflage unmöglich geworden ist infolge eines vom Beschwerten zu vertretenden Umstandes oder daß die Zwangsvollstreckung aus dem direkten Anspruch auf Erfüllung erfolglos gewesen ist. Dann kann der nächste Anwärter verlangen, daß die Zuwendung, soweit sie für den Auflagezweck hätte verwendet werden müssen, an ihn herausgegeben werde. Er erhält den erstrittenen Betrag zu eigenem Vorteil und braucht selbst, was schwerlich dem Willen des Erblassers entspricht, die Auflage nicht zu erfüllen.

Kapitel IV.

Erwerb der Erbschaft.

Grundsätzliche Gestaltung des Erbschafterwerbes. § 35.

I. Der Erwerb der Erbschaft kann sich auf zweierlei Weise vollziehen. Die geschichtliche Entwicklung ist hierfür im römischen wie im deutschen Rechte im wesentlichen parallel verlaufen.

a) Der älteren und natürlichen Rechtsauffassung entspricht es, daß beim Tode des Hausvaters die **im Familien- und Hausverbande stehenden Angehörigen** unmittelbar das Familiengut übernehmen und seine Bewirtschaftung fortsetzen. 1. Nach römischem Zivilrecht standen die sui bereits bei Lebzeiten des pater familias im Mitrechte an dem Hausvermögen; starb das Familienoberhaupt, so wandelte sich die Mitberechtigung ipso iure kraft zwingenden Rechtsgebotes (daher sui et necessarii heredes) in ein Vollrecht um. Sie brauchten die Erbschaft nicht erst anzutreten, weil sie bereits darin standen. Erst der Prätor hat den Zwangserwerb gelockert, indem er den sui das Ausschlagungsrecht (beneficium abstinendi) verlieh, damit sie sich von der persönlichen Haftung für die etwa den Nachlaß übersteigenden Schulden lösen könnten. 2. In gleicher Weise galt nach dem älteren deutschen Rechte der Satz: der Tote erbt den Lebendigen; der erbberechtigte Blutsverwandte erlangte kraft Rechtsvorschrift mit dem Erbfall die eigentliche Gewere an den einzelnen Erbgütern (denn eine Universalsukzession war dem älteren deutschen Rechte unbekannt). Nachdem im Laufe des Mittelalters die Haftung des Erben auf die persönlichen Schulden des Erblassers ausgedehnt war, wurde ihm zum Ausgleich das Recht zur Ausschlagung durch einseitige Verzichterklärung auf die Erbschaft zuerkannt.

b) Anders stand es mit den **hausfremden Erben**. 1. Nach römischem Rechte fand an sie eine delatio hereditatis statt: die Erbschaft wurde dem Berufenen angetragen, er erwarb sie erst durch die einseitige willentliche Annahmeerklärung. Ursprünglich schuf die delatio nur ein höchst persönliches Recht zur Annahme. Im späteren Rechte wurde jedoch eine transmissio hereditatis zugelassen, zunächst für einzelne Fälle und schließlich durch Justinian allgemein mit der Wirkung, daß die Erben des ersten Berufenen die diesem deferierte Erbschaft binnen Jahresfrist für sich erwerben konnten. Nach prätorischem Rechte war dem Berufenen eine Frist gesetzt, innerhalb deren er die gerichtliche Einweisung in den Besitz des Nachlasses, die bonorum possessio, erbitten durfte. 2. Im älteren deutschen Rechte überwog allgemein die Auffassung, daß der außerhalb der Hausgemeinschaft Stehende nur zum Erbe gelangen soll, indem er dem Richter sein Erbrecht nachweist, von ihm in den Nachlaß eingewiesen wird und feierlich den Besitz des Erbgutes ergreift. Damit wurde für den Rechtsverkehr festgestellt, wer als rechter Erbe gelten sollte.

II. Das BGB. hat das **Anfallprinzip** zu allgemeiner Geltung erhoben (1942). Jedem Berufenen, gleichviel ob er hausangehörig oder hausfremd ist und einerlei ob er kraft Gesetzes oder durch Verfügung von Todes wegen berufen wird, fällt die Erbschaft kraft Gesetzes an. Er hat sie im Prinzip damit bereits erworben. Einer Antrittserklärung bedarf es dafür nicht. Diese Ausdehnung des Anfallgedankens wirkt befremdend, wenn der Berufene mühsam erst ermittelt und von fernher herbeigeholt werden muß. Aber die Rechtssicherheit und die Einfachheit des Erbschafterwerbes wird damit befördert; die Gesamtnachfolge vollzieht sich lückenlos; die weitere Vererbung des angefallenen Rechtes ist gewährleistet. Schließlich tritt, da Erbschaften selten ausgeschlagen werden, kraft Gesetzes ein, was der Regel des Lebens gemäß ist.

a) **Anfall bedeutet nicht Rechtszwang.** Jedem Berufenen bleibt das Recht, die Erbschaft als eine ihm nicht angefallene auszuschlagen.

b) **Berufung** legt die Richtung fest für den Anfall vom Erblasser aus auf den zur Erbfolge Bestimmten. Der Anfall erzeugt die

Rechtslage, die den Eintritt des Berufenen als Gesamtnachfolger bewirkt. Hiernach sind Ursache und Wirkung zu unterscheiden.

c) **Erbschafterwerb** bedeutet den Übergang der Gesamtheit aller vererblichen Rechte und Verbindlichkeiten auf den Erben. Dieser Wechsel in der rechtlichen Zuständigkeit vom Verstorbenen auf den Lebenden vollzieht sich in einem Akte kraft Gesetzes; ohne Eintragung in das Grundbuch und ohne Besitzergreifung der Fahrnis.

d) Beim **Alleinerben** löst sich nach dem Grundgedanken des Gesetzes das **Nachlaßvermögen sofort im Eigenvermögen** des Erben in seine einzelnen Bestandteile **auf.** Ein Nachlaß existiert nicht mehr. Alle zwischen dem Erblasser und dem Erben bisher begründeten Forderungsrechte und Schuldverbindlichkeiten sowie die dinglichen Rechte und Belastungen sind damit „erloschen". Aber diese confusio ist weder zwingend noch endgültig. Dingliche begrenzte Rechte bestehen für den Berechtigten an der eigenen Sache fort, soweit dafür ein beachtliches rechtliches Interesse besteht (889, 1063 II, 1072, 1256 II, 1273; z. B. die Eigentümerhypothek). Ferner tritt das Erlöschen überhaupt nur ein, wenn die Rechtsvereinigung eine endgültige geworden ist. Das Gesetz sieht überall vor, daß zum Zwecke der Haftungsbeschränkung der Nachlaß als Sondervermögen wieder abgeschichtet werden kann. Geschieht dies, dann ist klar, daß die **Rechtsvereinigung nur eine vorläufige** war und alle Rechtsbeziehungen zwischen Nachlaß und Eigenvermögen zu voller Wirkung aufleben. (Das BGB. 1976, 1991 II, 2143, 2175; KO. § 225; Erbschaftsteuergesetz § 12 II verdeckt das durch die widersinnige Fiktion, daß die erloschenen Rechte als nicht erloschen, die toten als lebendig „gelten" sollen).

e) Fällt der Nachlaß an Miterben, so bleibt er vorab als selbständiges Sondervermögen der Miterbengemeinschaft erhalten. Eine Rechtsvereinigung tritt nicht ein. Der einzelne Miterbe erwirbt durch den Anfall ein Anteilrecht an dem Gesamtvermögen (1922 II).

Anfall und Ausschlagung. § 36.

I. **Anfall** ist der durch die Ausschlagung vernichtbare Übergang der Erbschaft auf den zum Erben Berufenen (1942: auf den „berufenen Erben" ist eine laienhafte Ausdrucksweise).

a) Es ist nicht einfach, sich von der durch den Anfall geschaffenen doppeldeutigen Rechtslage eine klare Vorstellung zu bilden. Das BGB. behilft sich hier, wie meist im Erbrecht, mit Fiktionen. 1. Als **Prinzip** steht voran, der Berufene ist mit dem Anfall Erbe geworden. 2. Schlägt er ordnungsmäßig aus, so ist er nicht Erbe geworden, der Anfall gilt als nicht erfolgt (1953 I). 3. Es muß ein neuer Anfall stattfinden. Aber er soll nicht als zweiter, sondern als der einzige ursprüngliche wirken. Daher gilt der Ausschlagende als erbrechtlich tot, er hat nie existiert und der Anfall an den jetzt Berufenen gilt als mit dem Erbfall erfolgt (1953 II). 4. Dieses Wechselspiel soll sich mit jeder weiteren Ausschlagung aufs neue wiederholen.

b) **In Wirklichkeit** ist der Rechtsvorgang so zu verstehen. 1. Erbe in dem allein richtigen Sinne ist nur der endgültige Erwerber der Erbschaft. Daß er Erbe gewesen ist, läßt sich rechtlich in keiner Weise mehr beseitigen (anders für die Zukunft 2139). Da nun der Ausschlagende als Erbe nicht existiert hat, so steht fest, daß er niemals Erbe geworden war. 2. Die zwingende Folgerung hieraus lautet: **Anfall schafft noch keinen Erben. Ausgeschlagen wird** nicht das erworbene Erbrecht, sondern **das angefallene Wartrecht zum Erbschafterwerbe.** Das ist ein echtes subjektives Erbenwartrecht, das mit dem Erbfalle für jeden „möglichen" Berufenen entsteht und auf seine Erben übergeht, auch wenn er gestorben ist, bevor der Anfall in Wirklichkeit infolge der Ausschlagung der Vorberufenen an ihn gelangt war. 3. Dieses Wartrecht reift kraft Gesetzes zum Erbenvollrecht aus, wenn die Entwickelung nicht durch die ausdrückliche Erklärung der Ausschlagung unterbrochen wird oder wenn sie positiv durch die Annahme vollendet wird. Indem das Gesetz selbst wiederholt diese Rechtsbedeutung der Annahme hervorhebt (207, 1943, 1946, 1948, 1951, 1960, 2357 III), bestätigt es, daß durch den Anfall noch nicht der Erbschafterwerb vollendet und nicht der „Erbe" erzeugt ist.

II. **Annahme** der Erbschaft ist die rechtsgeschäftliche bindende Erklärung des Berufenen, Erbe sein zu wollen.

a) Die Annahme erfolgt: 1. durch **positive Bestätigung** des Anfalls, die den Willen zum Erwerbe (nicht bloß zum Verzicht auf das Ausschlagungsrecht) kundgibt; sie bedarf keiner Form und wird häufig durch schlüssige Handlungen (pro herede gestio) vollzogen; 2. durch **willentliche Verschweigung** der Ausschlagungsfrist (1943 die Erbschaft gilt „als angenommen"); sie bedeutet rechtswirksames Handeln durch gewolltes Unterlassen (wichtig wegen 1956).

b) Annehmen kann aus eigener Willensentschließung nur der unbeschränkt Geschäftsfähige; für einen anderen Berufenen muß der gesetzliche Vertreter handeln. Die Entscheidung hierüber untersteht der eigenen Selbstbestimmung; die Gläubiger, der Nachlaßverwalter oder der Konkursverwalter können nicht statt des Berufenen die Erbschaft annehmen (KO. § 9). Nichts aber steht dem entgegen,

daß der Berufene die Entscheidung wie Erklärung über die Annahme einem gewillkürten Vertreter anvertraut.

c) Die Erbschaft kann erst angenommen werden, nachdem der Erbfall eingetreten ist (1946); daß der Anfall infolge der Ausschlagung der Vorberufenen bereits zu dem Annehmenden gelangt sei, wird nicht gefordert (1953 II, vgl. 2142). Die Annahme muß endgültig den Erbschafterwerb abschließen; weder eine Bedingung noch eine Befristung ist mit der Tatsache des Erbegewordenseins vereinbar (1947).

d) **Anfall und Annahme müssen sich decken.** 1. Die Annahme bestätigt den durch seinen Berufungsgrund charakterisierten Anfall. Befindet sich der Annehmende über diesen Rechtsgrund in Unkenntnis, so hat er nicht das angefallene Wartrecht, sondern ein nicht existierendes ergriffen; seine fehlgegangene Erklärung ist nichtig (1949; es handelt sich nicht um einen Fall des Irrtums). 2. Das angefallene Recht ist ein einheitliches, unteilbares. Der Berufene kann über es nur so, wie es angefallen ist, verfügen. Die Annahme eines Teiles ist nichtig (1950). Wenn jedoch demselben Berufenen mehrere Erbteile als rechtlich abgesonderte angefallen sind (weil jeder Anfall auf einem besonderen Berufungsgrunde beruht, etwa testamentarische und gesetzliche Berufung gemischt sind): dann darf er den einen annehmen und den anderen ausschlagen (1951, 1948, 1927).

e) Der Berufene kann seine Annahmeerklärung nach den allgemeinen Grundsätzen **anfechten;** wegen widerrechtlicher Drohung, arglistiger Täuschung oder Irrtums über den Inhalt der Erklärung. Die Anfechtung ist gegenüber dem Nachlaßgericht innerhalb einer Frist von sechs Wochen zu erklären (1954, 1955). Die Anfechtung wirkt als Ausschlagung (1957 I).

III. **Ausschlagung** ist die rechtsgeschäftliche Aufhebung des kraft Gesetzes angefallenen Wartrechtes zum Erwerb der Erbschaft. Nicht der Verzicht auf die Erbschaft; denn wenn er diese erworben hat und Erbe geworden ist, kann er nicht mehr ausschlagen (1943). Die Ausschlagung hängt wie die Annahme von der persönlichen Entschließung des Berufenen ab. Darum darf die Ehefrau bei jedem Güterstande aus eigenem Willen darüber entscheiden (1406 Nr. 1, 1453, 1519 II, 1549). Ausschlagung zum Vorteil eines anderen ist keine Schenkung (517); denn der Nächstberufene erwirbt die Erbschaft nicht aus dem Vermögen des Ausschlagenden, sondern aus eigenem Rechte vom Erblasser. Geschäftsfähigkeit ist wie bei der Annahme erforderlich (Nr. II b); der gesetzliche Vertreter bedarf aber zur Ausschlagung der Zustimmung des Vormundschaftsgerichtes (1643, 1686, 1822 Nr. 1 und 6; RG. Warn. 8 Nr. 120).

a) Die Ausschlagung kann nur gegenüber dem Nachlaßgericht erklärt werden; schriftlich mit öffentlich beglaubigter Unterschrift (1945, Vertretung ist zulässig). Die sachliche Zuständigkeit, Amtsgericht oder nach Landesrecht der Notar (FGG. § 72; EG. 147), bildet die Voraussetzung für die Wirksamkeit. Die örtliche Zuständigkeit bestimmt sich nach dem Wohnsitze des Erblassers zur Zeit des Erbfalles; sie ist nicht zwingend (FGG. § 73 und § 7). Die Kosten trägt der Ausschlagende. Er trägt auch die Beweislast für die Wirksamkeit seiner Ausschlagung.

b) Da eine beschleunigte Klarstellung der Erbfolge für den Rechtsverkehr erforderlich erscheint, bemißt das Gesetz die präklusive **Ausschlagungsfrist** auf sechs Wochen (1944 I, Verlängerung nach Abs. III). Die Frist beginnt erst, sobald der Berufene von dem Anfall und dem Grunde seiner Berufung zuverlässige Kenntnis erlangt hat und subjektiv fähig ist, eine rechtswirksame Ausschlagungserklärung abzugeben (1944 II). Es muß mithin die Verfügung von Todes wegen eröffnet und ihre Gültigkeit außer Zweifel gestellt sein; wird ein verstecktes eigenhändiges Testament nach Jahren entdeckt, so beginnt nun erst der Fristlauf für den darin Eingesetzten. Die Frist beginnt, wenn der Berufene nicht voll geschäftsfähig ist und keinen gesetzlichen Vertreter hat, mit dessen Bestellung (206); der Vertreter wahrt die Frist, wenn er vor ihrem Ablaufe beim Vormundschaftsgericht den erforderlichen Antrag auf Zustimmung zur Ausschlagung gestellt hat (streitig). Von der erfolgten Ausschlagung soll das Nachlaßgericht dem nunmehr Berufenen (dem Anfallbetroffenen) amtliche Mitteilung machen (1953 III).

c) Die **Ausschlagung** kann als rechtsgeschäftliche Erklärung **angefochten** werden (wie die Annahme; Nr. II e). Eigentümlich ist, daß dies auch gegenüber der **Versäumung der Anfechtungsfrist** geschehen darf (1956). Diese Anfechtung bedeutet die Ausübung des restituierten Anfechtungsrechtes und damit die Aufhebung des Anfalles (1957 I, 1953 I gegenüber 1943 mit drei verketteten Fiktionen). Da nur Willenserklärungen angefochten werden können, so müssen wir uns die Fristversäumung als echte Unterlassung vorstellen: als rechtswirksames Handeln durch willentliches Nichtgebrauchen des Ausschlagungsrechtes. Dieses schlüssige Handeln kann allerdings durch Willensfehler beeinflußt werden: durch widerrechtliche Drohung, die die Abgabe der Erklärung verhindert oder durch Irrtum, indem die Ausschlagung vor einem sachlich unzuständigen Beamten erklärt wurde, den der Berufene für den legitimierten hielt (vgl. RG. 58, 84).

§ 37. Verwaltung des Nachlasses bis zum Eintritt des Erben.

I. Nach dem Grundsatz der **Kontinuität der Beerbung** soll es für die Erbschaft **keinen herrenlosen Zustand** geben: der Erbe muß mit dem Erbfall in alle vererbten Rechtsbeziehungen eingetreten sein.

a) Aber die Tatsachen sind stärker als die Konstruktionen. 1. Bei dem Delationsprinzipe mußte ein Zwischenraum eintreten, bis der Berufene sich zur Annahme entschieden hatte. Sein Eintritt wurde in der Rechtsvorstellung auf den Erbfall zurückbezogen; bis dahin bestand eine **ruhende Erbschaft**, hereditas iacens. Die Nachlaßeinheit blieb in ihrem objektiven Bestande erhalten, auch für die Verwaltung war gesorgt. Aber für die Rechtslehre erhoben sich kaum lösbare Schwierigkeiten: gibt es herrenlose Vermögensrechte (die hier der usucapio pro herede jedes Beutegierigen ausgesetzt wären) oder soll der Erblasser als fortlebend oder der Nachlaß als Rechtssubjekt gedacht werden? 2. Die bessere Lösung scheint das Anfallprinzip zu bieten, da es den Erben unmittelbar in die Erbschaft einsetzt. Es ist jedoch klar, daß damit eine wirkliche Rechtskontinuität nur erzeugt würde, wenn jeder Berufene zum Zwangserben gestempelt wäre. Da dies nicht zutrifft, tritt auch nach dem BGB. bis zum Ablauf der Ausschlagungsfrist ein Zustand der Erbenungewißheit ein, der sich mit jeder vollzogenen Ausschlagung wiederholt. Dazu treten die Fälle, in denen der gesetzliche Erbe erst erforscht oder die Gültigkeit eines Testamentes erst festgestellt werden muß. Daher bleibt es dem BGB. wie dem römischen Rechte nicht erspart, daß es den tatsächlich viel später erfolgenden Eintritt in die Erbenrechtstellung durch Fiktion auf den Erbfall zurückverlegt (1953 II mit 1942). Darüber darf das meistens geübte Wortspiel mit dem Namen „Erbe" nicht hinwegtäuschen.

b) Der Berufene wird vielfach den Nachlaß alsbald in Besitz und Verwaltung nehmen, zur Fürsorge oder Prüfung seines Bestandes. Entscheidet er sich dann für die Ausschlagung, so steht fest, daß er dem wirklichen (später annehmenden) Erben gegenüber **als Geschäftsführer ohne Auftrag** (1959 I: der „Erbe" demgegenüber, der „Erbe" wird) und nach außen gegen Dritte **als Nichtberechtigter** gehandelt hat (185). Verfügungen, die im objektiven Interesse des Nachlasses keinen Aufschub erleiden dürfen, sind jedoch vollwirksam (1959 II); ebenso der Erwerb, den ein Dritter im Vertrauen auf die Rechtsstellung des Berufenen an Nachlaßrechten vollzogen hat. Die Haftung als Geschäftsführer ohne Auftrag trifft auch den wirklichen Erben gegenüber den Nachlaßgläubigern für seine Verwaltung, die er vor der später bewirkten Annahme geführt hat, sofern er nachmals die Nachlaßabschichtung zum Zwecke seiner Haftungsbeschränkung vollzieht. Der Erbe muß dann über den Bestand des Nachlasses Rechenschaft ablegen, er war vor der Annahme aber nicht zur Verwaltung verpflichtet (1978 I 2; nach der Annahme haftet er als Beauftragter 1978 I 1).

c) Für den am Nachlaß beteiligten **Dritten** wird während des **Rechtszustandes der Erbenungewißheit** so gesorgt. 1. Leistungen, die er als Nachlaßschuldner vornimmt, befreien ihn nur, wenn sie dem wirklichen Erben zugeführt werden (vgl. 372 S. 2). 2. Einseitige Rechtsgeschäfte, die wie die Kündigung oder Mahnung gegenüber dem „Erben als solchen" vorzunehmen sind, d. h. unmittelbar und nur die Nachlaßrechte treffen, können wirksam auch gegenüber dem „Ausschlagenden" vollzogen werden (1959 III). Eine Haftung wegen Verzuges kann hieraus aber nicht entstehen. 3. Der Nachlaßgläubiger kann gegen den Berufenen nicht gerichtlich vorgehen (1958); erst mit der Annahme ist ein für die Klage passivlegitimierter Erbe vorhanden. Dazu ZPO. § 779, Fortsetzung einer gegen den Erblasser begonnenen Zwangsvollstreckung.

II. Der **Zustand der tatsächlichen Herrenlosigkeit** des Nachlasses kann lange Zeit dauern. Seit jeher ist hier das Bedürfnis nach einer amtlichen Fürsorge anerkannt worden.

a) Die amtliche Pflicht, für die Sicherung des Nachlasses zu sorgen, wird dem **Nachlaßgericht** auferlegt, soweit dafür ein Bedürfnis besteht (1960 I). Das ist zu bejahen, wenn der Erbe unbekannt ist oder solange über die Annahme des Berufenen Ungewißheit herrscht. Erweiterung des Anwendungsgebietes durch die Sondergesetze nach EG. 140; sie haben auch die Sicherungsmaßregeln nach 1960 II zu ergänzen. Ist ein Testamentvollstrecker ernannt, so hat er das Recht wie die Pflicht, den Nachlaß sicherzustellen (2205, 2213 II).

b) Die wichtigste Fürsorgemaßregel ist die Anordnung einer **Nachlaßpflegschaft** zur Sicherung des Nachlasses (1960 II; genau zu unterscheiden von 1975). Der Pfleger ist der gesetzliche Vertreter der Wartrechte dessen, der als wirklicher Erbe eintreten wird. Er ist passivlegitimiert für die gegen den Nachlaß gerichtlich geltend gemachten Ansprüche; daher wird den Nachlaßgläubigern das Recht zugesprochen, die Bestellung eines Pflegers verlangen zu dürfen (1961, 1960 III). Der Nachlaßpfleger hat die Pflicht, den unbekannten Erben zu ermitteln und für die Sicherstellung des Nachlasses zu sorgen.

c) Ist die Geburt eines Erben noch zu erwarten, so kann die Mutter inzwischen den standesmäßigen Unterhalt aus dem Nachlaß verlangen, wenn sie selbst die Mittel hierfür nicht besitzt (1963; ferner 2043 I). Außerdem hat sie das Recht auf den Dreißigsten nach 1969, wenn sie zum Hausstande des Erblassers gehört hatte.

§ 38. Erbunwürdigkeit.

I. Das BGB. kennt keine erbunfähigen Personen. Auch dem **Erbunwürdigen** fällt die Erbschaft an, aber sie kann ihm **durch Anfechtungsklage** mit der Wirkung **entzogen** werden, daß der Anfall an ihn als nicht erfolgt gilt, wie wenn er zur Zeit des Erbfalles nicht gelebt hätte (2344 mit der üblichen Fiktion der Nichtexistenz für den einzelnen Erbfall). In Wahrheit bestand ein rechtlicher **Schwebezustand;** die Anfechtung enthüllt die Nichtigkeit des scheinbaren Anfalls; wird die Anfechtung nicht durchgeführt, so ist und bleibt der Unwürdige Erbe.

Die Erbunwürdigkeit wird lediglich als Folge der persönlichen Kränkung des Erblassers behandelt; seine **Verzeihung entsühnt** daher selbst die schwerste Verfehlung (2343). Außerdem soll in den wichtigen Fällen des Eingriffes in die Testierfreiheit des Erblassers keine Erbunwürdigkeit eintreten, wenn z. B. der A., zu dessen Enterbung der Erblasser durch arglistige Täuschung des danach nächstberufenen gesetzlichen Erben B. bestimmt worden war, vor dem Erblasser gestorben ist (2339 II). Daß B. in diesem Falle zum unanfechtbaren Erbschaftserwerbe gelangt, weil infolge der veränderten Sachlage der wahre Wille des Erblassers zur Geltung gekommen sei, wird dem Rechtsempfinden des Volkes schwerlich entsprechen.

II. Die **gesetzlichen Gründe**, aus denen die **Erbunwürdigkeit** eintritt, sind nach 2339 I diese: 1. Die vorsätzliche und widerrechtliche Tötung des Erblassers oder der Tötungsversuch; nicht die fahrlässige Tötung. Oder der Erblasser wurde in einen körperlichen oder geistigen Zustand versetzt, der ihn unfähig machte zu einer Verfügung von Todes wegen. Erbunwürdig ist z. B. nicht, wer den im Testament eingesetzten Alleinerben tötet, um als gesetzlicher Erbe den Nachlaß zu erringen. 2. Die vorsätzliche und widerrechtliche Verhinderung des Erblassers an der Errichtung oder Aufhebung einer Verfügung von Todes wegen. 3. Wer den Erblasser durch arglistige Täuschung oder widerrechtliche Drohung zur Errichtung oder Aufhebung einer solchen Verfügung bestimmt hat. Dahin kann auch eine Bestimmung zur Eingehung einer Ehe gehören, als deren Folge sich die Erbberechtigung des trügerischen Ehegatten (1931, 2265) ergibt. 4. Wer eine nach dem Strafgesetzbuch strafbare Urkundenfälschung begangen hat (2339 Nr. 4), die eine erbrechtliche Verfügung des Erblassers verfälscht oder vortäuscht. Die Ansicht (des RG. 72, 208; 81, 413), daß eine Fälschung in der Absicht, den wahren Willen des Erblassers verwirklichen zu wollen, keine Erbunwürdigkeit begründe, kann nicht gebilligt werden; damit würde die Rechtssicherheit zu sehr gefährdet werden.

III. Die **Erbunwürdigkeit tritt** nur und erst **ein** mit der **Rechtskraft** des durch die Anfechtungsklage erstrittenen **Urteils** (2342 II). Die Klage ist gegen den Erbunwürdigen zu erheben. Anfechtungsberechtigt ist jeder, dem unmittelbar oder mittelbar der Wegfall des Unwürdigen zustatten kommen würde (2341). Keineswegs aber erringt jeder siegreiche Kläger die Erbschaft für sich; ist er ein entfernterer Anwärter, so erwirkt er nur das Ausscheiden des Erbunwürdigen zugunsten des nunmehr Nächstberufenen. Die Anfechtung kann nur binnen Jahresfrist erfolgen (2340, 2082). Bis zum Urteil hat der Erbunwürdige den Nachlaß als Geschäftsführer ohne Auftrag verwaltet (oben § 37 I b).

IV. Die vorstehenden Rechtsvorschriften sind auch anzuwenden gegenüber einem unwürdigen Vermächtnisnehmer und Pflichtteilberechtigten (2345). Damit wird das Recht des Erblassers zur Entziehung des Pflichtteils ergänzt und seine Geltendmachung den Erben anheimgestellt. Zur Anfechtung genügt in beiden Fällen die einseitige Erklärung gegenüber dem Nachlaßgericht (nach 2081, weil 2342 hier nicht gilt und 143 nicht paßt). Ist die Anfechtungsfrist unbenutzt verstrichen, so bleibt doch dem Verpflichteten die zerstörende Einrede der Unwürdigkeit gegenüber dem Erfüllungsanspruch (2083; auch 813 I, 819).

§ 39. Erbschaftskauf. Veräußerung der erworbenen Erbschaft.

I. Praktische Erwägungen können es nahelegen, daß der Erbe die erworbene Erbschaft alsbald an einen anderen veräußert; etwa weil er den Nachlaß nach seinem weit entfernt gelegenen Wohnsitz nicht hinüberschaffen oder als Minderjähriger mit dem ererbten Unternehmen nichts anfangen kann.

Nach dem Willen und Zweck der Parteien soll der Erwerber an Stelle des Erben als Herr in das Nachlaßganze zu vollem Rechte und zu voller Haftung eintreten: so daß er nunmehr die Rechtsstellung eines Gesamtnachfolgers an Erbesstatt einnehmen würde. Eine derartige sukzessive Gesamtnachfolge in denselben Nachlaß wird voll anerkannt bei der Nacherbfolge; sie ringt sich zur Anerkennung durch bei der Abtretung eines Miterbenanteils (2033 I). Dagegen verschließt sich das Gesetz den Verkehrsbedürfnissen, wenn der Einzelerbe seine Erbschaft veräußert; hier wirkt die Rechtsmystik noch fort, wonach die Erbeneigenschaft auf einer unabstreifbaren persönlichen Verbindung mit dem Erblasser beruhe (Willens- und Seelentransmission anstatt der richtigen Gesamtnachfolge in das Vermögen) und weil mit dem Anfalle der Nachlaß in dem Vermögen des Alleinerben aufgegangen sei (was sich bereits als falsch erwiesen hat, oben § 35 II d, und im Widerspruche mit der ganzen Haftungsordnung steht).

Das vom BGB. als **„Erbschaftskauf"** am Schlusse des Erbrechtes behandelte Rechtsgebilde ist in seiner Entwickelung unvollendet geblieben. Es wird geordnet: 1. im wesentlichen durch nachgiebige schuldrechtliche Bestimmungen; 2. dazu kommen zwingende Normen über die erbrechtlichen Wirkungen. Die Benennung als Erbschaftskauf ist von dem regelmäßigen Falle hergenommen; was für ihn vorgeschrieben ist, gilt nach 2385 I auch z. B. für den Erbschaftsvergleich und für die Verpfändung eines Miterbenanteils, ferner für die Veräußerung auf Grund eines Schenkungsvertrages (jedoch hier mit Einschränkungen, 2385 II).

II. Die **schuldrechtlichen Grundsätze.**

a) Der Vertrag begründet die Verpflichtung zur Übertragung des Nachlaßvermögens als eines Ganzen zum **Zwecke** der Erwirkung einer **Gesamtnachfolge.** Er bedarf der gerichtlichen oder notariellen

Beurkundung (2371). Verkauft wird die Nachlaßgesamtheit in Bausch und Bogen für einen Gesamtpreis mitsamt den Surrogaten (2374) und anderen Vorteilen nach 2372; nicht aber die Anwachsung und Erhöhung, nicht das Vorausvermächtnis 2373.

b) **Gegenstand der Verpflichtung** ist die Erbschaft. 1. Der Verkäufer haftet daher schlechthin dafür, daß ihm **das Erbrecht zusteht** und daß es nicht durch Verfügungen des Erblassers beschränkt oder beschwert ist (2376 I). Diese Haftung wegen Mängel im Rechte tritt selbst dann ein, wenn der Verkäufer durchaus auf seine Berufung zum gesetzlichen Erben vertrauen durfte, später aber ein eigenhändiges Testament gefunden wird, in dem er enterbt worden ist (vgl. 437). Auch der Erbschein schafft hierfür keinen öffentlichen Glauben, 2030. Dagegen wird die Haftung wegen Beschränkungen z. B. durch die Ernennung eines Testamentvollstreckers oder wegen Vermächtnissen und anderen Beschwerungen kaum eine praktische Anwendung finden, weil der Kaufvertrag regelrecht auf Grund des vorgelegten Testamentes vereinbart wird und dem Käufer damit diese Verfügungen bekannt gegeben sind (439 gilt in vollem Umfange). 2. Für Fehler der einzelnen Nachlaßsachen haftet der Verkäufer nicht (2376 II). Diese werden so verkauft, wie sie beim Vertragschlusse beschaffen sind.

c) Für die **dingliche Übertragung** des Nachlaßvermögens kennt unser Gesetz einen Gesamtakt nicht. Vielmehr soll jedes Einzelrecht nach den seiner Eigenart entsprechenden Vorschriften einzeln und gesondert veräußert werden. Das steht im Widerspruche mit dem Inhalte des auf die Gesamtveräußerung gerichteten Verpflichtungsgeschäftes. Das Fahrnisvermögen wird praktisch durch einheitliche Gesamtabtretung veräußert; für jedes Liegenschaftsrecht jedoch muß die Rechtsänderung nach sachenrechtlichen und grundbuchrechtlichen Vorschriften bewirkt werden.

III. Die spezifisch **erbrechtlichen Grundsätze.**

a) Der Erbschaftverkauf verfolgt nach dem Willen der Vertragschließenden den Zweck, daß der Käufer den Nachlaß in seinem **ursprünglichen Bestande** erwerben soll, so wie wenn er selbst an Stelle des Erben die Erbschaft erlangt hätte. Hatte der Verkäufer vor dem Abschlusse des Kaufvertrages einzelne Nachlaßgegenstände 1. gegen Entgelt veräußert, so ist dieses als dingliches Surrogat (2374) mitverkauft; 2. unentgeltlich veräußert, belastet oder für sich verbraucht, so muß dem Käufer für die damit verursachte Wertverminderung Ersatz geleistet werden (2375 I). Das gilt naturgemäß nicht, wenn der Käufer diese Verminderungen gekannt hat; ferner nicht bei zufälliger Vermögenseinbuße (2075 II). 3. In Verbindung hiermit steht, daß der Nachlaß auf seinen ursprünglichen Rechtszustand restituiert wird, indem die zunächst durch Rechtsvereinigung gebundenen Rechte wiederaufleben (2377 wie 2143). Das wirkt natürlich auch ein zugunsten des veräußernden Erben.

b) Während der Käufer auf der Aktivseite nur wie ein Erwerber der Summe der Einzelrechte behandelt werden soll: wird er in der **Haftung** für die Nachlaßverbindlichkeiten einem **Gesamtnachfolger an Erbesstatt gleichgestellt.**

1. Der **Erbe bleibt** zwar trotz der Veräußerung der Erbschaft **Schuldner** (2382 „unbeschadet"; gegen 2139, 2145, 2036 und insbesondere gegen KO. 232 I: nur gegen den an Stelle des Erben eingetretenen Erwerber kann der Nachlaßkonkurs eröffnet werden). Es ist aber schwer zu sagen, wie dieser Erbe ohne Erbschaft noch die Abschichtung des Nachlasses zum Zwecke der Haftungsbeschränkung (1975 Nachlaßverwaltung, 1990) vornehmen und wie er der ihm jetzt noch auferlegten Inventarpflicht genügen könnte; und doch darf ihm keineswegs das Recht auf die Haftungsbeschränkung abgesprochen werden. Der etwa erzielte Kaufpreis tritt nicht als Surrogat an die Stelle des Nachlasses. 2. Der Regel des Lebens wird es entsprechen, daß die Nachlaßgläubiger ihre **Ansprüche gegen den Erwerber** des Nachlasses richten. Daß die Schulden an dem Vermögen haften und ihm nachfolgen, ist ein zwingender Rechtsgrundsatz (2382 II wie 419 III). Solche **Überleitung der Haftung** tritt kraft Gesetzes bereits mit dem formgültigen Abschlusse des Kaufvertrages ein (2382 I, 419 I); die schuldrechtliche Verpflichtung zur Übertragung des Nachlasses entfremdet diesen dem Erben und läßt den Gläubiger als Gesamtnachfolger erscheinen. Deshalb wird der Erbe verpflichtet, den Verkauf unverzüglich dem Nachlaßgericht anzuzeigen (2384). Der Erwerber hat alle Rechte der erbrechtlichen Haftungsbeschränkung. Wenn aber der Erbe zur Zeit des Verkaufes bereits unbeschränkbar haftete, muß der Erwerber diese gesteigerte Haftung mitübernehmen (2383 I 2; aber Ersatzanspruch gegen den Verkäufer nach 2376 I).

Kapitel V.

Haftung des Einzelerben für die Nachlaßverbindlichkeiten.

§ 40. Begriff und Arten der Nachlaßverbindlichkeiten.

Nachlaßverbindlichkeiten sind Schuldverpflichtungen, die gegen den Erben als Folge des Erwerbes der Erbschaft entstehen. Der Entstehungsgrund kann verschieden sein. Danach ergeben sich drei Gruppen.

1. Nachlaßverbindlichkeiten im vollkommenen und ursprünglichen Sinne sind die **„vererbten Schulden"**. Sie waren bereits gegen den Erblasser begründet und gehen kraft Gesetzes als mit dem Nachlaß-

vermögen verbundene Bestandteile auf den Gesamtnachfolger über. Das ist die zwingende Rechtsfolge überall, wo ein Vermögen als Ganzes erworben wird. So ist 1967 I zu verstehen; deutlicher gefaßt sind 2382 II, 419 III. Voraussetzung bildet, daß es sich um eine vererbliche Verbindlichkeit handelt, im Gegensatz zu einer solchen, die wie etwa die Verpflichtung aus einem Arbeitsvertrage an die Person des Schuldners gebunden ist und mit seinem Tode erlischt (oben § 4). Keine Nachlaßverbindlichkeit ist die reine sachenrechtliche Haftung z. B. auf Herausgabe einer fremden Sache (985) oder aus einer Grundschuld (1191); der Erbe wird hier nicht als Schuldner, sondern als Besitzer oder Eigentümer belangt. Dagegen bildet das vorgemerkte Recht eine vererbte Schuld; ebenso die durch eine Hypothek gesicherte Verbindlichkeit (vgl. ferner 990 I, 992 II, 1108).

a) Vererbte Schulden sind auch die gegen den Erblasser begründeten bedingten oder befristeten Verbindlichkeiten, wenngleich sich die Bedingung oder die Frist erst nach seinem Tode verwirklicht; ebenso das Darlehnversprechen auf den Todesfall. Ferner die Schadenersatzpflicht aus unerlaubten Handlungen, die Herausgabepflicht wegen ungerechtfertigter Bereicherung. Selbstmord, den der Erblasser im verantwortungsfähigen Geisteszustand begangen hat, kann die Ersatzpflicht gegenüber dem hierdurch geschädigten Gastwirt begründen.

Vererbte Schuld ist die Verpflichtung, die dem Erblasser aus einem Kaufvertrage, Darlehenvertrage oder Leihvertrage gegenüber dem Erben oblag. Die Forderung kann stets von dem Miterbengläubiger gegen die Erbengemeinschaft und von dem Einzelerben geltend gemacht werden, wenn eine Nachlaßabsonderung durch amtliche Verwaltung herbeigeführt worden ist.

b) Die vererbte Schuld geht auf den Erben über mit dem unveränderten Verpflichtungsinhalte, mit dem sie gegen den Erblasser bestanden hatte. Abweichungen nach 1582 II, 1712 II.

II. Als zweite Gruppe treten hinzu die „**Erbfallschulden**". Sie werden von mir so benannt, weil sie als vom Erblasser neu erzeugte Verbindlichkeiten ihre Entstehung und Ursache aus dem Erbfall nehmen. Die Schuldverpflichtung entsteht beim Erben nicht sowohl auf Grund der Nachfolge in das Erbgut, sondern als eine mit dessen Erwerb verknüpfte Beschwerung. Erbfallschulden sind: 1. die Verbindlichkeiten aus Pflichtteilansprüchen, die kraft Gesetzes auf Grund der enterbenden Verfügung des Erblassers (2303) entstehen; 2. die vom Erblasser positiv angeordneten Vermächtnisse und 3. Auflagen. Den Vermächtnissen werden gleichbehandelt die gesetzlichen Ansprüche des überlebenden Ehegatten auf den Voraus (1932) und das Recht des **Dreißigsten**, wonach die zum Hausstande des Erblassers gehörenden und von ihm verpflegten Familienangehörigen noch dreißig Tage lang nach dem Erbfalle vom Erben Unterhalt und Unterkunft wie bisher verlangen können (1969; die praktische Durchführung kann durch die Anordnung des Mieteinigungsamtes vereitelt oder gemindert werden).

III. Die dritte Gruppe wird gebildet von den **„reinen Nachlaßschulden"**, die weder vom Erblasser herstammen noch von ihm angeordnet sind, sondern im wesentlichen aus dem Erbfalle und aus der Verwaltung des Nachlasses neu entstehen. Sie erscheinen als Masseschulden, die objektiv am Nachlaßvermögen haften und aus ihm zu befriedigen sind.

Hierher gehören: 1. Die öffentlichrechtlichen wie privatrechtlichen Lasten des Nachlasses (wie Grundsteuern und Hypothekenzinsen) und die Kosten, die etwa infolge der Todeserklärung des Erblassers oder durch die Anordnung einer Nachlaßpflegschaft, das Gläubigeraufgebot, die Inventarerrichtung entstehen (KO. 224 Nr. 3, 4). Die Kosten für die Ausschlagung der Erbschaft sind dagegen persönliche Schulden des Berufenen. 2. Verbindlichkeiten, die der Nachlaßverwalter oder Testamentvollstrecker auf Grund seiner Verwaltungsmacht für Rechnung des Nachlasses eingeht (1915, 1987, 2221; KO. 224, Nr. 4—6). Das kann auch vom Erben selbst geschehen, der den Nachlaß vorläufig in seine Selbstverwaltung genommen hatte, die Schulden aber nur für den Nachlaß mit Rücksicht auf dessen spätere Absonderung zum Zwecke der Haftungsbeschränkung (1975, 1990) eingegangen ist (bestritten). Die Erbschaftsteuer dagegen ist eine persönliche Schuld des Erwerbers des Nachlasses (Erbschaftsteuergesetz § 18). 3. Die Kosten der standesmäßigen Beerdigung des Erblassers (1968). Auch der Feuerbestattung. Vgl. RG. 100, 171; Erbschaftsteuergesetz § 12 IV Nr. 1.

IV. Den Gegensatz zu den Nachlaßverbindlichkeiten bilden die **„Eigenschulden" des Erben.** Sie verhaften stets sein „Eigenvermögen" und regelmäßig auch den ererbten Nachlaß. Eine Eigenschuld des Erben entsteht auch aus der schuldhaften Verletzung einer Nachlaßverbindlichkeit; der Erbe gerät mit der Erfüllung einer vererbten Schuld in Verzug oder er vereitelt die Erfüllung eines Vermächtnisses durch schuldhafte Zerstörung oder Veräußerung des vermachten Gegenstandes.

§ 41. Die Grundsätze über die Erbenhaftung.

I. Das Verständnis für die Haftungsgrundsätze des BGB hängt ab von der scharfen Unterscheidung der Begriffe Schuld und Haftung.

a) **„Schuld"** heißt die persönliche Verpflichtung zu einer vermögenswertigen Leistung. Sie ergreift den Schuldner nicht in Person, sondern als das Subjekt seines Vermögens; sie verstrickt dieses Vermögen: wo das Vermögen hingeht, folgen ihm die Schulden nach. Das **„Wofür"** der Haftung wird aus dem Schuldgrunde abgemessen; Inhalt und Umfang bleiben unverändert, auch wenn eine Rechtsnachfolge stattfindet. Daraus ergibt sich: durch den Erwerb der Erbschaft ist der Erbe Schuldner an Stelle des Erblassers geworden; die Schulden des Erblassers sind jetzt die persönlichen Schulden des Erben.

Im Gegensatze dazu steht die reine Sachhaftung, deren deutlichstes Vorbild die Grundschuld bietet. Hier hat der Berechtigte das dinglich gesicherte Recht auf Befriedigung seines Geldanspruches aus dem Werte des belasteten Grundstücks (1191) und nur aus diesem Einzelobjekt. Der Schuldanspruch dagegen ergreift das Vermögen des Schuldners als Ganzes; dies auch dann, wenn die Forderung zunächst nur auf die Leistung der einzelnen gekauften Sache abgestellt ist.

b) „**Haftung**" bedeutet rechtliche Gebundenheit, die Unterwerfung unter den Zugriff des Leistungsberechtigten. Hier tritt entscheidend hervor das „**Womit**" für den Befriedigungsanspruch des Gläubigers. Grundsätzlich haftet der Schuldner für den vollen Betrag aller Schulden mit seinem ganzen Vermögen: daher der Erbe für die Eigenschulden wie für die Nachlaßverbindlichkeiten mit dem aus dem Eigenvermögen und dem Nachlaß zusammengewachsenen Gesamtvermögen. Aber das ist keine zwingende Folgerung. Da die Schuld für die Nachlaßverbindlichkeiten objektiv begründet wird durch den Erwerb des Nachlasses, scheint es gerecht, daß die Haftung des Erben für sie objektiv begrenzt werden darf auf dieses Sondervermögen. Die Nachlaßgläubiger werden damit nicht geschädigt, weil sie von sich aus keinen Anspruch auf Befriedigung aus dem Eigenvermögen des Erben ihres Schuldners hatten (dazu 768, 1137: die Haftungsbegrenzung tritt nur zugunsten des Erben ein, sie mindert nicht die Schuldverpflichtung).

c) Damit wird klar, daß der Haftungsbegriff in Gestalt der **objektiv auf ein Sondervermögen begrenzten Haftung** die wichtigste Anwendung bei der Erbenhaftung findet. Wir halten dabei fest: 1. die Haftungsbeschränkung bewirkt keine Kürzung der Schuldverpflichtung und 2. jede Haftungsbeschränkung setzt zwingend voraus die Abschichtung des Nachlasses als eines festumschriebenen Sondervermögens. Wie diese Abschichtung vorzunehmen sei, das ist das eigentliche Problem der Beschränkbarkeit der Erbenhaftung.

II. Die im BGB. für die Haftung des Erben aufgestellte Ordnung (1967—2017) entbehrt der erforderlichen Klarheit und Einheitlichkeit.

a) Sie bezieht sich, was im Gesetze nicht deutlich genug hervortritt, grundsätzlich bloß auf die Rechtslage des **Einzelerben.** Für den regelmäßigen Fall, daß Miterben eintreten, gelten besondere Regeln; denn hierbei bleibt der Nachlaß zunächst ein abgeschichtetes Gesamtgutsondervermögen.

b) Man muß sich ferner stets darüber klar sein, daß die gesetzliche Haftungsordnung nur auf den **pathologischen Ausnahmefall** berechnet ist, wo der Nachlaß zur Deckung seiner Schulden nicht ausreicht. Genügt er hierfür, was in weitaus den meisten Fällen zutreffen wird, so hat die Haftungsbeschränkung gar keine Bedeutung: Nachlaß und Eigenvermögen des Erben vereinigen sich zu einem ungeschiedenen Gesamtvermögen, das einheitlich für alle Nachlaßverbindlichkeiten und Eigenschulden haftet. Dieser **Regelfall** des Lebens erscheint im Gesetze nur als Ausnahme; die unbeschränkte Haftung wird nicht als die normale ordnungsmäßige Rechtslage vorangestellt, sondern wie ein durch Verletzung der Inventarpflicht verwirkter Rechtsnachteil behandelt (in 2013 unklar und kaum verständlich).

c) Dieses Verfahren der Gesetzgebung ist damit zu erklären, daß man die bisher geltenden Rechtsgrundsätze fortbilden wollte, dabei aber zu einer einheitlichen Neubildung nicht durchgedrungen ist. Die rechtliche Möglichkeit der Haftungsbeschränkung nimmt ihren Ursprung von dem **Inventarrechte Justinians**, das in dem Grundgedanken gipfelte: durch rechtzeitige Errichtung eines getreuen Inventars über den Nachlaßbestand kann der Erbe den Nachlaß als Sondervermögen erhalten und seine Haftung für die Nachlaßschulden auf dieses begrenzen. Das ist das Prinzip, das auch heute die Grundlage für jede Haftungsbeschränkung bilden muß. Die Frage ist nur die, wie und wann die rechtliche Feststellung und Abschichtung des Nachlaßvermögens stattfinden soll. Das BGB. hat sich nach verschiedenen Schwankungen dahin entschieden, daß die Errichtung eines Nachlaßinventars keine zwingende Voraussetzung für die Haftungsbeschränkung bildet und für sich allein dazu auch nicht genügt. Es stellt dem Erben dafür andere Rechtsbehelfe zur Verfügung. Gleichwohl spielt das Inventar eine wichtige Rolle. Auf Antrag eines Nachlaßgläubigers hat das Gericht dem Erben eine Frist zur Errichtung eines getreuen Inventars zu setzen; verletzt er diese ihm auferlegte Inventarpflicht, so verliert er das Recht zur Haftungsbeschränkung. Das läßt sich logisch in den Aufbau des Gesetzes nur einfügen, wenn wir als Grund des Rechtsverlustes einstellen: durch die Verletzung der Inventarpflicht ist die gesicherte Feststellung des Nachlaßbestandes vereitelt worden, es gibt kein Sondervermögen, auf das die Nachlaßgläubiger verwiesen werden könnten. Aber dieselbe Rechtslage tritt auch überall ein, wo der Erbe den Nachlaß ununterscheidbar mit seinem Eigenvermögen vermischt hat, und hierbei ist die unbeschränkbare Haftung kein gleichsam als Strafe angedrohter Rechtsnachteil, sondern die gewollte und durchweg normale Rechtsfolge.

III. Nach dem Gesetze gelten für die Haftung des Einzelerben folgende Grundsätze.

a) Der Erbe nimmt den Nachlaß zunächst in seine **private Selbstverwaltung**. Hier stehen ihm eine Reihe von Sicherungsbehelfen zu gebote (Aufgebot der Nachlaßgläubiger, Vorbehalt im

Urteil, aufschiebende Einreden), durch die er sein Recht auf Haftungsbeschränkung erhalten kann.

b) Er kann sich dann entscheiden, daß er:

1. entweder Nachlaß und Eigenvermögen **ununterscheidbar vereinigt** und damit die **Vollhaftung** mit dem Gesamtvermögen auch für alle Nachlaßverbindlichkeiten übernimmt. Er kann das zu Ehren des Erblassers auch tun, wenn der Nachlaß überschuldet ist. Die Vermögensvereinigung wird verhindert, wenn ein Nachlaßgläubiger die Nachlaßabsonderung herbeiführt zum Zwecke der abgesonderten Alleinbefriedigung aus dem Nachlasse (1981 II); vor allem weil der Erbe selbst überschuldet ist;

2. oder daß er die **Abschichtung des Nachlasses** erwirkt, um die Haftung für die Nachlaßverbindlichkeiten auf ihn zu begrenzen. Eine gesetzliche Frist besteht dafür nicht. Es ist mithin falsch, daß Nachlaß und Eigenvermögen des Einzelerben mit dem Erwerbe der Erbschaft kraft Gesetzes sich zu einem einheitlichen Vermögen vereinigten.

c) Die **Nachlaßabschichtung wird durchgeführt:**

1. durch den Antrag auf Anordnung der amtlichen Nachlaßverwaltung ohne weitere Voraussetzungen (1981 I);

2. durch den Antrag auf Eröffnung des Nachlaßkonkurses, wenn der Nachlaß überschuldet ist (Pflicht dazu 1980);

3. durch die Vollstreckungspreisgabe und Erschöpfungseinrede nach 1990, wenn der Nachlaß nicht einmal für die Kosten des Konkursverfahrens ausreicht.

d) Die Nachlaßabschichtung ist **ausgeschlossen,** wenn der Erbe die ihm gerichtlich auferlegte Inventarpflicht verletzt hat.

IV. Die Frage, welches **Haftungsprinzip** dem Gesetze zugrunde liege, ist dahin zu beantworten: 1. Der Einzelerbe haftet vorläufig stets **„beschränkbar"**. Denn das Recht, die Beschränkung der Haftung auf den Nachlaß durchzuführen, steht ihm ohne jede Voraussetzung und Frist zu. 2. Er setzt dieses Recht durch und haftet nunmehr **„beschränkt"**, wenn er von den gesetzlichen Rechtsbehelfen ordnungsmäßig Gebrauch gemacht hat. 3. Er haftet **„unbeschränkbar"**, wenn er die Inventarpflicht verletzt hat.

Stellt man die Frage jedoch darauf ab, welche Gestaltung der **Regel des Lebens** entspreche, so kann die Antwort nur lauten: der Erbe übernimmt die **Vollhaftung** für alle Schulden mit seinem Gesamtvermögen; die haftungsbeschränkenden Behelfe des Gesetzes werden nur angewandt, wenn er eine überschuldete Erbschaft angenommen (und nicht vorsichtiger ausgeschlagen) hat.

Die Verwaltung des Nachlasses durch einen Testamentvollstrecker bewirkt noch keine Beschränkung der Haftung auf den Nachlaßbestand.

§ 42. Der Rechtszustand der beschränkbaren Haftung.

I. Mit dem Erwerbe der Erbschaft tritt ein rechtlicher Schwebezustand ein: der Erbe haftet weder beschränkt nur mit dem Nachlaß, noch endgültig unbeschränkt mit dem Gesamtvermögen. Er kann grundsätzlich jederzeit noch den Nachlaß abschichten und damit seine Haftung auf ihn begrenzen. Mithin haftet er **beschränkbar.**

a) Vorläufig steht der Nachlaß unter der privaten Selbstverwaltung des Erben. Er muß aber, wenn er später die Nachlaßgläubiger auf den Nachlaßbestand verweisen will, die Verantwortung dafür tragen, daß er ihnen alle Nachlaßgegenstände so bereit stellt, wie sie beim Erbfall vorhanden waren und bei einer im Gemeininteresse dieser Gläubiger geführten Verwaltung beschaffen sein müssen. Das Gesetz stellt diese Verpflichtung unter den Gedanken, daß der Erbe die Verwaltung **als Beauftragter** der Nachlaßgläubiger geführt hat (1978 I; vor der Annahme hat er als Geschäftsführer ohne Auftrag gehandelt, oben § 37). Hat der Erbe diese Pflichten verletzt, indem er z. B. Nachlaßgegenstände an Dritte veräußert oder mit Nachlaßmitteln seine eigenen Schulden tilgt, so haftet er den Nachlaßgläubigern auf Ersatz mit seinem eigenen Vermögen (1978 II). Das alles steht unter dem (im Gesetze nicht ausgesprochenen) Grundsatze, daß der Nachlaß in seiner Identität erhalten und durch die Ersatzansprüche wiederhergestellt werden muß, wenn eine Haftungsbegrenzung durch Nachlaßabschichtung vorgenommen werden soll.

b) Die Rechtsstellung als beauftragter Verwalter legitimiert den Erben zur **Berichtigung einzelner Nachlaßverbindlichkeiten** und zur Verfügung über die hierfür erforderlichen Nachlaßgegenstände. Die übrigen Gläubiger müssen diese Verfügung als für Rechnung des Nachlasses erfolgt gelten lassen (1979). Aber nur dann, wenn der Erbe sein Verfahren damit rechtfertigen kann, daß er den Umständen nach annehmen durfte, der Nachlaß werde zur Befriedigung aller Verbindlichkeiten ausreichen. Hier ist Vorsicht geboten (vgl. 1980 II, auch 2014 f.).

II. Von größter Bedeutung ist der (in die ZPO. 780 geratene) **Vorbehalt der Beschränkbarkeit der Haftung in dem** gegen den Erben wegen einer Nachlaßverbindlichkeit ergehenden **Urteil.** Der Urteilspruch verleiht Vollstreckung in alle pfändbaren Vermögensgegenstände des Schuldners; gegen das Urteil gibt es keine erbrechtliche Haftungsbeschränkung. Will der Erbe sich diese erhalten, so muß er im Rechtsstreite beantragen, daß ausdrücklich im Urteil die **Begrenzung der Vollstreckbarkeit** auf den Nachlaßbestand vorbehalten wird. Dieses rechtserhaltende Gegenrecht steht dem Erben ohne weitere Voraussetzung zu. Der Richter muß darauf eingehen: 1. entweder durch schlichte Einsetzung des Vorbehaltes in den Urteilstenor, worauf die Entscheidung über den wirklichen Haftungsumfang in das Zwangsvollstreckungsverfahren verwiesen wird (ZPO. 781, 785); 2. oder indem er selbst die materielle Rechtslage prüft und endgültig entscheidet, daß der Erbe das Recht der Haftungsbeschränkung verloren hat und für den Urteilsanspruch mit seinem Gesamtvermögen haftet. — Hat der Erbe es versäumt, den Vorbehalt zu erwirken, so kann er sein Eigenvermögen gegen die Vollstreckung aus diesem Urteil nicht mehr freistellen. Eines Urteilsvorbehaltes bedarf es nicht, wenn die Klage gegen den Fiskus als gesetzlichen Erben oder gegen einen Nachlaßpfleger, Nachlaßverwalter, Testamentvollstrecker gerichtet ist (ZPO. 780 II); denn in diesen Fällen hat der Erbe kraft Gesetzes das unverlierbare Recht auf Haftungsbeschränkung.

III. Das Recht auf die Beschränkbarkeit der Haftung soll durch den voreiligen Vollstreckungszugriff der Gläubiger nicht verwirrt werden. Binnen einer **Schutzfrist,** die regelmäßig drei Monate von der Annahme der Erbschaft an beträgt, darf der Erbe daher die Berichtigung der Nachlaßverbindlichkeiten verweigern.

a) Es handelt sich um das Recht des selbstverwaltenden Erben auf **Vollstreckungshemmung**. Das Gesetz spricht dabei von **„aufschiebenden Einreden“** (2014—2017). Aber eine echte materielle Einrede im Sinne eines Leistungsverweigerungsrechtes wird nicht verliehen. Der Gläubiger wird nicht gehindert, seinen Anspruch gegen den Erben durch die Leistungsklage zu verfolgen und gegen ihn die Verurteilung zu erwirken. Die einzige Schutzwirkung ist, daß die Zwangsvollstreckung auf die Arrestmaßregeln beschränkt wird; das gilt gegenüber den Nachlaßgläubigern und den Eigengläubigern des Erben (ZPO. 782, 783 gegenüber der unklaren Fassung des BGB. 2014). Außerdem kann der Erbe diese Schutzfolge nicht durch einredeweise Verteidigung erwirken, sondern er muß sie angriffsweise durch die Vollstreckungsgegenklage erstreiten (ZPO. 785).

b) Die Schutzfrist schafft **kein Moratorium**; weder die Schuld, noch die Haftung des Erben werden beschränkt. Darum wird auch die Erfüllungspflicht nicht kraft Gesetzes hinausgeschoben. Der Erbe macht das Schutzrecht in eigenem Interesse und auf eigene Gefahr geltend. Er haftet mithin dem Gläubiger für den aus der Vollstreckungshemmung entstehenden Schaden, insbesondere für Verzugzinsen und Vertragstrafen (bestritten; wie hier RG. 79, 204). Das gilt schlechthin, wenn der Nachlaß zur Befriedigung aller Nachlaßverbindlichkeiten ausreichte; trifft dieses jedoch nicht zu, dann kann der Erbe gegenüber den Schadenersatzansprüchen sein Recht auf Beschränkung der Haftung durchsetzen.

c) Die Eigengläubiger des Erben sollen sich an dessen Eigenvermögen halten; ihr Zugriff auf den Nachlaß wird durch das Schutzrecht vorab gehemmt. Die Nachlaßgläubiger werden innerhalb der Schutzfrist von der Vollstreckung sowohl in das Eigenvermögen des Erben als auch in den Nachlaß ferngehalten. Haftet der Erbe bereits unbeschränkbar, so hat die Schutzfrist keinen Zweck (2016 I).

§ 43. Ausschließung einzelner Nachlaßverbindlichkeiten durch Aufgebot und Verschweigung.

I. Jedem Erben sollen rechtliche Behelfe zu Gebote stehen, um sich Gewißheit über die Höhe der Nachlaßschulden zu verschaffen. Denn davon hängt ab, ob er Mittel zur Beschränkung seiner Haftung ergreifen will und welche er anwenden soll (vgl. 1980). Ein Bedürfnis nach solcher Kundbarmachung besteht nur hinsichtlich der vererbten schuldrechtlichen Nachlaßforderungen. Denn die Erbfallschulden kann der Erbe aus den ihm eröffneten Verfügungen des Erblassers (1972) und die Pfandrechte wie die sonstigen dinglichen Befriedigungsansprüche kann er aus dem Grundbuche oder dem Besitz des Pfandgläubigers erkennen (1971; soweit dagegen aus einer Hypothek die persönliche Verpflichtung wegen der Zinsrückstände oder des Ausfalles bei der Zwangsversteigerung geltend gemacht werden soll, tritt die Pflicht zur Kundbarmachung wieder in Anwendung, dazu Zw.V.G. 175).

Die Schutzmaßregel bezieht sich nicht auf den Fall, in dem der Erbe schuldhaft eine vererbte Verbindlichkeit verletzt hat; denn hierfür haftet er persönlich auf Schadenersatz. Vgl. RG. 92, 344.

II. Das wichtigste Mittel für diesen Zweck bietet der präkludierende **Schuldenruf durch das Aufgebot** zur gerichtlichen Anmeldung aller vererbten schuldrechtlichen Nachlaßverbindlichkeiten (1970). Die nicht rechtzeitig angemeldete Forderung wird durch das Ausschlußurteil „ausgeschlossen".

a) Das Aufgebot erfolgt auf Antrag des Erben, Testamentvollstreckers oder Nachlaßpflegers; es hat nur dann einen Zweck und ist darum nur zulässig, wenn der Erbe noch beschränkbar haftet (ZPO. 991). Das Amtsgericht erläßt die öffentliche gerichtliche Aufforderung, die anmeldungspflichtigen Nachlaßforderungen innerhalb der Aufgebotfrist bei ihm anzumelden und fügt die Androhung hinzu über die Rechtsnachteile, die sich aus der Unterlassung der Anmeldung ergeben werden. Nach Ablauf der Frist wird ein Aufgebottermin abgehalten, in dem das Ausschlußurteil erlassen wird. Das Verfahren ist eingehend geregelt in ZPO. 946 f. und insbesondere 989—1000.

b) Daß eine Forderung (nicht, wie 1973 sagt, der Nachlaßgläubiger) **„ausgeschlossen"** wird, bedeutet keineswegs die Einbuße des Forderungsrechtes. Der Rechtsnachteil besteht vielmehr darin: 1. Aus dem Nachlaß sind zuerst die rechtzeitig angemeldeten vererbten Schulden zu decken; für die ausgeschlossenen Forderungen kann Befriedigung nur aus dem alsdann noch verbliebenen Überschuß verlangt werden (1973 I 1, ZPO. 995). Ausschließung bewirkt also Zurückstellung im Rang, wenn der Nachlaß nicht zur Befriedigung aller ausreicht. 2. Die Erbfallschulden darf der Erbe ausrichten aus dem Überschuß, der vom Nachlaß nach Befriedigung der angemeldeten vererbten Forderungen verblieben ist; wenn aber eine ausgeschlossene Forderung nachträglich geltend gemacht wird, kann ihre Befriedigung vorzugsweise vor den in diesem Zeitpunkte noch nicht ausgezahlten Erbfallschulden begehrt werden (1973 I 2). Ferner KO.219.

c) Gegenüber der ausgeschlossenen Nachlaßverbindlichkeit hat der Erbe endgültig die Haftungsbeschränkung auf den Nachlaßrest erwirkt. Er führt dieses Recht durch nach den Grundsätzen der Vollstreckungspreisgabe in Verbindung mit der materiellrechtlichen Erschöpfungseinrede (1973 II, 1990, 1992; darum Haftung nur auf die noch vorhandene Bereicherung, 818 III; RG. 81, 205).

III. Die gleiche Wirkung wie beim Aufgebot tritt ein durch die **Verschweigung der Nachlaßforderung** (1974). Es ist vom Gläubiger eines vererbten schuldrechtlichen Anspruches zu verlangen, daß er sich rührt und seine Forderung irgendwie dem Erben kundgibt. Die Frist dafür beträgt fünf Jahre, nachdem der Eintritt des Erbfalls festgestellt ist. Keiner Bekanntgebung bedürfen und darum werden nicht verschwiegen die Forderungen, die wie gemeinhin alle Erbfallschulden dem Erben bereits anderweitig zur Kenntnis gelangt sind. Der verschwiegene Anspruch wird dem durch Aufgebot ausgeschlossenen gleich behandelt.

Nachlaßverwaltung im Interesse des Erben und Nachlaßabsonderung im Interesse der Nachlaßgläubiger. § 44.

I. **Nachlaßverwaltung** im weiteren Sinne ist die zum Zwecke der Befriedigung der Nachlaßgläubiger angeordnete Nachlaßpflegschaft (1975). Im engeren Sinne, der hier zunächst in Betracht kommt, ist sie die durch amtliche Verwaltung bewirkte Abschichtung des Nachlasses **im Interesse des Erben,** um sein Eigenvermögen von der Haftung für die Nachlaßverbindlichkeiten freizustellen. Sie erscheint als der normale Rechtsbehelf, durch den für die Dauer der Nachlaßverwaltung die erbrechtliche Haftungsbeschränkung durchgeführt wird. Als allgemeine Voraussetzung (wegen 1980, 1985 II) gilt, daß der Nachlaß nicht überschuldet ist, vielmehr zur Befriedigung der vererbten Nachlaßverbindlichkeiten ausreicht.

Diese Nachlaßverwaltung wird nur auf **Antrag des Erben** vom Nachlaßgericht angeordnet (1981 I; Miterben gemeinschaftlich 2062). Eine Frist gilt hierfür nicht; auch keine weitere Begründung. Der Antrag ist jedoch abzulehnen, wenn der Erbe für sämtliche Nachlaßverbindlichkeiten bereits unbeschränkbar haftet (2013 I 1; denn hier hat die Verwaltung keinen Zweck mehr) oder wenn die Kosten der Verwaltung weder aus dem Nachlaß noch vom Erben gedeckt werden

(1982). Die Nachlaßverwaltung tritt in Kraft mit ihrer Anordnung, die durch amtliche Bekanntmachung an den Antragsteller oder den bestellten Nachlaßverwalter zu erfolgen hat (FGG. 16). Die Anordnung ist öffentlich bekannt zu machen (1983) und wird auf Antrag des Verwalters oder auf Ersuchen des Gerichts im Grundbuch eingetragen (nach 1984 I 2 und KO. 7, 113; bestritten).

II. Mit der Anordnung der Nachlaßverwaltung tritt kraft Gesetzes die **Abschichtung des Nachlasses vom Eigenvermögen** des Erben ein.

a) Der Nachlaß untersteht jetzt der **ausschließlichen Verwaltung und Verfügung des Nachlaßverwalters.** Beide Rechte sind daher dem Erben kraft Gesetzes entzogen (1984 I 1). Der Erbe bleibt zwar Eigentümer, Gläubiger und Schuldner aller Nachlaßrechte; aber seine nunmehr vorgenommenen Verfügungen und Rechtshandlungen betreffen ein seiner Rechtsmacht entzogenes Vermögen: sie sind den Nachlaßgläubigern gegenüber unwirksam (1984 I 2, 135 I; KO. 7 I).

1. Die eigenmächtigen Rechtshandlungen des Erben sind keineswegs nichtig, sondern es tritt eine relative, auf den Personenkreis der Nachlaßgläubiger **begrenzte Unwirksamkeit** ein und zwar soweit, als durch die Rechtshandlung die Befriedigung der Nachlaßgläubiger aus dem Nachlasse geschmälert oder vereitelt werden würde. — 2. Nur der Nachlaßverwalter kann die Unwirksamkeit geltend machen; nicht der Erbe und nicht der beteiligte Dritte. Der Verwalter kann die vom Erben veräußerte Nachlaßsache ohne weiteres von dem Erwerber herausverlangen oder den vom Erben geschlossenen Vergleich ablehnen. Wenn er dagegen eine solche Rechtshandlung als eine den Nachlaßgläubigern vorteilhafte anerkennt, darf er sie auch bestätigen und in Geltung setzen. — 3. Eigenartig ist, daß der gutgläubige Dritte beim Erwerbe einer **Nachlaßfahrnis nicht** geschützt wird. Auch dann nicht, wenn der veräußernde Erbe im Besitze dieser Fahrnis war. Die durch die Besitzgewalt sonst geschaffene Legitimation zur Verfügung wird im vorliegenden Falle durch die gesetzliche Verfügungsbeschränkung ausgeschaltet. Für die weitere Veräußerung durch den Erwerber greifen dagegen 932, 135 II bestätigend ein. — 4. Im Gegensatz hierzu wird der **öffentliche Glaube des Grundbuches** durch die bloß relativ wirkende Verfügungsbeschränkung nicht ausgeschaltet. Der rechtsgeschäftliche Erwerb des Dritten, dem der Erbe z. B. eine Hypothek an einem Nachlaßgrundstück bestellt hat, ist unangreifbar, wenn nicht bewiesen werden kann, daß im Zeitpunkte des Rechtserwerbs die Anordnung der Nachlaßverwaltung bereits im Grundbuch eingetragen oder dem Erwerber sonstwie bekannt geworden war (892). Darum ist es die Pflicht des Nachlaßverwalters wie des Nachlaßgerichtes für unverzügliche Eintragung der Nachlaßverwaltung in das Grundbuch zu sorgen. Vgl. zu alledem 1984 I und danach KO. 7.

b) Der Nachlaß wird abgeschichtet, damit er **ausschließlich zur Befriedigung der Nachlaßverbindlichkeiten** diene.

1. Der rechte Beklagte für einen gegen den Nachlaß gerichteten Anspruch ist nur der Nachlaßverwalter (1984 I 3); der Erbe wie der Testamentvollstrecker sind dafür nicht mehr passivlegitimiert. Eines Vorbehaltes der Haftungsbeschränkung im Urteil bedarf der Verwalter nicht (ZPO. 780 II), weil sich seine Verfügungsmacht nur auf den Nachlaß erstreckt.

2. Den Anspruch auf Befriedigung aus dem Nachlaß kann nur ein Nachlaßgläubiger erheben und durchsetzen. Hatte er bereits vor der Anordnung der Verwaltung einen vollstreckbaren Titel gegen den Erben erlangt, so wird er an der Zwangsvollstreckung in den Nachlaß nicht gehindert, da ja vorausgesetzt wird, daß der Nachlaß zur Befriedigung aller Nachlaßverbindlichkeiten ausreicht.

3. Dagegen wird jede Vollstreckungsmaßregel eines **Erbengläubigers** in den Nachlaß schlechthin ausgeschlossen (1984 II). Die von ihm vor der Anordnung der Nachlaßverwaltung erwirkte Vollstreckungsmaßregel ist auf die Klage des Nachlaßverwalters aufzuheben (ZPO. 784 II).

4. Das **Eigenvermögen** des Erben steht dem Zugriffe der Erbengläubiger frei; es soll grundsätzlich dem Zugriffe der Nachlaßgläubiger entzogen sein. Diese Wirkung der Haftungsbegrenzung kann aber nur der Erbe selbst durchsetzen: indem er die Aufhebung einer vor der Anordnung der Nachlaßverwaltung von einem Nachlaßgläubiger in das Eigenvermögen bewirkten Vollstreckungsmaßregel durch Klage verlangt (ZPO. 784 I). Dieses Recht steht dem Erben aber nicht zu, wenn er für die einzelne vollstreckte Nachlaßverbindlichkeit unbeschränkbar haftet (nach 2013 I 1, 2006 III und ZPO. 780 I, weil er keinen Vorbehalt im Urteil erwirkt hatte).

III. Die Nachlaßverwaltung ist eine Nachlaßpflegschaft im Sinne einer Vermögensverwaltung (1915). Der **Verwalter** übt sie aus **kraft Amtes** und aus eigener Machtbefugnis, nicht als Vertreter des Erben oder der Nachlaßgläubiger (so auch ständig das RG. 72, 261; 81, 292; 88, 264; aber bestritten).

a) Die Tätigkeit des Verwalters hat damit zu beginnen, daß er den gesamten Nachlaß in eigene Verwaltung und Verfügung nimmt. Den Verwaltungsbesitz hat er aus eigener Machtbefugnis zu ergreifen; der Erbe wie der Testamentvollstrecker sind zur Herausgabe, Auskunft und Rechenschaftlegung verpflichtet (1978 I, 1959 I; 259, 260; Ersatzansprüche nach 1978 II).

b) Seine wichtigste Aufgabe bildet die ordnungsmäßige **Befriedigung aller Nachlaßverbindlichkeiten.** Für die sorgfältige Erfüllung seiner Pflichten (besonders 1980) haftet er dem Erben wie den Nachlaßgläubigern mit seinem eigenen Vermögen (1985). Gegen offensichtlichen Mißbrauch des Verwaltungsrechtes kann die Hilfe des Nachlaßgerichtes angerufen werden (1837, 1962 und Haftung des Nachlaßgerichtes nach 839).

c) Sind alle bekannten Nachlaßverbindlichkeiten berichtigt, so ist der verbliebene Überschuß dem Erben auszuantworten (1986; an Miterben gemeinschaftlich). Die Nachlaßverwaltung ist, wenn ihr Zweck ordnungsmäßig erfüllt ist (ferner nach 1988) durch Aufhebungsbeschluß des Nachlaßgerichtes zu beendigen. Mit dem erhaltenen Überschuß haftet der Erbe nunmehr für die noch nicht befriedigten Nachlaßverbindlichkeiten, insbesondere für die ausgeschlossenen, beschränkbar (wobei besonders die Erschöpfungseinrede nach 1990, 1973 zur Anwendung kommt).

IV. Eine besondere Bedeutung und Zweckbestimmung hat die von den **Nachlaßgläubigern** erwirkte „**Absonderung des Nachlasses**" (das tritt in 1981 nicht hervor). Durch die bisher behandelte Nachlaßabschichtung will der Erbe sein Eigenvermögen vor der Haftung für die Nachlaßverbindlichkeiten sicherstellen. Der Erbe wird dies tun, wenn ihm die Zahlungsfähigkeit des Nachlasses bedenklich erscheint; wenn dagegen der Nachlaß gut, das Eigenvermögen des Erben jedoch überschuldet ist, wird ihm die Vereinigung der Vermögensmassen und die einheitliche Haftung für alle Schulden willkommen sein. Solche Gesamthaftung aber widerspricht dem Interesse der Nachlaßgläubiger: sie allein wollen sich aus dem Nachlaß befriedigen und die **Konkurrenz der Erbengläubiger ausschließen.** Das ist der Sinn der von ihnen erwirkten Vermögenssonderung (separatio bonorum). Sie gehört nur deshalb in den Zusammenhang mit der Haftungsbeschränkung, weil das BGB. mit ihr die (begrifflich keineswegs notwendige) Reflexwirkung verknüpft, daß für die Dauer der angeordneten Nachlaßverwaltung den Nachlaßgläubigern der Zugriff in das Eigenvermögen des Erben entzogen wird (1975).

Die Absonderung wird erreicht durch die gerichtliche Anordnung der Nachlaßverwaltung. Dieser Eingriff in das Recht des Erben zur freien Verfügung über die Erbschaft muß durch den Nachweis **gerechtfertigt werden**, daß die Befriedigung der Nachlaßgläubiger aus dem Nachlasse durch das unzuverlässige Verhalten des Erben oder durch seine ungünstige Vermögenslage gefährdet sei (1981 II). Der Antrag auf Anordnung der Nachlaßverwaltung kann von jedem, auch dem ausgeschlossenen Nachlaßgläubiger gestellt werden; jedoch nur binnen zweier Jahre seit der Annahme der Erbschaft. Er ist zulässig, obgleich der Erbe für die Nachlaßverbindlichkeiten bereits unbeschränkbar haftet (vgl. 2013 I 1 am Schlusse).

Im übrigen gelten auch für diese Nachlaßverwaltung die dargelegten allgemeinen Regeln.

Nachlaßkonkurs. § 45.

I. Der **Nachlaßkonkurs** bildet das ordnungsmäßige Mittel, durch das der Erbe bei Überschuldung des Nachlasses seine Haftung für die Nachlaßverbindlichkeiten auf den Nachlaß beschränkt.

Diese Konkursart ist eine Neuschöpfung des BGB. 1975, die in KO. 214—235 die genauere Ausbildung gefunden hat. Sie wird vom Gesetze durch Einrechnung der Pflichtteilansprüche in die Schuldenmasse geradezu begünstigt (1980 I 2). Das hat sich im Verkehrsleben nicht bewährt, weil das Konkursverfahren viele Werte vernichtet und infolge seiner langen Dauer heute mehr als je die Gläubigerrechte gefährdet. Eine Abhilfe wird erstrebt durch die Bekanntmachung des Bundesrates vom 14. Dezember 1916 „über die Geschäftsaufsicht zur Abwendung des Konkurses". Sie findet Anwendung auf jeden, der infolge des Krieges zahlungsunfähig geworden ist, sofern die Aussicht besteht, daß die Zahlungsunfähigkeit nach Wegfall der Kriegsverhältnisse (die heute im Jahre 1923 noch fortwirken) behoben werden wird (§ 1). Die Geschäftsaufsicht (Selbstverwaltung des Schuldners unter Überwachung durch Aufsichtspersonen, § 2) soll die Eröffnung des Konkurses verhüten. Sie bewirkt wie der Nachlaßkonkurs die Haftungsbeschränkung des Erben (§ 73). Wesentlich begünstigt wird der Abschluß eines Zwangsvergleiches zur Abwendung des Konkurses (§§ 33—65). Auf diesen Grundsätzen sollte das künftige Reichsrecht aufbauen.

II. Der Nachlaßkonkurs wird nur **auf Antrag eröffnet.**

a) Verpflichtet zur unverzüglichen Antragstellung sind: der Erbe (1980 I 1) und der Nachlaßverwalter (1985 II 2) den Nachlaßgläubigern gegenüber. Dem Erben haften dafür der Testamentvollstrecker und der Nachlaßpfleger (2219; 1960, 1961).

b) Berechtigt zur Antragstellung sind außer den verpflichteten Personen: wenn der Nachlaß zum eingebrachten Gute oder zum Gesamtgute gehört, neben der Ehefrau als Erbin auch der Ehemann; ferner jeder Nachlaßgläubiger und zwar auch Vermächtnisnehmer und der zur Geltendmachung einer Auflage Berechtigte (trotz 1980 I 2 nach KO. 219 I 2), der ausgeschlossene Nachlaßgläubiger jedoch nur, wenn zugleich der Konkurs auch über das Erbenvermögen eröffnet ist (KO. 219 I 1).

c) Der Antrag kann von jedem Berechtigten dann noch gestellt werden, wenn der Erbe für alle Nachlaßverbindlichkeiten unbeschränkbar haftet (KO. 216 I). Dann haftet den Nachlaßgläubigern nicht bloß zur Alleinbefriedigung der Nachlaß, sondern auch das Eigenvermögen des Erben. Möglich ist ferner: 1. der einheitliche Gesamtkonkurs über das Gesamtvermögen des Erben und 2. der Doppelkonkurs, indem über den Nachlaß und davon getrennt über das Eigenvermögen des Erben ein selbständiger Sonderkonkurs eröffnet wird.

III. Zwingende Voraussetzung für die Eröffnung des Nachlaßkonkurses bildet die **Überschuldung des Nachlasses** (KO. 215). In die Schuldenmasse werden hierfür außer den vererbten Schulden auch die Pflichtteilforderungen eingerechnet (1980 I 2). Beruht die Überschuldung nur auf Vermächtnissen oder Auflagen oder auf ausgeschlossenen Nachlaßverbindlichkeiten, so dürfen der Erbe oder der Nachlaßverwalter die Konkurseröffnung beantragen; eine Verpflichtung dazu besteht in diesen Fällen jedoch nicht.

a) Zuständig als Konkursgericht ist ausschließlich das Amtsgericht, in dessen Bezirk der Erblasser seinen allgemeinen Gerichtsstand gehabt hatte (KO. 214). Der Konkurs wird eröffnet auf den Namen des Erblassers. Der Nachlaß bildet als selbständiges Vermögen die Grundlage dieses Sonderkonkurses. Das Verfahren muß das Nachlaßganze umfassen; über einen Erbanteil kann es nicht eröffnet werden.

b) Das Verfahren darf schon eröffnet werden, bevor noch der Berufene die Erbschaft angenommen hat (KO. 216, 217 I); das liegt im Interesse der Nachlaßgläubiger. Als Gemeinschuldner ist der Erbe anzusehen; ausnahmsweise (wie für die Anfechtung nach KO. 32 Nr. 2) auch der Erblasser.

c) Der Konkursverwalter führt die Verwaltung kraft Amtes, nicht als Vertreter. Seine Aufgabe ist es, den Nachlaßgläubigern die gerechte Befriedigung aus dem Nachlaß zu gewähren unter Ausschluß der Erbengläubiger. Über die Rangordnung der Forderungen erteilt KO. 226 genaue Vorschriften, die auch sonst (BGB. 1974 II, 1991 IV) anzuwenden sind. Zuerst sind zu decken die Masseschulden (KO. 224 und 59; dahin gehören auch die Beerdigungskosten); dann kommen die vererbten Schulden heran und zuletzt die Erbfallschulden unter Bevorzugung der Pflichtteilforderungen.

IV. Durch den Nachlaßkonkurs und die von ihm durchgeführte Nachlaßabschichtung wird die **Haftung des Erben endgültig** auf den Bestand der Konkursmasse **beschränkt.** Er kann dieses Recht zwar vor der Eröffnung des Konkurses einbüßen; dagegen kann er es weder während der Dauer, noch nach der Beendigung des Nachlaßkonkurses verwirken (2000, 1989). Insofern hat der Konkurs nachhaltigere Wirkung als die Nachlaßverwaltung.

§ 46. Haftungsbeschränkung durch Vollstreckungspreisgabe und Erschöpfungseinrede.

I. Der Nachlaß kann derart überschuldet sein, daß er **nicht** einmal **ausreicht für die Kosten** einer Nachlaßverwaltung oder eines Konkurses. Das Nachlaßgericht ist alsdann verpflichtet, den Antrag auf Anordnung der amtlichen Verwaltung abzulehnen (1982; KO. 107) oder die bereits angeordnete aufzuheben (1988 II; KO. 204); es sei denn, daß von irgend jemand ein Betrag bar vorgeschossen wird, der zur Deckung der Masseschulden und der Verwaltungskosten ausreicht. Der Erbe wird, um sich vor jeder Haftung nach 1979 und 1980 sicherzustellen, gut tun, einen Gerichtsbeschluß herbeizuführen, der den Mangel einer genügenden Aktivmasse feststellt.

Der unvorsichtige Erbe muß im vorliegenden Falle den Nachlaß unter seiner Selbstverwaltung behalten. Aber die Notlage soll nicht sein Recht auf die Haftungsbeschränkung vernichten. Vielmehr tritt hier das Prinzip, daß der Erbe grundsätzlich beschränkbar haftet, in voller Deutlichkeit hervor: der Erbe haftet kraft Gesetzes bloß mit dem, was vom Nachlasse da ist, soweit er nicht etwa durch Verletzung der Inventarpflicht (oder nach ZPO. 780) das Recht auf Haftungsbeschränkung eingebüßt hat.

Nur die Frage ist zu lösen, wie der Erbe hier die Begrenzung seiner Haftung auf den Nachlaß durchführen soll.

II. Das erste Stadium bildet die **Preisgabe** der vorhandenen Nachlaßgegenstände **für den Vollstreckungszugriff** der Nachlaßgläubiger. Sie hat die Wirkung der Nachlaßabsonderung und bildet damit die unentbehrliche Grundlage für die Haftungsbeschränkung.

a) Die Ausführung geschieht in der Weise, daß der Erbe dem Vollstreckungszugriff des andrängenden Nachlaßgläubigers so viele Nachlaßgegenstände bereitstellt, wie zu dessen Befriedigung erforderlich sind. Die geschuldete Leistung wird also nicht unmittelbar erfüllt, sondern die Nachlaßgegenstände werden vom Erben herausgegeben (freiwillig oder durch Klage nach ZPO. 809 erzwungen) **zur Befriedigung im Wege der Zwangsvollstreckung** (1990 I 2 nebst 1147). Das setzt voraus, daß der Gläubiger einen vollstreckbaren Titel erlangt hat. Auf ihn gestützt hat er die Pfändung und Versteigerung durch den Gerichtsvollzieher oder das Vollstreckungsgericht zu erwirken. Als Befriedigungsobjekt kommt dabei nur Geld heraus (anders bei dinglichen Ansprüchen auf Herausgabe der Sache selbst, ZPO. 883 f.); die nicht von vornherein auf Geld gerichteten Forderungen müssen darum nach ihrem Schätzungswerte eingestellt werden.

b) Berechtigt zu dem Vollstreckungszugriffe ist **jeder Nachlaßgläubiger**. Der Erbe braucht keinen Verteilungsplan aufzustellen; er hat jeden zu befriedigen, wie er kommt (Grundsatz der Prävention). Wohl aber muß er eine gewisse Rangordnung nach der Art der Ansprüche einhalten: zuerst kommen die vererbten Schulden; die Erbfallschulden (unter denen die Pflichtteilschulden wiederum den Vermächtnissen und Auflagen vorgehen) erst dann, wenn der Erbe keine Kenntnis von den vererbten hat (1991 IV, KO. 226; nicht gilt 1979).

c) Auch der **Erbe selbst** darf sich für seine Forderungen gegen den Erblasser aus dem Nachlaß befriedigen. Die absolute Notlage des Nachlaßvermögens bewirkt von selbst dessen Abschichtung und schließt die Rechtsvereinigung aus (1991 II bestätigt das, aber mit der üblichen falschen Fiktion). Eines vollstreckbaren Titels bedarf der Erbe nicht; eine Klage gegen sich selbst hätte keinen Sinn und wäre prozeßrechtlich ausgeschlossen (RG. 82, 273). Dasselbe gilt für die Ersatzansprüche des Erben aus 1978 und 1979 (1991 I).

III. Hat der Erbe alle vorhandenen Nachlaßgegenstände dem Vollstreckungszugriffe der Nachlaßgläubiger preisgegeben, so wehrt er die weiteren Ansprüche durch die **„Erschöpfungseinrede"** ab. Den Beweis, daß der Nachlaß ausgeschöpft und wirklich nichts mehr da sei, hat der Erbe zu erbringen. Der Rechtserfolg ist die volle und endgültige Freistellung des Eigenvermögens des Erben.

Es handelt sich um eine **echte** anspruch- und haftungzerstörende **Einrede.** Der Erbe muß sie gegen jede einzelne Nachforderung besonders erheben. Führt er den Beweis der Erschöpfung, so wird die Klage abgewiesen. Der Erbe kann sich aber auch mit dem Vorbehalt der Beschränkbarkeit der Haftung im Urteil begnügen; der Beweis und die endgültige Entscheidung wird dann in das Vollstreckungsverfahren verlegt (vgl. ZPO. 780; RG. 88, 330 und ständig). Ist er ohne Vorbehalt verurteilt worden, so haftet er auch mit seinem Eigenvermögen. — Ich nenne diesen Rechtsbehelf „Erschöpfungseinrede", weil sie auf der **vollen Ausschöpfung des Nachlasses** beruht. Die Unzulänglichkeit oder Dürftigkeit begründet solches Gegenrecht noch nicht; der Erbe darf keineswegs seine Haftung ablehnen, weil der Nachlaß unzulänglich sei zur Befriedigung aller oder auch nur des andringenden einzelnen Nachlaßgläubigers. Die Einrede entsteht nur, nachdem alles preisgegeben ist. Daher lehne ich die immer noch vom Reichsgericht bevorzugte Benennung „Unzulänglichkeitseinrede" (RG. 104, 340) als irreführend ab. — Es ist ferner klar, daß das Gesetz in 1990 I das logische Verhältnis umstülpt, indem es die Vollstreckungspreisgabe, die in Wahrheit die Voraussetzung (Ursache) für die Eincede bildet, als die Wirkung (Folge) der primär erhobenen Erschöpfungseinrede hinstellt.

Die Erschöpfungseinrede wird im BGB. als allgemeiner Rechtsbehelf für die Haftungsbegrenzung verwendet; nicht bloß im Erbrecht, sondern auch nach 419 II, 1480, 1489, 1504, 1546 II.

IV. Der Fall der **außerordentlichen Erschöpfungseinrede** (1992). Beruht die Überschuldung des Nachlasses lediglich auf Vermächtnissen oder Auflagen, so darf der Erbe die Eröffnung des Nachlaßkonkurses beantragen. Tut er das nicht, so kann er zur Vollstreckungspreisgabe greifen. Die oben (Nr. II b) angegebene Rangordnung muß er hier erst recht einhalten und den Überschuß gleichmäßig auf die Vermächtnisse und Auflagen verteilen. Ein besonderer Vorzug ist, daß der Erbe die vorhandenen Nachlaßgegenstände in Natur behalten darf, indem er ihren gegenwärtigen Verkaufswert den Gläubigern ausantwortet; damit werden diesen die Kosten der sonst gebotenen Zwangsversteigerung erspart.

Inventar und unbeschränkbare Haftung. § 47.

I. Das **„erbrechtliche Inventar"** ist das in einer öffentlichen Urkunde vollzogene Verzeichnis des Nachlasses (1993).

a) Die Errichtung eines Inventars bildet **keine Voraussetzung für die Haftungsbeschränkung** des Erben. 1. Sie genügt für sich allein nicht, um diese Beschränkung zu erwirken. 2. Das amtliche Inventar begründet nur die Vermutung für die Vollständigkeit des Verzeichnisses. 3. Für den Erben besteht keine gesetzliche Verpflichtung zu seiner Errichtung. Die Nachlaßgläubiger haben darauf auch keinen klagbaren Anspruch.

b) Eine **„Inventarpflicht"** entsteht nur, wenn das Nachlaßgericht auf Antrag eines Nachlaßgläubigers dem Erben eine Inventarfrist bestimmt hat.

c) Die **Verletzung** dieser Inventarpflicht bewirkt die **unbeschränkbare Haftung** des Erben.

d) Das Inventar des BGB. 1993—2010 hat eine ganz andere Bedeutung als das bisher geltende, auf Justinians Gesetzgebung zurückgreifende Inventarrecht. Nach diesem bildete die rechtzeitige, innerhalb der allgemeingültigen gesetzlichen Frist vollendete Errichtung des Inventars die zwingende Voraussetzung für die Haftungsbegrenzung. Heute gibt es zum Schutze des rechtsunkundigen Erben nur noch eine ihm persönlich vom Richter verordnete, speziell vorgeschriebene Inventarfrist. Ohne diese haftet der Erbe kraft Gesetzes und voraussetzungslos beschränkbar. Es ist darum falsch, wenn noch von einem Inventarerben geredet wird.

1. Daß gerade aus der Verletzung der provozierten Inventarpflicht und nur aus ihr die allgemeine Unbeschränkbarkeit der Haftung entsteht, muß befremden. Die Haftung mit dem Gesamtvermögen ist in Wahrheit die Folge jeder unentwirrbaren Vermischung des Nachlasses mit dem Eigenvermögen des Erben. Die Verletzung der Inventarpflicht bildet dafür nur einen Anwendungsfall. Verwirrend wirkt ferner, daß die Vollhaftung im Gesetze nur als Ausnahme und als Strafe für die Pflichtverletzung erscheint, während sie doch im Leben die Regel bildet (bereits oben § 41 II b). Endlich mag der Nachlaßgläubiger erwägen, ob er nicht anstatt der Inventarerrichtung besser die Nachlaßabsonderung nach 1981 II erwirkt, die ihm die beste Sicherung für die Befriedigung aus dem ungeminderten Nachlasse gewährleistet. Denn man muß stets beachten, daß der Erbe trotz der Inventarfrist und der unbeschränkbaren Haftung den Nachlaß in seiner Selbstverwaltung behält, womit die Gefahr der Vermögensverschiebung immer verbunden bleibt. Der Hinweis auf die Schadenersatzansprüche hat dann keinen großen Wert.

2. Von dem Inventar ist zu unterscheiden die **„Auskunft"** über den Nachlaßbestand. In allen Fällen, wo ein Nachlaßgläubiger vom Erben Rechenschaft (besonders über dessen Selbstverwaltung 1978, 1991 und

1973, 1794) verlangen darf, hat der Erbe ein Verzeichnis aufzustellen, das über den ursprünglichen Naßlaßbestand und über die eingetretenen Veränderungen unterrichtet. Die allgemeine Norm darüber enthält 260. Das Verzeichnis kann ein amtliches oder privates sein. Die Verletzung der Auskunftpflicht bewirkt nicht den Verlust des Rechtes zur Haftungsbeschränkung.

II. Das Gesetz unterscheidet zwei Arten des amtlichen Inventars.

a) Das vom Erben aus eigenem Antriebe **freiwillig errichtete** Inventar. Ist es in der vorgeschriebenen (2002, 2003) öffentlichen Form aufgenommen und bei dem Nachlaßgericht eingereicht (1993), so begründet es die Vermutung für die Vollständigkeit der Angaben (2009). Eine weitere Bedeutung hat dieses sog. „Recht" auf Errichtung eines Inventars nicht, insbesondere erzeugt es keine Haftungsbeschränkung. Zum Nachteil des Erben schneidet es die aufschiebenden Einreden ab (2014).

b) Den praktisch bedeutsamen Fall bildet nur die **gerichtlich gebotene Inventarerrichtung.** Auf den Antrag eines Nachlaßgläubigers (1994 I 1; auch des ausgeschlossenen oder eines Vermächtnisnehmers) hat das Nachlaßgericht, sofern die Forderung glaubhaft gemacht ist, dem Erben eine Inventarfrist zu bestimmen (Dauer 1 bis 3 Monate; 1995 bis 1998).

Nach der Zweckbestimmung dieses Vorgehens ist Adressat der Fristsetzung jeder und nur der, bei dem als Folge der Fristversäumung der Verlust des Rechtes auf Haftungsbeschränkung erreicht werden kann. 1. Daher jeder Alleinerbe und jeder Miterbe, neben der Ehefrau als Erbin auch ihr Ehemann, sofern die Erbschaft zum eingebrachten oder zum Gesamtgute gehört (2008). Das von einem Beteiligten errichtete Inventar kommt dem anderen zustatten; so zwischen Ehegatten, Miterben, Vorerbe und Nacherbe, Erbschaftsveräußerer und Erbschafterwerber (2008, 2063, 2383 II, 2144 II). Die Frist kann voreilig schon vor der Annahme der Erbschaft bestimmt werden (1995 II); schlägt der Berufene aus, so war die Bestimmung ein Schlag in die Luft. Stirbt der Erbe während des Laufes der Frist, so läuft diese gegen den Erbeserben ungehemmt weiter (aber 1995 III: Erbittung einer Nachfrist). — 2. Die Fristbestimmung ist ausgeschlossen: gegenüber dem Fiskus als gesetzlichem Erben, weil er das Recht auf Haftungsbeschränkung nicht einbüßen kann (2011, 260); gegenüber jedem Erben, solange die Nachlaßverwaltung oder der Nachlaßkonkurs dauert (2000) und auch gegenüber dem Nachlaßverwalter und Nachlaßpfleger, weil ihre Verfehlungen nicht das Eigenvermögen des Erben verstricken können (2012).

III. Die **Aufnahme des amtlichen Inventars.** Sie erfolgt nach Reichsrecht unter Mitwirkung des Nachlaßgerichtes, darf aber durch Landesgesetz einer besonderen Behörde, einem Beamten oder Notar übertragen werden (EG. 148; um Wiederholungen zu vermeiden wird im folgenden nur von dem „Beamten" gesprochen).

a) Das Gesetz stellt in 2002 den Fall voran: 1. daß der **Erbe selbst** unter eigener Verantwortung das Nachlaßverzeichnis aufstellt und durch seine Unterschrift bekräftigt und dabei den zuständigen Beamten nur als Helfer zuzieht. Für die Regel des Lebens kommt aber nur in Betracht: 2. daß der Erbe beim Nachlaßgericht den **Antrag auf die Aufnahme** des Inventars stellt (2003). Das ist der sicherste Weg: die Inventarfrist ist schlechthin eingehalten, wenn der Antrag vor ihrem Ablaufe gestellt worden war. Die Beurkundung erfolgt hier durch den Beamten; der Erbe aber ist ihm zu getreuer Auskunft verpflichtet und er trägt die Verantwortung für falsche Auskunft. 3. Endlich wird die Inventarfrist dadurch gewahrt, daß der Erbe auf ein bereits beim Nachlaßgericht eingereichtes, von ihm selbst oder von einem anderen (z. B. dem Miterben, Ehemann, Testamentvollstrecker) errichtetes amtliches Inventar **verweist** (2004).

b) Inhaltlich soll das Inventar das gesamte Nachlaßvermögen vollständig und getreu darlegen, einschließlich aller Nachlaßverbindlichkeiten. Hinzuzufügen ist die Angabe des Wertes und eine zu dessen Bestimmung erforderliche Beschreibung der Nachlaßgegenstände (2001). Die Kosten der Inventarerrichtung sind aus dem Nachlaß, und wenn dieser dafür nicht ausreicht, vom Erben aus eigenen Mitteln zu bestreiten.

c) Ist das Inventar rechtzeitig errichtet, so begründet es bei einem Rechtsstreite zwischen dem Erben und den Nachlaßgläubigern die **Vermutung**, daß alle zur Zeit des Erbfalles vorhandenen Nachlaßgegenstände vollständig aufgezeichnet sind (2009). Bis zum Beweise des Gegenteiles (ZPO. 292) hat der Richter als tatsächlich feststehend anzunehmen, daß der beurkundende Beamte weitere Aktivbestände im Nachlasse nicht vorgefunden hatte und daß weiterhin die Angaben des Erben hierüber wahr und vollständig waren. Ob dieses für jeden Erben nach allgemeiner Lebenserfahrung zutreffe, kann doch zweifelhaft sein (daher 2006).

IV. Die Verletzung des gerichtlichen Inventargebotes steht unter der Androhung schwerer Rechtsnachteile. Diese werden nach der Art der auferlegten Inventarpflichten verschieden abgemessen.

a) Die Hauptpflicht ist die **rechtzeitige und getreue Inventarerrichtung.** Der Erbe verstößt dagegen nicht nur, wenn er die gesetzte Frist unbenutzt verstreichen läßt, sondern auch, indem er dem beurkundenden Beamten die erforderliche Auskunft verweigert oder absichtlich in erheblichem Maß verzögert, so daß die rechtzeitige amtliche Herstellung des Inventars vereitelt wird (2005 I 2). Der Erbe handelt ungetreu, wenn er vorsätzlich eine erhebliche Unvollständigkeit in den Angaben oder in der Absicht, die Nachlaßgläubiger zu benachteiligen, die Aufnahme nicht bestehender Nachlaßverbindlichkeiten herbeiführt (2005 I 1). Treffen diese Voraussetzungen nicht zu, wie insbesondere bei bloß fahrlässigem Handeln, so kann dem Erben zur Ergänzung und Berichtigung eine neue Inventarfrist gewährt werden (2005 II).

Die Verletzung dieser Hauptpflicht hat zur Rechtsfolge, daß der Erbe für **„sämtliche"** Nachlaßverbindlichkeiten unbeschränkbar haftet (2005 I).

b) Als Nebenpflicht tritt hinzu, daß der Erbe auf Verlangen eines jeden Nachlaßgläubigers die Vollständigkeit seiner Angaben durch einen **Offenbarungseid** bestätigen soll (2006). Der Gläubiger erwirkt damit die Verstärkung der Zuverlässigkeit des bereits errichteten amtlichen Inventars und einen Behelf zur Widerlegung der damit verbundenen Vermutung (Nr. III c). Schwurpflichtig ist, wer das Inventar errichtet hat; also der einzelne Miterbe oder Ehegatte.

Die Verweigerung des Inventareides hat nur die Rechtsfolge, daß der Erbe mit seinem Gesamtvermögen für die **„einzelne"** Nachlaßverbindlichkeit unbeschränkbar haftet, wegen deren der Antrag auf Eidesleistung gestellt worden war. (Er haftet nicht unbeschränkbar dem antragstellenden „Gläubiger" und etwa für alle Forderungen dieses Gläubigers, wie 2006 III 1, 2013 II sich ungenau ausdrücken).

V. Auf Grund dieser Regelung gelangt das Gesetz zum Begriffe der **„unbeschränkbaren" Haftung** oder der **Vollhaftung** des Erben **mit seinem Gesamtvermögen** für die Nachlaßverbindlichkeiten. (Kritik oben Nr. I d 1.)

a) Daß der Erbe unbeschränkbar für „sämtliche" Nachlaßverbindlichkeiten haftet, tritt ein, weil ein zu voller Evidenz nachweisbares Nachlaßvermögen nicht mehr besteht und vom Erben nicht mehr abgesondert werden kann. Nur zugunsten der Nachlaßgläubiger bleibt das Recht erhalten, die alleinige Befriedigung aus den noch nachweisbaren Nachlaßgegenständen zu beanspruchen (1981 II, KO. 216 I). Im übrigen ergibt sich als die Rechtswirkung der **endgültigen Vermögensvereinigung,** daß jeder Gläubiger ohne Unterschied seine Ansprüche gegen das Gesamtvermögen verfolgen und vollstrecken kann. Die Rechte, die zwischen dem Erblasser und dem Erben bestanden hatten, sind durch die Rechtsvereinigung erloschen; dingliche Verfügungen, die der Erblasser über die Rechte des Erben getroffen hatte, sind vollwirksam geworden (185 II 1). Verbindlichkeiten des Erblassers und des Erben können miteinander aufgerechnet werden (387 gilt, nicht 1977). Eine Verantwortung des Erben wegen seiner Selbstverwaltung des Nachlasses kann nicht in Frage kommen, weil er diesen als sein Vermögen im eigenen Interesse verwaltet hat. Das alles wird durch 2013 I nicht klargestellt, sondern hinter Verweisungen versteckt.

b) Trifft den Erben die Vollhaftung nur für eine **„einzelne"** Nachlaßverbindlichkeit (nach 2006 III, oder weil er durch Vertrag hierfür auf die Haftungsbeschränkung verzichtet oder keinen Vorbehalt im Urteil nach ZPO. 780 erwirkt hat): so wird dem Befriedigungsanspruche neben dem Nachlaß noch zusätzlich das Eigenvermögen des Erben unterworfen. Eine Rechtsvereinigung ist hier nicht eingetreten; der Nachlaß kann auch vom Erben mit allen Rechtsbehelfen der Haftungsbeschränkung noch abgesondert werden; die unter Va dargelegten Rechtsfolgen treten nicht ein. Die Erschöpfungseinrede (1990, 1992; 1973, 1974) kann er aber gegenüber der einzelnen privilegierten Forderung nicht geltend machen. Eigenartig ist die Rechtslage, wenn der Nachlaßkonkurs eröffnet war oder später eröffnet wird. Der Erbe darf dann die einzelne Forderung, für die er auch mit seinem Eigenvermögen haftet, mit dem Rechte eines Nachlaßkonkursgläubigers verfolgen, sofern der Nachlaßgläubiger sie im Konkurse nicht geltend macht (KO. 225 III). Hat mithin der Erbe diese Forderung befriedigt, so kann er sie im Nachlaßkonkurse anmelden und trägt letzthin nur den Betrag, mit dem er dort ausfällt. Auch diese Rechtsfolgen gelangen in 2013 II nicht zu klarem Ausdruck.

Kapitel VI.

Miterben.

Miterbenverhältnis. § 48.

I. Die Erbengemeinschaft zur gesamten Hand.

Miterben sind die durch die Rechtsgemeinschaft zur gesamten Hand an derselben Erbschaft verbundenen Erben.

Das römische Recht legte den Nachdruck auf die Selbständigkeit des einzelnen Miterbenrechtes. Die Erbschaft zerfiel in die quotenmäßigen Anteile der Miterben: kraft Rechtsvorschrift waren alle Rechte, Forderungen und Schulden unter alle Erben nach Verhältnis ihrer Erbanteile geteilt. Die rechtliche Verbindung der Miterben untereinander beruhte in den aus der Aufteilungsklage, actio familiae erciscundae, sich ergebenden, nach dem Vorbilde der societas konstruierten Verwaltungs- und Teilungsverpflichtungen. Jeder Miterbe erhielt damit die freie Verfügung über die ihm zugefallenen Anteile an den Nachlaßgütern. Aber für die Nachlaßgläubiger ergab sich der Nachteil, daß sie statt des einen Schuldners eine Mehrzahl, nur auf den ihrer Erbquote entsprechenden Teilbetrag haftender Teilschuldner erhielten.

a) Das BGB. hat sich im Anschluß an das altdeutsche Erbrecht dahin entschieden: mit dem Erbfall geht der Nachlaß als Ganzes auf die Miterben über und wird ihr **gemeinschaftliches Vermögen**

(1922, 2032). Zugunsten der Nachlaßgläubiger sind die Miterben als Gesamtschuldner verpflichtet; der Nachlaß wird als einheitliches Haftungsobjekt und abgetrenntes Sondervermögen für sie erhalten. Aber der deutschrechtliche Unterbau der Hausgemeinschaft ohne Teilung, die sich beim Tode des Familienhauptes unter den personenrechtlich verbundenen Hausgenossen fortsetzte, fehlt dem heutigen Rechte. Die Hoffnung, daß die alte deutsche Familiengemeinschaft durch die Einführung der Miterbengemeinschaft neu belebt werden könnte, ist gegenüber unseren sozialen Verhältnissen und unter der Herrschaft der unbegrenzten Testierfreiheit trügerisch.

b) Die heutige Miterbengemeinschaft ist keine echte, personenrechtliche Gesamthand. Man ist Miterbe, weil man in Gemeinschaft mit anderen den Nachlaß erworben hat: Miterbengesamthand ist die Folge der objektiv begründeten, **ungeteilten Vermögensgemeinschaft.**

II. **Gesamte Hand** der Miterben bedeutet die Gemeinschaft aller Rechte und Schulden der Erbschaft.

a) Sie **entsteht** kraft Gesetzes an dem Nachlaßganzen und damit an allen Einzelrechten. Auch an den Liegenschaften; ohne dinglichen Vertrag und Eintragung im Grundbuch. Der Nachlaß wird als Sondervermögen erhalten. Darum findet der Grundsatz der dinglichen Surrogation volle Anwendung. Surrogat ist nicht bloß, was aus den Mitteln des Nachlasses erworben ist, sondern auch was die Miterbengemeinschaft durch ein Rechtsgeschäft erwirbt, das sich auf den Nachlaß bezieht (2041; z. B. Ankauf einer Dreschmaschine für das ererbte Landgut).

b) Der Nachlaß steht im Besitz und unter der gemeinschaftlichen **Verwaltung** sämtlicher Miterben: sie sollen nach außen als Gesamtheit handeln auf Grund der übereinstimmend gefaßten Beschlüsse (2038 I 1); die dem Nachlasse geschuldete Leistung befreit den Schuldner nur, wenn sie an alle Miterben gemeinschaftlich bewirkt worden ist (2039 S. 1 wie 432). Im Innenverhältnis sind die Miterben zum Mitgebrauche der Nachlaßsachen berechtigt (2038 II, 743) und zur Mitwirkung für die sachlich gebotenen Verwaltungsmaßregeln verpflichtet; insoweit wird das Innenverhältnis nicht nach dem Prinzipe der Gesamthand, sondern nach dem der Bruchteilgemeinschaft geordnet (2038 II; bei gewöhnlichen Verwaltungsmaßregeln entscheidet die Stimmenmehrheit, 745 I). Die zur Erhaltung des Nachlasses notwendigen Verwaltungsmaßregeln kann jeder Miterbe auch allein aus eigener Rechtsmacht treffen (2038 I 2); er darf die Leistungsansprüche gegen die Nachlaßschuldner selbständig ausüben, indem er die volle Leistung an alle Miterben begehrt und einklagt (2039). Dieses Individualrecht besteht auch gegenüber dem einzelnen Miterben, der Nachlaßschuldner ist: dieser haftet wie ein Fremdschuldner auf den ganzen Schuldbetrag.

c) Zur **Verfügung** über einen Nachlaßgegenstand bedarf es der gemeinschaftlichen Mitwirkung aller Miterben (2040); es muß simultan (oder sukzessiv) ein einheitliches Verfügungsgeschäft hergestellt sein. Insbesondere muß die Auflassung gemeinschaftlich vollzogen werden, wenn eine Nachlaßliegenschaft an einen Dritten oder an einen Miterben veräußert werden soll; ebenso wenn ein Grundstück zum Nachlaß erworben wird. (Vgl. RG. 93, 292.)

III. Gesamthand ist **ungeteilte Vermögensgemeinschaft.** Daher existiert an den einzelnen Nachlaßgegenständen kein abgegrenztes, selbständiges subjektives Anteilrecht des einzelnen Miterben. Die Verfügung über den angeblichen Anteil an einem Nachlaßgrundstück stößt ins Leere; sie ist unheilbar nichtig (RG. 88, 25; § 2033 II ist schlecht gefaßt).

Dagegen gestattet das BGB. dem Miterben die **Verfügung über seinen Anteil** am Nachlaßganzen (2033 I). Der Inhalt des Quotenrechtes am ungeteilten Nachlasse wird durch die innere Ordnung der Gesamthand festgelegt. Gegenstand der Verfügung ist die subjektive Zuständigkeit in der Anteilberechtigung; sie wird für austauschbar erklärt. Da die Rechtsstellung als Miterbe auf dem Erwerbe des Anteils am Nachlaßganzen beruht: so scheidet der Miterbe durch die Übertragung seines Anteils aus der Miterbengemeinschaft aus und in seine Stelle tritt der Anteilerwerber als Gesamthänder an Erbesstatt ein. Aufbau und Inhalt der Gesamthand werden durch den Wechsel des Subjektes des Anteilrechtes nicht berührt.

a) Die Übertragbarkeit des Anteils ist bei der personenrechtlichen Gesamthand ausgeschlossen (719, 1442, 1471 II). Bei der Miterbengesamthand erscheint sie als zulässig, weil diese lediglich auf der materiellen Anteilberechtigung beruht, und als geboten, damit der Miterbe sich alsbald von der aufgezwungenen Gemeinschaft befreien und seinen Anteil in Geld umsetzen könne. Aber § 2033 I 1 bietet dafür nur eine ganz unzulängliche Norm. Daher ist die Bedeutung und Wirkung der Anteilabtretung streitig (RG. 64, 178). Wir werden dem gesetzlichen Grundgedanken und den Forderungen des Verkehrslebens nur gerecht durch den fortbildenden Rechtssatz: der **Anteilerwerber ist erbrechtlicher Gesamthänder und tritt in die Rechtsstellung als Miterbe ein;** er und nicht der veräußernde Miterbe ist zur Verwaltung, Verfügung, Nutzung berechtigt, er wird in das Grundbuch eingetragen und ihm ist das Erbscheinzeugnis zu erteilen (ob er titulierter „Erbe" sei, bleibt demgegenüber gleichgültig; es handelt sich um die Sache, nicht um den Namen; unten § 52 IV a 3). Wer sämtliche Erbanteile erworben hat, ist damit Herr des Gesamtnachlasses und Eigentümer der Nachlaßgrundstücke geworden, ohne daß es einer Auflassung und Eintragung im Grundbuch bedürfte; er kann seine Eintragung als Alleineigentümer durch Grundbuchberichtigung verlangen.

b) Die Anteilübertragung muß durch gerichtliche oder notarielle Beurkundung erfolgen (2033 I 2, 128). Sie dient meistens zur Erfüllung der durch einen Erbschaftkauf begründeten Verpflichtung. Zulässig ist auch die Verpfändung wie die Pfändung des Erbanteils; auch die Belastung mit einem Nießbrauchrechte.

c) Um den Eintritt eines unwillkommenen Gesamthänders abzuwehren und um die Anteile in der Hand der übrigen oder eines einzigen Miterben zu vereinigen, wird diesen ein **gesetzliches Vorkaufsrecht** verliehen (2034—2037; 504—514). Es gilt nur gegenüber dem Verkaufe des Anteils an einen Außenstehenden; nicht bei Schenkung, Tausch, Verpfändung; nicht gegen einen erwerbenden Miterben. Vorkaufrecht ist das Forderungsrecht auf Übertragung des verkauften Erbanteils; der schuldrechtliche Anspruch hierauf wird unmittelbar auch auf den Erwerber erstreckt (2035, 2037). Herausgabe erfolgt gegen Empfang des vom Erben mit dem Erwerber vereinbarten Kaufpreises.

§ 49. Erbauseinandersetzung und Ausgleichungspflicht.

I. Jeder Miterbe kann grundsätzlich (2042) sofort und **jederzeit** die **Auseinandersetzung** fordern: das bedeutet die Auflösung der Gesamthand durch Umwandlung der ungeteilten Mitberechtigungen am Nachlaßganzen in selbständige Sonderrechte an den einzelnen Nachlaßgegenständen. Sie bezweckt Teilung (Schichtung) durch Feststellung der Rechte, die jeder Miterbe durch unmittelbare Gesamtnachfolge vom Erblasser erworben hat. Teilung setzt voraus, daß die Person wie der Anteil jedes Miterben feststehen.

a) Die Auseinandersetzung wird **aufgeschoben**: 1. kraft Gesetzes, soweit die Erbteile, insbesondere weil die Geburt eines empfangenen Miterben abzuwarten ist, noch unbestimmt sind (2043) oder bis das gerichtliche Aufgebotverfahren über die Nachlaßverbindlichkeiten beendet ist (2045); 2. durch letztwillige Verfügung des Erblassers oder durch Vertrag der Miterben; für den ganzen Nachlaß oder für einzelne Nachlaßgegenstände (Grundstücke, Fabrik); grundsätzlich nur für die nächsten dreißig Jahre (2044). Außerkraftsetzen dieser schuldrechtlichen Bindungen durch übereinstimmenden Beschluß aller Miterben (nicht aber gegen den Testamentvollstrecker nach 2209) und wenn ein wichtiger Grund vorliegt (2044, 749).

b) Die Auseinandersetzung beginnt mit der **Liquidation** des Nachlasses: verteilt soll werden nur der Überschuß, der nach Deckung der Nachlaßverbindlichkeiten verbleibt (2047). **Ausführung der Schichtung:** 1. nach den besonderen Bestimmungen des Erblassers (2048; Übernahme eines Landgutes 2049), am besten durch Ernennung eines Testamentvollstreckers (2203); 2. nach gütlicher, freier Vereinbarung der Miterben; die Zuteilung ist auf eine dingliche Rechtsänderung gerichtet, Umgestaltung der Gesamthandrechte in Einzelrechte; sie ist daher in den Formen der dinglichen Rechtsübertragung zu vollziehen, die als interne Schichtung aber nicht unter dem Schutze des öffentlichen Glaubens (892, 2366) steht; 3. sonst durch Vermittlung des Nachlaßgerichts.

Das **gerichtliche Verfahren** ist eine Angelegenheit der freiwilligen Gerichtsbarkeit (FGG. 86—98). Es findet nur auf Antrag eines Miterben statt und dient lediglich der Vermittelung des Einverständnisses der Beteiligten: 1. über vorbereitende Maßregeln, Art der Teilung und Verwertung und 2. über den endgültigen Auseinandersetzungsplan. Streitigkeiten sind im Prozeßweg auszutragen. Jeder Widerspruch eines Miterben vereitelt das Schichtungsverfahren. Nur ein indirekter Zwang zur Einigung kann ausgeübt werden: wer im Verhandlungstermin nicht erscheint, gilt als zustimmend. Die wirkliche oder fingierte Vereinbarung wird durch Beschluß bestätigt, der nach Erledigung der Rechtsmittel (sofortige oder weitere Beschwerde) Rechtskraft erlangt; der Auseinandersetzungsplan ist dann für alle verbindlich wie ein Vertrag, der Beschluß erzeugt einen Titel zur Zwangsvollstreckung (FGG. 97, 98; GBO. 40). Dieses gerichtliche Verfahren ist zu umständlich und kostspielig; es hat sich in der Praxis wenig bewährt; besser wäre die Bestellung eines Schiedsrichters mit der autonomen Machtbefugnis eines Testamentvollstreckers.

II. Die **Abkömmlinge** sind als Miterben untereinander **ausgleichungspflichtig** (2050—2057).

a) Der Grundgedanke ist: Abkömmlinge sollen sich materiell gleichstehen; nicht bloß bei Verteilung des Nachlasses, sondern auch für das Vermögen, das der Vorfahre bei Lebzeiten besaß. Was einer von ihnen als Ausstattung erhalten hat, gilt daher als **Vorempfang,** als Abgeltung auf den künftigen Erbteil. Dieser Vorempfang wird dem Nachlaß hinzugerechnet, so daß die Erbteile rechnerisch erhöht werden, und von dem Erbteil des Vorempfängers wieder abgezogen. Eine schuldrechtliche Verpflichtung zum Einbringen des Vorempfanges besteht jedoch nicht: erreicht oder übersteigt der Vorempfang die rechnerisch ermittelte Erbquote, so wird er überhaupt nicht eingerechnet und sein Empfänger scheidet für die Erbteilung aus.

b) Die Ausgleichung paßt **nur für Abkömmlinge.** Sie setzt voraus die gleiche Abmessung ihrer Erbteile nach dem Ansatze der gesetzlichen Erbfolgeordnung. Hat der Vorfahre die Erbteile verschieden bemessen, so ist anzunehmen, daß er damit die Vorempfänge ausgleichen wollte: er kann auch stets bei der Zuwendung (nicht nachträglich) die Ausgleichungspflicht ausschließen oder verstärken. Entferntere Abkömmlinge unterstehen der Ausgleichungspflicht, soweit sie an die Stelle des Vorempfängers als Erben treten.

c) Gegenstand der Ausgleichung ist die **Ausstattung.** 1. Also die aus Anlaß der Verheiratung oder zur Erlangung einer selbständigen Lebensstellung bewirkte Vermögenszuwendung (2050 I, 1624). Das ist die regelmäßige, grundsätzlich ausgleichungspflichtige Zuwendung. 2. Daneben stehen die Zuschüsse für das Einkommen oder die Berufsvorbildung. Sie sind ausgleichungspflichtig nur, wenn sie die gegenwärtigen Vermögensverhältnisse derart übersteigen, daß der Vorfahre die anderen Abkömmlinge nicht in gleichem Maße versorgen könnte (2050 II).

Der Vorempfang wird mit dem Werte angerechnet, den er zur Zeit der Zuwendung hatte (2055 II). Er steht auf Vorteil und Gefahr des Empfängers. Das wird sich heute besonders geltend machen, je nachdem Sachwerte oder Wertpapiere zugewendet waren.

d) Der Erblasser hinterläßt von der vorverstorbenen Tochter A., der er eine Aussteuer von 100 gegeben hatte, einen Enkel D.; ferner die Tochter B. mit Aussteuer von 80 und den Sohn C., für dessen Studienkosten 60 aufgewandt sind. α) Nachlaß 420; dann D. (420 + 100 + 80) : 3 = 200 — 100, bleibt Erbteil 100; B. 200 — 80 = 120; C. 200. β) Nachlaß 100; dann scheidet D. aus; B. 10; C. 90. Wenn jedoch die Studienkosten für C. übermäßig waren, dann: D. 13, B. 33, C. 53. — Das alles gilt für D. auch dann, wenn die Mitgift seiner Mutter von seinem Vater vergeudet worden war. — Lebt im ersten Falle noch die Witwe, so erhält sie ein Viertel vom effektiven Nachlaß = 420 : 4 = 105; für den Rest findet die Ausgleichung statt, D. (315 + 100 + 80) : 3 = 165 — 100 = 65; B. = 85; C. = 165.

e) Das Erbschaftsteuergesetz stimmt mit diesen Grundsätzen im wesentlichen überein. Nach § 3 V sollen Ausstattungen, die zur Einrichtung eines den Vermögensverhältnissen und der Lebensstellung der Beteiligten angemessenen Haushaltes gewährt werden, nicht als Schenkungen versteuert werden, sofern zur Zeit der Zuwendung ein Anlaß zur Ausstattung gegeben war und der Zweck der Zuwendung innerhalb zweier Jahre erfüllt wurde. Soweit sie das angegebene Maß übersteigen, sind sie als Schenkungen steuerpflichtig. — Steuerfrei sind die Zuwendungen unter Lebenden, die zum Zwecke des angemessenen Unterhalts oder zur Ausbildung des Bedachten erfolgt waren (§ 22 Nr. 13); das gilt allgemein ohne Beschränkung auf die Abkömmlinge.

§ 50. Haftung der Miterben.

Daß die Gesamthand der Miterben im Gesetz keine vollkommene Ausbildung gefunden hat, zeigt die unklare Ordnung der Haftungsfrage. Richtig wäre, den Nachlaß als selbständiges Gesamtgut abzusondern und ihn allein mit der Haftung für die Nachlaßverbindlichkeiten als den Gesamtgutverbindlichkeiten zu belegen. Die unbeschränkte Haftung mit dem Eigenvermögen träfe die Miterben nur als Strafe, wenn sie das Haftungsobjekt durch voreilige Aufteilung beseitigt haben. Dieser Grundgedanke drängt sich im Gesetze zwar hervor; die klare Fassung dafür aber fehlt. Das BGB. unterscheidet zwei Stadien. Man beachte die genaue Unterscheidung zwischen Schuld und Haftung; sie wird vom Gesetz verwirrt.

I. Die Haftung bei **ungeteiltem** Nachlaß.

a) Grundsatz ist: der Nachlaßgläubiger richtet die **Gesamthandklage** (2059 II) gegen sämtliche Miterben-Gesamthänder. Vollstreckung dann in jeden einzelnen Nachlaßgegenstand. Die Haftung ist auf den Nachlaßbestand beschränkt.

b) Daneben darf der Befriedigungsanspruch mit der **Gesamtschuldklage** gegen den einzelnen Miterben gerichtet werden. Jeder ist als Gesamtschuldner verpflichtet (2058). Gegenstand der Haftung und Pfändung ist grundsätzlich der Erbanteil. Haftung mit dem Eigenvermögen tritt ein infolge der Verletzung der Inventarpflicht oder der vorbehaltlosen Verurteilung: aber nur anteilig für den dem Erbteil entsprechenden Teilschuldbetrag (2059 I; er „schuldet" den ganzen Betrag der Nachlaßschuld, er „haftet" aber mit dem Eigenvermögen nur anteilig).

II. Die Haftung **nach Vollzug der Teilung.**

a) Der Nachlaß **ist aufgeteilt,** wenn er seiner Eigenschaft als selbständiges Gesamtgut entkleidet worden ist und die Miterben an Stelle ihres Anteils am Ganzen die Sonderrechte an den einzelnen Nachlaßgegenständen erlangt haben. Damit werden die Nachlaßgläubiger der Gesamthandklage und der Vollstreckungsmöglichkeit in das einheitliche Haftungsobjekt beraubt. Möglich ist nur noch die Gesamtschuldklage. Sie muß verstärkt werden: 1. jeder Miterbe wird jetzt als Gesamtschuldner auf den vollen Schuldbetrag verhaftet, nicht mehr bloß anteilig (2058 gegen 2059 I), und 2. er haftet, weil ein abgesonderter Nachlaß oder Erbanteil nicht mehr existiert, grundsätzlich unbeschränkbar mit seinem Gesamtvermögen (das Gesetz weicht dieser Frage aus). Der Nachlaßgläubiger kann die voreilige Aufteilung ausschalten durch die Ausübung seines Absonderungsrechtes (1981 II).

b) Der sorgsame Miterbe kann diesen verschärften Rechtsfolgen **vorbeugen:** 1. indem er verlangt, daß vor der Aufteilung alle Nachlaßverbindlichkeiten getilgt werden (2046, 755); 2. indem er vor der Teilung das gerichtliche Aufgebot der Nachlaßgläubiger betreibt (2060 Nr. 1) oder eine öffentliche Privataufforderung zur Anmeldung erläßt (2061); in diesen Fällen wie ferner, wenn der Nachlaßgläubiger sich verschwiegen hat (2060 Nr. 2), oder wenn der Nachlaßkonkurs durch Verteilung oder Zwangsvergleich beendigt ist (2060 Nr. 3), schuldet der Miterbe bei allen Nachlaßverbindlichkeiten, **auch** bei den Erbfallschulden, nur **noch** den seinem Erbteil entsprechenden Teilbetrag.

Die Haftung bleibt beschränkt, wenn sie vor der Teilung erwirkt ist durch Nachlaßkonkurs, Nachlaßverwaltung, gerichtliches Aufgebot oder Verschweigung der Nachlaßverbindlichkeiten. Für § 2061 fehlt die entsprechende, sachgemäße Anordnung.

Kapitel VII.

Rechtsschutz des Erbrechtes.

§ 51. Der Erbschein.

a) Entwickelung und Begriff.

I. Die Sicherheit des Rechtsverkehrs hängt wesentlich davon ab, daß zuverlässig ermittelt und festgestellt wird, „**wer**" Erbe geworden ist.

a) Die älteren deutschen Statutarrechte griffen hier mit weiser Fürsorge ein: wer mit dem Erblasser in Hausgemeinschaft gestanden hatte, war von Rechts wegen Erbe; der Außenstehende dagegen erlangte die Erbschaft erst durch die gerichtliche Einweisung. Das Gericht erteilte dem, der sich bei summarischer Prüfung als der anscheinend berechtigte Erbanwärter erwiesen hatte, den Gerichtsbrief und übertrug ihm durch die Einweisung die rechte Gewere der Erbschaft, die Legitimation als Erbe. Diese wirkte fort, bis ein Gegenanwärter sein besseres Erbrecht im Klageverfahren nachgewiesen hatte.

b) Die gemeinrechtliche Praxis bot im Anschluß an das justinianische Recht rein possessorische Rechtsbehelfe: den „**gerichtlichen Einsatz**" oder die Besitzeinweisung, die der Intestaterbe durch das interdictum quorum bonorum und der Testamenterbe durch die missio Hadriana erlangte. Später wurde dieses Verfahren mit der deutschrechtlichen Einweisung verbunden. Die Partikularrechte gingen zu dem Legalitätsprinzipe über, wonach bei Ungewißheit der Erbnachfolge (so das preußische ALR.) oder schlechthin bei jedem Erbfalle (so das österreichische Recht) das Gericht von Amts wegen einschreiten und den als berechtigt ausgewiesenen Erbprätendenten in den Nachlaß einweisen sollte.

c) Eine neue Entwicklung setzt ein mit dem preußischen Gesetze vom 12. März 1869. Danach kann jeder gesetzliche Erbe eine gerichtliche Erbbescheinigung verlangen und dieser wurde der öffentliche Glauben beigelegt: sie schuf die Legitimation als Erbe gegenüber den Behörden und besonders dem Grundbuchamte und verlieh den (entgeltlichen) Rechtsgeschäften, die ein Dritter über Nachlaßrechte mit dem bescheinigten Erben abgeschlossen hatte, volle Wirkung gegenüber dem wirklichen Erben.

d) Dies war das Vorbild für den **Erbschein** des BGB., der hier indessen noch keineswegs zu einem vollkommenen Rechtsinstitute ausgereift ist. Wesentliche, aber recht bedenkliche Neuerungen gegenüber dem preußischen Rechte sind: 1. daß nach dem BGB. nicht nur dem gesetzlichen Erben, sondern auch dem durch Verfügung von Todes wegen Berufenen der Erbschein erteilt wird; im zweiten Falle steht das Erbrechtzeugnis stets auf unsicherem Boden; und 2. daß der Erbschein nicht bloß die Legitimation zur Verfügung über Nachlaßrechte verleiht, sondern mit der allgemeinen Vermutung der Richtigkeit ausgestattet wird (2365); was schwerlich durch den Zweck dieses Rechtsbehelfes gerechtfertigt ist.

II. Der **Erbschein** ist das gerichtliche Zeugnis über die Person des Erbberechtigten wie über den Umfang seiner Erbberechtigung: er dient als Bestätigung der vollzogenen Gesamtnachfolge und als Ausweis für das bereits verwirklichte subjektive Erbrecht. Er bildet keine Voraussetzung für den Erwerb der Erbschaft. In weitaus den meisten Fällen vollzieht sich der Erbgang durch freie Selbstregelung und ohne nachträgliche Bestätigung durch das Erbrechtzeugnis.

Das Anwendungsgebiet des Erbscheins richtet sich nach dem durch ihn zu befriedigenden Rechtschutzbedürfnis.

a) Kraft gesetzlichen Gebotes bildet der Erbschein gegenüber dem **Grundbuchbeamten** das ausschließliche Beweismittel für das behauptete Erbrecht (GBO. § 36). Die amtliche Verantwortung für die Richtigkeit des Erbausweises soll dem Grundbuchbeamten erspart und dem den Erbschein erteilenden Nachlaßrichter auferlegt werden. Von dieser Sicherstellung bei der Beurkundung der Liegenschaftsrechte hat der Erbschein seinen Ausgang genommen. Als Ersatz für den Erbschein kann hierbei nur die Vorlegung eines öffentlichen Testamentes oder eines Erbvertrages dienen (GBO. § 36 I 2).

b) Im freien Verkehr kann die Erbberechtigung durch jegliches Beweismittel erhärtet werden. Aber der Schuldner einer vererbten Forderung wird damit nicht ausreichend geschützt: er ist mit voller Sicherheit nur befreit, wenn er an den geleistet hat, der durch den Erbschein als Erbe ausgewiesen ist (2367). Gleichwohl verleiht ihm das Gesetz kein Recht, daß er etwa die Leistung verweigern dürfte, bis der als Erbe Auftretende sich durch einen Erbschein legitimiert hätte (auch 372 besagt dies nicht). Daher helfen sich die Banken dadurch, daß sie vertragmäßig die Herausgabe der bei ihnen angelegten Depots abhängig machen von der Vorlegung des Erbscheines. (Ebenso die öffentlichen Hinterlegungsstellen; das Reichsschuldbuchgesetz vom 31. Mai 1910 § 16 und die Landes-Schuldbuchgesetze.)

III. Der Erbschein ist trotz seines Namens **kein echter Rechtsschein.** Denn er stellt nicht das typische Gewand dar, in dem das subjektive Erbrecht rechtsnotwendig und sinnbildlich in Erscheinung treten müßte: für das Verkehrsleben wird vielmehr gemeinhin als Erbe anerkannt, wer den Nachlaß tatsächlich seiner Herrschaft unterworfen hat. Ferner beruht seine Wirkung nicht auf der zum Wesen jedes echten Rechtsscheines gehörenden, nach außen hin hervortretenden Verkündigung des Erbrechtes: die Verfügungen des Erbscheinträgers über die Nachlaßrechte haben vielmehr volle Rechtswirkungen, weil diesem der Erbschein ohne jede Publizität „erteilt“

ist, wenngleich der Erwerber von dieser Erteilung keine Kenntnis besaß und daher auch nicht auf den Erbschein vertraut hatte.

Der Erbschein ist nach richtiger Auffassung ein **gerichtliches Zeugnis,** das den Erbscheinträger **zur Verfügung über die Nachlaßrechte legitimiert.** Diese erbrechtliche Verfügungsmacht wird durch die Erteilung des Erbscheines erzeugt. Der Erbschein gebührt darum nur dem, der gegenwärtig der Herr der Nachlaßrechte ist.

Der Erbschein des BGB. ist ein noch unfertiges Rechtsinstitut. Es bleibt der Rechtspflege anheimgestellt, durch freie Fortbildung die gesetzliche Erbscheinordnung in rechten Einklang mit den Bedürfnissen einer gesunden Verkehrsentwicklung zu setzen und den dogmatischen Übertreibungen des Rechtsscheinprinzipes entgegenzuwirken.

a) Einen Rechtsschein im echten Sinne stellt dar der Besitz der Fahrnis (wie die Eintragung in das Grundbuch). Nach der Regel des Lebens hält der Eigentümer seine Sache in eigener tatsächlicher Gewalt und Nutzung; und darum wird der Besitz als Künder des Rechtes, der Besitzer als Eigentümer anerkannt, bis dieser Anschein durch Gegenbeweis widerlegt worden ist (1006 wie 891). Das alles fehlt beim Erbschein. Jede Fahrnis ist (abgesehen von der verlorenen) durch die Besitzherrschaft kundbar einer bestimmten Person rechtlich zugewiesen und damit wird ihre Rechtslage nach außen vorab deutlich gekennzeichnet: für die Erbschaft dagegen gibt es in der überwiegenden Zahl der Fälle gar keinen Erbschein, er darf also nicht als das maßgebende Kennzeichen oder Gewand ausgegeben werden, in dem das Erbrecht in Erscheinung träte.

b) Es ist auch trotz 2365 nicht richtig, daß der Erbschein eine Feststellung über das subjektive Erbrecht selbst träfe. Hierzu ist das Nachlaßgericht weder befähigt noch berufen. Darum schafft der Erbschein auch keineswegs nach Art des echten Rechtsscheines eine echte Rechtsvermutung; vor allem erzeugt er für den Rechtsstreit über die Erbberechtigung kein Präjudiz zugunsten des Erbscheinträgers (unten § 53 I b).

c) Die wahre und berechtigte Wirkung des Erbscheines geht dahin, daß dem anscheinend „wirklichen" Erben durch amtliches Zeugnis die Legitimation zu rechtswirksamen Verfügungen über die Nachlaßrechte erteilt wird. Damit wird die Sicherheit des Verkehrs ausreichend befriedigt. Diese Amtsordnung kann nur eine vorläufige sein; denn sie erfolgt auf einseitigen Antrag und auf summarische Untersuchung hin. Daß gerade und nur durch das Erbscheinverfahren die objektive Wahrheit der Rechtslage ermittelt würde, beruht auf unbegründeten Vorurteilen. Es muß vielmehr dahin gestrebt werden, daß der wirklich berechtigte Erbe und der gegenwärtige Erwerber einer Erbschaft stärkeren Schutz finden gegenüber dem formal legitimierten Erbscheinträger.

§ 52. b) Erteilung, Inhalt, Richtigkeit des Erbscheins.

I. Sachlich **zuständig** zur Erteilung des Erbscheins ist das Nachlaßgericht; regelmäßig das Amtsgericht (in Württemberg, Baden, Mecklenburg der Notar nach EG. 147). Örtlich zuständig ist das Gericht, in dessen Bezirk der Erblasser seinen letzten Wohnsitz oder Aufenthalt hatte (FGG. 73). Jene Zuständigkeit ist zwingenden, diese nachgiebigen Rechtes.

a) Das **Recht auf den Erbschein** steht jedem Erben zu; auch jedem Miterben, der entweder einen Teilerbschein über die Größe seines Erbanteils oder einen gemeinschaftlichen Erbschein für sämtliche Miterben beantragen darf (2353, 2357). Das Zeugnis bestätigt den vollendeten Erwerb der Erbschaft; es kann darum nicht dem Empfangenen, sondern nur dem bereits Geborenen und dem Nacherben erst nach Eintritt der Nacherbfolge ausgestellt werden. Eigenartig ist, daß der Gläubiger des Erben an dessen Stelle die Erbscheinerteilung verlangen kann, wenn er dieses Zeugnisses bedarf, um die Zwangsvollstreckung (etwa durch Eintragung einer Sicherungshypothek auf das ererbte Grundstück) gegen den Erben betreiben zu können (ZPO. 792, 896; GBO. 14, 40). Dem Nachlaßgläubiger steht dieses Recht nicht zu; auch nicht dem Nachlaß- und Konkursverwalter; dem Testamentvollstrecker nur ausnahmsweise (vgl. 2364 II, 2368).

b) Der **Antrag** muß den Inhalt des begehrten Erbscheines bestimmt angeben; das Nachlaßgericht ist an diesen Antrag gebunden und darf nicht ein inhaltlich abweichendes Zeugnis ausstellen. Der Erbe muß genaue „Angaben" oder **Nachweise** für die Tatsachen erbringen, auf die er seine Erbberechtigung gründet. Das kann mit ausreichender Sicherheit geschehen, soweit er als gesetzlicher Erbe seine Verwandtschaft oder Ehe mit dem Erblasser zu belegen hat (2354, 2356; Personenstandsurkunden). Stützt er sich auf eine Verfügung von Todes wegen, so muß er die gerichtlich eröffnete vorlegen (2355). Grundsätzlich sind alle Angaben durch öffentliche Urkunden zu beweisen; nur sie bieten eine vollwertige Grundlage für das amtliche Erbscheinzeugnis. Dieser Unterbau wird zerstört, nachdem ein Erbschein auch auf Grund eines eigenhändigen Testamentes erteilt werden darf. Als allgemeines Mittel zur Ergänzung der Beweisführung dient die Versicherung an Eidesstatt (2356 II). Gerichtskundige (2356 III sagt ungenau offenkundige) Tatsachen bedürfen keines Beweises.

II. Die verantwortliche Pflicht des Nachlaßgerichtes geht dahin, **von Amts wegen nachzuprüfen,** ob die vom Antragsteller vorgebrachten Angaben richtig sind und den Schluß auf die zu bezeugende erbrechtliche Verfügungsmacht rechtfertigen. Dieses Offizialverfahren entspricht den hier anzuwendenden Grundsätzen der freiwilligen Gerichtsbarkeit. Das Gericht hat daher von sich aus die noch erforderlichen Ermittelungen anzustellen, die geeigneten

Beweise zu erheben und nach Bedürfnis eine öffentliche Aufforderung zur Anmeldung etwaiger Erbansprüche zu erlassen (2358).

Hierauf ist um so größeres Gewicht zu legen, als die dem Erbscheinträger kraft Gesetzes (2366, 2367) verliehene Verfügungsmacht die Gefahr in sich birgt, daß die Rechte des wirklichen Erben vernichtet werden.

a) Die Berufung kraft Gesetzes kann regelmäßig mit voller Sicherheit nachgewiesen werden; auf sie hatte darum das preußische Gesetz (oben § 51 I c) die Erteilung des Erbscheines beschränkt. Wenn nach dem BGB. als Grundlage auch die Einsetzung in einer Verfügung von Todes wegen genügt, so muß der Nachlaßrichter mit voller Sicherheit feststellen: daß die Verfügung **formgültig** errichtet und materiellrechtlich wirksam ist und er hat durch eigene **Auslegung** den Inhalt der Verfügungen klarzustellen. Erinnern wir uns daran, daß über die Formgültigkeit eines eigenhändigen Testamentes in vielen Fällen überhaupt kein sicheres Urteil abgegeben werden kann, ehe nicht das Reichsgericht über den einzelnen Tatbestand entschieden hat: so zeigt sich, daß auch das Offizialverfahren hier für die objektive Richtigkeit des Erbscheines keine Gewähr zu bieten vermag. Ebenso z. B. wenn mehrere sich durchkreuzende Testamente vorliegen oder wenn fraglich ist, ob eine echte Bedingung vorliege und sie eingetreten sei oder ob die Verfügung eine Erbeinsetzung oder eine Vermächtnisanordnung enthalte.

b) Um so stärker ist die Pflicht des Nachlaßgerichtes zu betonen, daß es sich nicht auf die einseitigen und naturgemäß nur das eigene Interesse berücksichtigenden Angaben des Antragstellers verläßt, sondern von Amts wegen die Rechte der sonstigen Erbbeteiligten wahrnimmt. Das Gesetz hebt dies (2360 I) nur für den Fall hervor, daß bereits ein **Rechtsstreit über das Erbrecht** anhängig ist. Ob dies zutrifft, hat der Antragsteller anzugeben (2354 Nr. 5); je eilfertiger er bei zweifelhafter Rechtslage sich vordrängt, um so bequemer wird ihm die Verneinung gemacht. Aber auch die Eröffnung des Rechtsstreites hindert den Nachlaßrichter nicht an der Erteilung des Erbscheines; er soll dann aber den Gegner vorher anhören und er darf die Erteilung ablehnen, wenn ihm danach die Angaben des Antragstellers nicht genügend erscheinen. Die Ansicht, daß die trotzdem erfolgte Erteilung des Erbscheines präjudizielle Wirkung auf den Rechtsstreit selbst ausübte, erscheint verfehlt (unten § 53 I b).

c) Die Anhörung der Gegeninteressenten ist immer geboten, wenn der Antrag auf ein eigenhändiges Testament gestützt wird.

III. Erachtet das Nachlaßgericht die Angaben für genügend, so:

a) entscheidet es durch **Beschluß.** Dieser enthält die vorbereitende, auf die Erteilung des Erbscheins gerichtete interne, daher noch abänderbare Verfügung.

b) Der Erbschein **entsteht** durch die Ausfertigung der Erbscheinurkunde. Erst diese Urschrift erzeugt den Erbschein.

c) Der Erbschein wird **erteilt** durch die **Aushändigung** seiner Urschrift oder Ausfertigung an den Antragsteller. Legitimierter Erbscheinerbe ist, wer im Erbschein als Erbe bezeichnet ist und die

Erbscheinurkunde im Besitze hat. Das folgt aus der Zweckbestimmung des Zeugnisses als einer Legitimationsurkunde. (Vgl. RG. 61, 276.)

d) Der Erbschein gibt keine Gründe an. Er tritt als nackte Verfügung auf. Das erscheint nicht unbedenklich, nachdem das BGB. seine Erteilung auch auf Grund der Prüfung und Auslegung einer Verfügung von Todes wegen zuläßt.

1. Jeder Erbgang muß durch einen eigenen Erbschein belegt werden. Der **Erbeserbe** bedarf mithin eines Erbscheines in eigenem Namen nach seinem unmittelbaren Erblasser und außerdem für die vom ersten Erblasser herrührende Erbschaft noch eines auf des ersten Erben Namen ausgestellten Erbscheines.

2. Der Erbschein hat die inhaltlichen Beschränkungen der Erbberechtigung anzugeben. Der dem **Vorerben** erteilte muß die genauen Angaben über die Anordnung der Nacherbfolge enthalten (2363). Ferner ist im Erbscheine die Ernennung eines **Testamentvollstreckers** zu verlautbaren (2364).

3. Der Erbschein muß grundsätzlich die durch die Gesamtnachfolge eingetretene Rechtslage in ihrem vollen Umfange bezeugen. Daher darf ein gemeinschaftlicher Erbschein nur für alle Miterben insgesamt erteilt werden. Der einzelne Miterbe aber kann einen **Teilerbschein** verlangen und zwar auch so, daß vorläufig die Größe seines Erbanteils noch unbestimmt gelassen wird, weil etwa noch die Geburt eines Miterben zu erwarten ist. Ausnahmsweise läßt das Gesetz auch einen **gegenständlich beschränkten Erbschein** zu, der sich nur auf die im Inlande befindlichen Gegenstände (besonders auf Grundstücke) erstreckt, sofern über die Erbfolge das ausländische Erbrecht entscheidet und daher ein zur Ausstellung eines allgemeinen Erbscheines zuständiges deutsches Nachlaßgericht fehlt (2369). Man wird für besondere Bedürfnisse einen derartigen sachlich begrenzten Erbschein auch zulassen dürfen, wenn die Erbfolge den deutschen Gesetzen unterstellt ist.

IV. Das Offizialverfahren soll die Gewähr dafür bieten, daß das Erbscheinzeugnis inhaltlich wahr sei.

Der Erbschein ist **unrichtig,** wenn seine Angaben über die Person des Erbberechtigten oder über den Inhalt der Erbberechtigung unzutreffend oder unvollständig sind.

1. Der Erbschein ist **von Anfang an** unrichtig insbesondere: wenn er von dem gestellten Antrage abweicht; wenn sich das ihn stützende Testament als formnichtig erweist oder falsch ausgelegt war, oder durch ein erst später entdecktes widerrufen war; wenn die Angabe über die Einsetzung eines Nacherben oder Testamentvollstreckers fehlt.

2. Der Erbschein kann **nachträglich** unrichtig werden. So unzweifelhaft, wenn die Erbeinsetzung des im Testament ernannten Erben erfolgreich angefochten oder der Erbscheinträger für erbunwürdig erklärt worden ist. Die Fiktion, wonach in beiden Fällen der Erbschafterwerber als von Anfang an erbrechtlich tot (nicht

existierend; 142, 2344 I) gelten soll, kann die Tatsache nicht beseitigen, daß er inzwischen als der erbrechtlich Verfügungsberechtigte ausgewiesen war und seine Verfügungen über die Nachlaßrechte volle Wirkung hatten und behalten. Ebenso, wenn der Erbschein dem einzigen „Sohne" des Erblassers als dem gesetzlichen Erben erteilt worden ist und später festgestellt wird, daß er ein untergeschobenes Kind ist. Der dem Vorerben erteilte Erbschein wird unrichtig, sobald der Fall der Nacherbfolge eintritt (2363 II).

3. Die verbreitete Ansicht, daß ein Erbschein, wenn er ursprünglich richtig erteilt war, auch immer richtig bleiben müsse, beruht auf der Vorstellung: daß der Erbschein das Erbrecht als das Erbegewordensein bezeuge und der Titel Erbe eine unverlierbare persönliche Eigenschaft kennzeichne. Daher wird gelehrt, daß der **Miterbe** für alle Zeit noch als der richtige und berechtigte Erbe und Erbscheinträger anerkannt werden müsse, obgleich er seinen **Erbanteil** nach 2033 I **veräußert** hat und damit aus der Miterbengesamthand ausgeschieden ist (vgl. RG. 64, 173). Es kann nicht bestritten werden, daß diese Lehre praktisch die Sicherheit des Rechtsverkehrs aufs schwerste gefährdet und dem Betruge des Miterben die Handhabe bietet. Veräußert er z. B. mit den anderen Miterben jetzt noch ein Nachlaßgrundstück, so verfügt er als Scheinerbe über ein Recht, das ihm in Wahrheit unzweifelhaft nicht mehr zusteht und erwirbt einen Kaufpreisanteil, der ihm nicht gebührt. Die vornehmliche Zweckbestimmung des Erbscheines geht dahin, die materielle Wahrheit der Verfügungsmacht über die Nachlaßrechte zu bezeugen; sie dem redlichen zu erteilen und dem unredlichen zu entziehen. Daher gebührt die Legitimation des Erbscheinzeugnisses nicht mehr dem bisherigen Miterben, sondern dem **Erbanteilerwerber** als dem gegenwärtigen Mitberechtigten des Nachlasses (mein Aufsatz J.W. 39, 89).

V. Der unrichtige Erbschein legt ein falsches Zeugnis ab. Er muß möglichst rasch beseitigt werden.

a) Dies ist zuerst die amtliche Pflicht des Nachlaßgerichtes. Gelangen Tatsachen zu seiner Kenntnis, die gegen die inhaltliche Richtigkeit des erteilten Erbscheins sprechen, so hat es die erforderlichen Ermittelungen anzustellen und den Erbschein **von Amts wegen einzuziehen,** von dessen Unrichtigkeit es sich überzeugt hat (2361). Einziehung bedeutet die volle Beseitigung des Erbscheinzeugnisses. Zu einer Abänderung oder Berichtigung des einmal ausgehändigten Erbscheines ist das Gericht nicht mehr befugt; es kann nur einen berichtigten neuen erteilen. Zur vollen Einziehung gehört die Besitzentziehung der Urkunde; läßt sich diese Wegnahme nicht sogleich erreichen, so wird der Erbschein seiner Legitimationswirkung durch öffentliche Kraftloserklärung entkleidet.

b) Daneben steht dem wirklichen Erben der privatrechtliche **Anspruch auf Herausgabe** des Erbscheins gegen den unberechtigten

Erbscheinbesitzer zu (2362). Auf Grund des vollstreckbaren Urteils nimmt der Gerichtsvollzieher die Erbscheinurkunde dem Besitzer weg und übergibt sie dem Nachlaßgericht (ZPO. 883); damit ist der Erbschein kraftlos geworden.

c) Vermutung und öffentlicher Glaube des Erbscheins. § 53.

I. Nach dem Gesetze wird **vermutet,** daß dem im Erbschein als Erbe Bezeichneten das darin angegebene Erbrecht zustehe und er durch andere als die angegebenen Anordnungen nicht beschränkt sei (2365). Dies bedeutet eine Rechtsvermutung, die der mit der Grundbucheintragung (891) und mit dem Fahrnisbesitze (1006) verbundenen nachgebildet ist.

a) Die **Rechtsvermutung** ist ein gesetzlicher Befehl, daß aus einer festgestellten Tatsache (dem Fahrnisbesitze) als dem Indiz auf das Bestehen eines Rechtes (Eigentum) geschlossen werden soll. Damit wird der Beweis des vermuteten Rechtes umgangen. Eine Widerlegung dieser Vermutung kann nur durch den Gegenbeweis geliefert werden, der dem Richter die positive Gewißheit des Gegenteils verschafft und jede Möglichkeit, daß das vermutete Recht zur Entstehung gelangt sei, widerlegt.

Daß der Erbschein in diesem Sinne eine echte Rechtsvermutung schaffen könne, unterliegt gewichtigen Bedenken. Der Erbschein ist kein vollwertiges Indiz: denn er bildet keinen Grund für die Entstehung des subjektiven Erbrechtes, das ganz unabhängig von ihm bereits erworben worden ist. Die Grundbucheintragung ist in Wahrheit eine konstitutive Voraussetzung für den Erwerb des Liegenschaftrechtes; daher darf man hier sagen: weil A. eingetragen ist, steht ihm nach begründeter Erfahrung das eingetragene Recht zu. Auf den Erbschein paßt das in keiner Weise. Er ist ein Zeugnis; eine öffentliche Urkunde, die die Verfügungsmacht über die Nachlaßrechte bestätigt. Über das Erbrecht selbst steht dem Nachlaßgericht keine Entscheidung zu; darum kann die von ihm verfügte Erteilung des Erbscheins kein Präjudiz für die Existenz und Zuständigkeit des Erbrechtes schaffen.

b) Das ist von größter Bedeutung für den **Rechtsstreit.** 1. Handelt es sich um die Verfügung über ein einzelnes Nachlaßrecht, so tritt die Vermutung in volle Kraft. Denn solche Verfügungsmacht zu bestätigen, ist der Zweck und die wahre Bedeutung des Erbscheines. 2. Wenn dagegen der Rechtsstreit um das bessere Erbrecht selbst geführt wird, so kann das Zeugnis wie die Ansicht des Nachlaßgerichtes nicht als eine den Prozeßrichter bis zum Gegenbeweise bindende Vorentscheidung ausgegeben werden. Rechtsstreit bricht den Schein des Rechtes. Die Frage, ob eine

Verfügung von Todes wegen formgültig errichtet und wie sie auszulegen sei, darf dann nur von dem Prozeßrichter selbständig und ohne Vorurteil auf Grund der zweiseitigen Verhandlung geprüft und entschieden werden. So auch treffend RG. Warn. 6 Nr. 300 (RG. 92, 72 steht damit nicht in Widerspruch). Sonst käme man zu dem widersinnigen Ergebnis, daß der Prozeßrichter ein vorgelegtes Testament nach Anweisung des Erbscheines im Zweifel als echt und eine wirkliche Erbeinsetzung des Erbscheinträgers verfügend anerkennen müßte: sobald aber der Nachlaßrichter während des Rechtsstreites nach 2360 I den Erbschein als unrichtig eingezogen hätte, müßte der Prozeßrichter (auch das Reichsgericht) umschwenken und die Beweislast umdrehen. Gleichwohl ist die ganze Frage bis heute noch streitig.

c) Aus den vorgetragenen Gründen folgt, daß das über das Erbrecht ergangene **Urteil** im Umfang seiner Rechtskraft den Nachlaßrichter ebenso **bindet** wie das erneut angerufene Prozeßgericht. Es überwindet die provisorische Regelung des Erbscheines; der Nachlaßrichter darf nicht den geschaffenen Rechtsfrieden brechen, indem er etwa dem im Urteil abgewiesenen Erbprätendenten einen Erbschein erteilt. Der **Grundbuchbeamte** hat dagegen den Inhalt des Erbscheins schlechthin als richtig anzuerkennen.

II. Der Erbschein ist für den rechtsgeschäftlichen Verkehr mit **öffentlichem Glauben** ausgestattet. Er bestätigt für den Erbscheinträger das Recht, vollwirksam über die Nachlaßrechte aus dem Rechte des Erblassers an des Erben statt zu verfügen (2366). Entscheidend ist diese Machtgebung. Daß der Erwerber des Rechtes auf den Erbschein als einen Rechtsschein, etwa wie auf die Grundbucheintragung vertraut hätte, bildet keine Voraussetzung; sein Erwerb wird bestätigt, auch wenn er von der Existenz eines Erbscheines nichts weiß. Es genügt, daß der Erbschein dem als Erbe Verfügenden „erteilt" war. Die Legitimationskraft des Erbscheins wird nur zerstört, wenn der wirkliche Erbe nachweist, daß der Erwerber bei Abschluß des Erwerbgeschäftes die Unrichtigkeit des Erbscheininhaltes wirklich gekannt oder gewußt hatte, daß das Nachlaßgericht die Rückgabe des Erbscheines wegen Unrichtigkeit verlangt hatte.

a) Der Glaube des Erbscheinzeugnisses bestätigt die **dinglichen Verfügungen** über Nachlaßrechte; den Erwerb des Eigentums oder von Pfandrechten und dinglichen begrenzten Rechten, den Erlaß oder Verzicht, die Aufrechnung, Stundung, Rangänderung.

Der Erbschein tritt hierbei in Konkurrenz mit echten Rechtsscheinen.

1. Der **Besitz der Fahrnis** schafft die Verfügungsmacht. Er wirkt auch bei den nicht zum Nachlaß gehörenden Sachen; insofern greift 932 weiter aus als 2366. Aber der Dritte erwirbt das Eigentum an der Nachlaßfahrnis unter dem Schutze des Erbscheines, auch ohne Übertragung des tatsächlichen Besitzes und obgleich die Fahrnis dem wirklichen Erben durch die Veräußerung abhanden gekommen ist; insofern greift 2366 weiter aus als 932 I 2, 933, 934 und 935.

2. Die **Eintragung im Grundbuch** überholt den Schutz des Erbscheines. Entscheidend ist, wer dort als Berechtigter steht, auch wenn die Eintragung ohne Erbschein nach GBO. 36 I 2 erfolgt war; darum schadet dem Erwerber nicht die Kenntnis von der Unrichtigkeit des Erbscheines. Der Schutz des Erbscheines greift aber ein, wenn der Erbscheinerbe, ohne daß er ins Grundbuch eingetragen ist (GBO. 41), die Auflassung oder die Aufgabe des Eigentums, die Abtretung einer Hypothek oder die Löschung eines begrenzten Rechtes vollzieht (für die Neubelastung eines Nachlaßgrundstücks mit einer Hypothek oder einem sonstigen begrenzten Rechte gilt das nicht). Hier wird die nach 892 fehlende Legitimation durch 2366 geschaffen.

3. Die gerichtliche **Todeserklärung** bestätigt mit öffentlichem Glauben, ohne daß ein Erbschein erteilt ist, den Eintritt des Erbfalles und den Erbfall für den, der in dem als Todestag festgestellten Zeitpunkt der nächste Erbe sein würde (2370 I). Aber dieser sogenannte „Rechtsschein des Todes" schafft kein Zeugnis über die Hauptfrage, wer nun wirklich als Erbe berufen und eingetreten sei. Die ausreichende Legitimation hierüber kann nur der Erbschein, auch dem Grundbuchbeamten gegenüber, erzeugen.

b) **Schuldbefreiend** sind alle **Leistungen,** die an den Erbscheinerben zur Befriedigung eines schuldrechtlichen oder dinglichen Nachlaßanspruches bewirkt worden sind (2367). In der schuldtilgenden Kraft der vom Erbscheinerben ausgestellten Quittung oder einer sonstigen Verfügung über solche Ansprüche zeigt sich die wichtigste Bedeutung, die der Erbschein für die Sicherheit des Rechtsverkehrs ausübt. Das gilt nicht für die vom Erbscheinerben eingegangenen neuen Schuldverbindlichkeiten. Der vom Scheinerben über ein Nachlaßgrundstück abgeschlossene notarielle Kaufvertrag verhaftet nicht den Nachlaß, sondern nur den Verkäufer persönlich; erst die Auflassung steht unter dem Schutze des Erbscheines (2366). Auch die Rechtskraft eines gegen den Erbscheinerben erstrittenen Urteils erstreckt sich nicht auf den wirklichen Erben (ZPO. 325 I).

c) Der öffentliche Glaube des Erbscheines besteht unabhängig von seiner inhaltlichen Richtigkeit. Damit wird der redliche Rechtsverkehr gesichert, der wirkliche Erbe jedoch erheblich gefährdet. Um so schärfer ist darauf zu bestehen, daß ein Erbschein unverzüglich eingezogen werde, der eine Verfügungsmacht bezeugt, die nicht oder nicht mehr besteht. Die **Rechte des wirklichen Erben** beschränken sich darauf:

1. Vom Erbscheinerben kann er mit dem Erbschaftanspruch die Herausgabe der noch vorhandenen Nachlaßgegenstände, sonst die der ungerechtfertigten Bereicherung verlangen (2018 f.; 812).

2. Gegen den Erwerber eines einzelnen Nachlaßgegenstandes kann er nur vorgehen, wenn er ihm den bösen Glauben nachweist

(2366) oder soweit dieser unentgeltlich bereichert worden ist (822, 816 I 2). Die an den Erbscheinerben erfüllten Verbindlichkeiten der Nachlaßschuldner sind und bleiben erloschen.

3. Den Erwerber des Nachlaßganzen oder eines Erbanteils kann der wirkliche Erbe aber auf volle Herausgabe wie einen Erbschaftbesitzer belangen. Solcher Gesamterwerb wird durch den Glauben des Erbscheines nicht geschützt (2030).

§ 54. Erbschaftanspruch.

a) Rechtsnatur und Gestaltung des Anspruchs.

I. Das Bedürfnis nach einem gesteigerten Rechtsschutze wird für das subjektive Erbrecht seit jeher anerkannt. Der kraft Gesetzes eintretende Anfall gewährleistet noch nicht die Verwirklichung des Rechtes an den Nachlaßgegenständen.

a) Die Entscheidung über das subjektive Erbrecht selbst kann nur durch die **Feststellungsklage** erwirkt werden (ZPO. 256). Sie richtet sich gegen jeden, der als Erbanwärter das Recht als Alleinerbe oder als Miterbe für sich in Anspruch nimmt. Den wichtigsten Anlaß gibt der Streit um die Gültigkeit oder die Auslegung eines Testamentes. Die Klage bezweckt und erreicht, daß das behauptete Erbrecht unter den Parteien als unbestreitbar festgestellt wird. Das kann auch durch Inzidentfeststellungsklage im Laufe des auf Herausgabe gerichteten Rechtsstreites noch nachgeholt werden (ZPO. 280).

b) Diese Feststellung der Erbberechtigung bildet die logische und rechtliche Grundlage für den im BGB. 2018 allein behandelten **Erbschaftanspruch.** Durch ihn verlangt der wirkliche Erbe von dem fälschlich als Erbe auftretenden Erbschaftsbesitzer die Herausgabe des aus dem Nachlaß Erlangten. Das ist ein nackter Kondemnationsanspruch, bei dem über das Erbrecht selbst nicht entschieden wird; seine Bejahung in der Begründung nimmt an der Rechtskraft des Urteils nicht teil (ZPO. 322).

II. Der Erbschaftanspruch soll die tatsächliche Verwirklichung des Erbschafterwerbes gewährleisten. Sein Ziel ist das einer universellen Besitzerlangungsklage.

a) Der Erbschaftanspruch erscheint materiellrechtlich als **Gesamtanspruch;** 1. wegen der Einheit des Rechtsgrundes, indem nur die Verfolgung des subjektiven Erbrechtes in Frage steht; und 2. wegen seines Gegenstandes, weil grundsätzlich die Herausgabe der Gesamtheit aller vererbten Rechte begehrt und jeder Einzelgegenstand nur wegen seiner Zugehörigkeit zur Nachlaßeinheit verlangt wird.

b) Gesamtanspruch bedeutet nicht, daß stets und nur der Nachlaß als Vermögensganzes herausbegehrt werden müßte. Sonst wäre der mit dem Erbschaftanspruch zugesicherte gesteigerte Rechtsschutz stets vereitelt, wenn der Gegner sich schlauerweise nur eines Teiles des Nachlasses bemächtigt hat. Es genügt daher, daß er „etwas" aus der Erbschaft erlangt (2018). Damit gelangen wir zum Begriffe eines **erbrechtlichen Teilanspruches,** der gleichwohl als Gesamtanspruch anzuerkennen ist, weil er, wenngleich mit inhaltlicher Begrenzung, die Verwirklichung des ganzen Erbrechtes und der universellen Besitzerlangung an allem erstrebt, soweit sich der Gegner im Besitze von Erbschaftsgegenständen befindet. Nur in diesem Sinne darf mit 2029 hier von erbrechtlichen „Einzelansprüchen" gesprochen werden. Sie müssen genau unterschieden werden von den dinglichen und schuldrechtlichen Einzelansprüchen oder genauer von den **gewöhnlichen Verkehrsansprüchen,** bei denen aus dem Rechte des Erblassers die Frage entschieden werden soll, ob eine Sache dem Eigentume nach zum Nachlaß gehört oder ob eine Leistung an ihn geschuldet wird. Für solche Ansprüche gelten die allgemeinen, gewöhnlichen Grundsätze und nicht die des Erbschaftanspruches.

III. Der Erbschaftanspruch empfängt die wichtigste und die eigenartige Ausprägung durch den mit ihm und nur mit ihm verbundenen **Anspruch auf Auskunft.** Erst er gewährleistet den erforderlichen vollen Rechtsschutz.

a) Auskunftpflichtig sind kraft Gesetzes: der Erbschaftbesitzer, wer eigenmächtig Nachlaßsachen in Besitz genommen hat und jeder, der sich zur Zeit des Erbfalles in häuslicher Gemeinschaft mit dem Erblasser befunden hatte (2027, 2028). Die Auskunft ist zu erteilen über den ursprünglichen Bestand der Erbschaft und über den Verbleib der Erbschaftsgegenstände (Offenbarungseid nach 2028 II).

b) Die entscheidende Bedeutung der Auskunftpflicht zeigt sich bei der **prozeßrechtlichen Durchführung des Erbanspruches.** Für das Urteil und die Zwangsvollstreckung gibt es keinen Gesamtanspruch, sondern nur den Anspruch auf genau bestimmte, individualisierte Leistungen. Danach muß das Verfahren folgenden Verlauf nehmen.

1. Zuerst kommt als die Urteilsgrundlage die Prüfung und Bejahung des Erbrechtes des Klägers.

2. Dann erst kann auf den Herausgabeanspruch eingegangen werden. Der Klagantrag darf vorab auf den Inbegriff der Gegenstände abgestellt werden, die der Beklagte aus der Erbschaft erlangt hat: unter Vorbehalt der späteren bestimmten Angabe der herausbegehrten einzelnen Gegenstände (gemäß ZPO. 253 II).

3. Nun kommt als vorbereitender Hilfsanspruch der Antrag auf Verurteilung zur Auskunfterteilung.

4. Damit wird die Grundlage für den auf die Herausgabe genau bestimmter Gegenstände zu richtenden endgültigen Haupt-

anspruch geschaffen. Der Kläger ist dabei nicht schlechthin an die erteilte Auskunft gebunden; er kann den Anspruch auf die von ihm selbst ermittelten Nachlaßgegenstände wie auf die Surrogate und Ersatzleistungen erweitern.

5. Das alles gilt auch für die erbrechtlichen Teilansprüche. Nicht dagegen für die gewöhnlichen Verkehrsansprüche; wer den Eigentumanspruch erhebt, muß selbst ermitteln, welche konkrete Sache darunter fällt und wer sie im Besitze hat.

§ 55. **b) Kläger und Beklagter des Erbschaftanspruches.**

Wir unterscheiden beim Erbschaftanspruch: 1. die Aktivlegitimation: wer ist der rechte Kläger und 2. die Passivlegitimation: wer ist der rechte Beklagte.

I. **Aktivlegitimiert** zur erfolgreichen Durchführung des Erbschaftanspruches ist der Erbe. Der Kläger muß behaupten und beweisen, daß ihm der Nachlaß **als Erben angefallen** ist. Daß der Berufene ausgeschlagen habe, mag der Gegner beweisen. Den Streit über das Erbrecht kann nur der Erbe oder sein gesetzlicher Vertreter führen; dagegen dürfen den Herausgabeanspruch auch der Testamentvollstrecker, Nachlaßverwalter und Konkursverwalter erheben. Eigentümlich ist, daß der **fälschlich Totgesagte** sein eigenes Vermögen von denen, die sich dessen bemächtigt haben, mit dem Erbschaftanspruch herausbegehren darf (2031); die analoge Ausdehnung bezweckt, ihm die inhaltlichen Vorzüge des erbrechtlichen Gesamtanspruches und vor allem das Recht auf die Auskunfterteilung zuzuwenden. Das gilt für den gerichtlich toterklärten Verschollenen wie auch für den in den Kriegsverlustlisten irrtümlich als gefallen Aufgeführten.

Sehr streitig ist die Frage nach dem Umfang der Beweislast oder richtiger der **Behauptungslast.** 1. Klar ist: als gesetzlicher Erbe siegt, wer nach der Parentelenordnung der Nächstberufene ist; das läßt sich leicht nachweisen. Wer als eingesetzter Erbe auftritt, hat die ihn ernennende Verfügung von Todes wegen vorzulegen (dazu 2259) und im Falle des Streites ihre Echtheit und Gültigkeit zu beweisen; das öffentliche Testament begründet für sich bereits den vollen Beweis für den Errichtungstatbestand (ZPO. 415). Macht der Gegner innere Mängel der Beurkundung geltend, etwa daß die Zeit der Errichtung unrichtig angegeben sei, so trägt er dafür die Beweislast. — 2. Das eigentliche Problem setzt bei dem Falle ein: B. hat sich auf Grund seiner Einsetzung in einem eigenhändigen Testamente der Erbschaft bemächtigt; gegen ihn tritt A., der Vetter des Erblassers als gesetzlicher Erbe auf; die Nichtigkeit des Testamentes wird erwiesen und von B. anerkannt; aber B. verweigert die Herausgabe der Erbschaft, weil noch ein vor vielen Jahren ausgewanderter und seitdem verschollener Bruder des Erblassers oder Abkömmlinge von ihm existieren könnten und alsdann den A. ausschließen würden (1930). Für diesen Fall wird vielfach gelehrt, daß A. mit der Klage nur durchdringen dürfe, wenn er gegenüber dem Einwande des B. beweise, daß er der einzige, bestberechtigte Erbe sei und daß kein Dritter als noch besser Berechtigter ihm vorgehen könne. Damit würden unerfüllbare und darum unbillige Anforderungen an die Beweislast der Klägers A. gestellt. Die Erbschaft würde auf unabsehbare Zeit dem B. überantwortet, der unter keinen Umständen ein Recht auf sie hat. Wenn B. die Rechte eines X. geltend machen will, so müßte er dessen Existenz und Erbrecht nachweisen und außerdem seine Legitimation belegen, für den X. aufzutreten. Das kann B. nicht. Daher scheint es richtig zu sein, daß die Beweislast in das adäquate Verhältnis zu der Urteilswirkung eingestellt wird. Das Urteil schafft Rechtskraft nur zwischen den Parteien, dem Rechte des X. wird damit nicht vorgegriffen. A. muß mit dem Erbschaftanspruch durchdringen, wenn er sich dem B. gegenüber als der **besser berechtigte Erbschaftsprätendent**, als der nach der festgestellten Sachlage anscheinend wirklich berechtigte Erbe ausgewiesen hat. Dieser Auffassung steht nahe RG. in Warn. 6 Nr. 300.

II. **Passivlegitimiert** für den Erbschaftanspruch ist der **Erbschaftbesitzer.** Als solcher erscheint jeder, der auf Grund eines ihm in Wirklichkeit nicht zustehenden Erbrechtes als Erbprätendent irgendeinen Nachlaßgegenstand erlangt hat (2018).

a) Erbschaftbesitzer ist, wer bei der Ergreifung von Nachlaßgegenständen **als Erbberechtigter aufgetreten** war, so daß das vorgeschützte eigene Erbrecht den Grund für deren Erlangung bildete. Mithin wer als gesetzlicher Erbe sich der Erbschaft bemächtigt hatte, obgleich er durch ein bereits ihm bekanntes oder ein erst später entdecktes Testament enterbt war; ferner, wer nach der Besitzergreifung die Erbschaft ausgeschlagen hat oder für erbunwürdig erklärt worden ist; ebenso wer auf Grund eines von ihm gefälschten Testamentes als Erbe aufgetreten ist. Daß der Besitzer an sein Erbrecht glaubt, bildet keine Voraussetzung für die Passivlegitimation. Dagegen ist kein Erbschaftbesitzer, wer die Zugehörigkeit des herausbegehrten Gegenstandes zum Nachlasse leugnet, etwa weil er ihm vom Erblasser geschenkt worden sei. Denn in diesem Falle tritt der Beklagte nicht als Gegenprätendent im Erbrechte auf, sondern als Eigentümer; gegen ihn kann nur der Eigentumanspruch oder ein sonstiger gewöhnlicher Verkehrsanspruch erhoben werden.

Erbschaftbesitzer ist nur, wer die Erbschaft für sich selbst in Anspruch nimmt, oder sein gesetzlicher Vertreter. Nicht passivlegitimiert sind daher der Testamentvollstrecker, Nachlaßverwalter, Konkursverwalter und auch nicht der Nachlaßpfleger, weil sie kraft ihrer Verwaltungsmacht zwar über die Nachlaßgegenstände, nicht aber über das Erbrecht des Schutzbefohlenen verfügen können.

b) Objektive Voraussetzung für den Herausgabeanspruch bildet, daß der Beklagte tatsächlich **etwas aus der Erbschaft erlangt** hat: das Vermögensganze oder einzelne Sachen oder Rechte, über die er sich der Verfügungsmacht, insbesondere durch Erwirkung eines Erbscheines, bemächtigt hat. Diese Tatsache genügt; nicht erforderlich ist, daß er die erlangten Gegenstände jetzt noch besitzt. 1. Hat der Erbschaftbesitzer die Erbschaft als Ganzes oder einen Erbanteil bereits veräußert, so ist der Erbschaftanspruch gegen den „**Erwerber** an Erbesstatt" zu richten. Diese dingliche Verfolgung der Erbschaft wird durch den gutgläubigen Erwerb selbst dann nicht gehindert, wenn der veräußernde Erbschaftbesitzer durch einen Erbschein legitimiert war: beim Erwerbe des Erbschaftganzen oder Anteils gibt es keinen Vertrauensschutz (2030). 2. Dagegen wird der Erwerber eines Einzelgegenstandes nach den allgemeinen Grundsätzen geschützt (2366; 892, 932, 1032, 1207). 3. Statt die Naturalrestitution zu begehren, kann der wirkliche Erbe als Surrogat vom Erbschaftbesitzer herausverlangen, was dieser als Entgelt für die Veräußerung erworben hatte (2019).

§ 56. c) Umfang und Durchführung des Erbschaftanspruches.

Der Erbschaftanspruch soll dem wirklichen Erben die Gesamtheit aller ererbten Rechte so verschaffen, wie wenn er selbst unmittelbar beim Erbfall tatsächlich in ihre Herrschaft eingetreten wäre. Die Durchführung ist besonders erschwert, wenn inzwischen viele Jahre verstrichen sind, etwa weil jetzt erst ein verstecktes Testament aufgefunden wird oder der für tot Erklärte heimkehrt (2031). Die Verjährung tritt erst nach 30 Jahren ein. Um den erstrebten Gesamterfolg zu erreichen, muß der Anspruch je nach Bedürfnis eine verschiedene Rechtsgestalt annehmen; dingliche und schuldrechtliche Haftungsgrundsätze müssen sich miteinander verbinden. Aber deshalb wird keineswegs der Erbschaftanspruch in eine Mehrheit getrennter oder selbständiger Ansprüche zerlegt: er bleibt ein **einheitlicher erbrechtlicher Gesamtanspruch**, nur wird der Inhalt des einzelnen Leistungsbegehrens und das Ausmaß der Haftung angepaßt und gewandelt je nach dem Zustande, in dem sich der Nachlaß befindet und nach der Art, wie der Erbschaftbesitzer in die Rechte des wirklichen Erben eingegriffen hat. Wesentlich bleibt, daß jeder erbrechtliche Anspruch durch das Recht auf Auskunfterteilung verstärkt wird (2027).

I. Die beim Erbschaftbesitzer noch vorhandenen Nachlaßgegenstände sind von ihm **in Natur herauszugeben.** Dieses Recht der dinglichen Verfolgung erstreckt sich auch gegen den Dritterwerber der Erbschaft (2030).

a) Gegenstand der Herausgabepflicht ist der Nachlaß als Vermögenseinheit. Zu ihrer Erhaltung dient der Grundsatz der **dinglichen Surrogation:** was mit Mitteln des Nachlasses erworben ist, gehört kraft Gesetzes zum Nachlaßvermögen; das Recht des Erben erstreckt sich auf das aus Nachlaßmitteln erlangte Tauschgut (2019). Das tritt ein als die objektive Rechtsfolge des Güteraustausches ohne Rücksicht auf den Willen des Erbschaftbesitzers.

b) Gegenüber dem Erbschaftanspruch kann sich der Erbschaftbesitzer nicht auf die zehnjährige Ersitzung des Eigentumrechtes an der Erbschaftfahrnis berufen (2026 gegen 937). Die Ersitzung käme erst in Betracht, wenn der Erbschaftanspruch verjährt ist (da dies nach 194 erst mit 30 Jahren eintritt, scheiden 900 und 927 praktisch hier aus).

II. Ergänzend treten hierzu die **schuldrechtlichen Verpflichtungen** des Erbschaftbesitzers.

a) Auf Ersatz der von ihm gezogenen Nutzungen; auch der von ihm (955) zu Eigentum erworbenen Früchte (2020 mit unklarer Fassung). Denn sie sind keine Surrogate. Die Ersatzpflicht erstreckt sich auch auf das, was der Erbschaftbesitzer von Nachlaßgütern vergeudet oder verschenkt hat; weil hier das Surrogat fehlt.

b) Auf Herausgabe der ungerechtfertigten Bereicherung (2021), insbesondere wegen der zu eigenem Nutzen verbrauchten Nachlaßgüter. Der gutgläubige Erbschaftbesitzer haftet nur soweit, als er bei Erhebung des Erbschaftanspruches noch bereichert war (818 III).

c) Die Haftung wird verschärft: 1. infolge der Rechtshängigkeit des Erbschaftanspruches. Der Erbschaftbesitzer muß für allen Schaden einstehen, wenn jetzt infolge seines Verschuldens eine Nachlaßsache verschlechtert wird, untergeht oder aus irgendwelchem Grunde (z. B. infolge der Veräußerung) nicht herausgegeben werden kann (2023, 989, 292); 2. infolge der Bösgläubigkeit des Erbschaftbesitzers (2024): sobald er positive Kenntnis von seiner Nichtberechtigung erlangt hat oder bei der Besitzergreifung grob fahrlässig gehandelt hatte. Außerdem treffen ihn alle Rechtsfolgen des Verzuges (2024 S. 3, 287).

d) Die volle Ersatzpflicht nach den Grundsätzen der Delikthaftung tritt ein, wenn der Erbschaftbesitzer einen Nachlaßgegenstand durch eine strafbare Handlung (Diebstahl, Fälschung eines Testaments) oder durch verbotene Eigenmacht erlangt hat (2025).

e) Der Erbschaftbesitzer haftet persönlich in Höhe des aus der Erbschaft Erlangten für die Erbschaftsteuer, wenn er den Nachlaß oder Teile desselben vor der Berichtigung oder Sicherstellung der Steuer anderen ausgeantwortet hat, obgleich ihm jene Nichtdeckung der Steuerschuld bekannt oder infolge grober Fahrlässigkeit unbekannt war. Erbschaftsteuergesetz § 18 Nr. 6 unter ausdrücklicher Anrufung des BGB. 2018. Danach ergibt sich: der Erbschaftbesitzer hat als Erwerber der Erbschaft die Steuerlast persönlich zu tragen. Stellt sich später heraus, daß er nicht erbberechtigt war, so kann er nach 812 I das Gezahlte vom Fiskus zurückfordern; nicht aber vom wirklichen Erben etwa als Aufwendung, weil es sich um seine persönliche Schuld und nicht um eine Last der Erbschaft handelte. Gibt der Erbschaftbesitzer vor Entrichtung der Steuer die Erbschaft dem wirklichen Erben heraus, so ist dieser nunmehr der eigentliche Steuerschuldner, aber der Erbschaftbesitzer bleibt dem Fiskus dafür verhaftet, daß die Erbschaftsteuer entrichtet wird.

III. Der Erbschaftbesitzer hat gegenüber dem Erbschaftanspruche gewisse **Ersatzansprüche:**

a) wegen seiner Verwendungen, die er aus eigenen Mitteln auf einzelne Nachlaßgegenstände gemacht hat: für die Erhaltung oder Wiederherstellung eines Nachlaßhauses, für Hypothekenzinsen oder Grundsteuern (2022 I). Die eingefügten Bestandteile darf er regelrecht sich wieder aneignen (997), die Zubehörstücke bleiben sein Eigentum.

b) wegen der Aufwendungen, die er für den Nachlaß als Vermögensganzes gemacht und ihn damit aus eigenen Mitteln bereichert hat (2022 II und III). So vor allem, wenn er aus seinem Eigenvermögen Nachlaßverbindlichkeiten berichtigt hat, wobei es gleichgültig bleibt, ob er gutgläubiger oder bösgläubiger Erbschaftbesitzer war.

c) Bis zur Befriedigung seiner Gegenansprüche darf der Erbschaftbesitzer die Herausgabe der Erbschaft verweigern (1000—1003). Er kann statt dessen auch den selbständigen Bereicherungsanspruch gegen den wirklichen Erben erheben.

Kapitel VIII.

Pflichtteilrecht.

§ 57. Pflichtteilrecht und Pflichtteilanspruch.

I. Die Freiheit der Verfügungsmacht über das eigene Vermögen wird sittlich und sozial begrenzt durch die Pflicht der Fürsorge für die nächsten Familiengenossen. Das Gesetz muß die Beachtung dieser Pflicht durch ein zwingendes gesetzliches Gebot sichern. Dafür stehen zwei Gestaltungen bereit.

a) Das **Noterbenrecht**, das dem Schutzbedürftigen das unentziehbare Recht auf den Eintritt als echter Erbe zuspricht. Es galt im römischen

Rechte unter dem Gedanken, daß den Deszendenten (nach Justinian auch den Aszendenten) Schutz gegen die Übergehung oder die unberechtigte Enterbung seitens des Erblassers gewährt und das Recht (die Ehre) auf die Erbeinsetzung gesichert werden müsse. Viel richtiger verhielten sich die älteren deutschen Satzungen. Die nächsten, mit dem Erblasser in der Gemeinderschaft des Vermögens stehenden Familiengenossen waren seine rechten Erben. Das Noterbenrecht verlieh ihnen nicht erst ein gesetzliches Erbrecht, sondern erhielt es ihnen als ein mit ihnen geborenes. Das später vom römischen Rechte angenommene Testament brachte keineswegs die unbeschränkte Testierfreiheit mit sich: vielmehr blieb den Noterben als **Vorbehalt** das Recht auf Erbfolge in bestimmte Anteile am Nachlasse, und die Testierfreiheit des Erblassers erstreckte sich nur auf den hiernach übrigbleibenden Teil der Erbschaft (die disponible Quote). Diese altdeutschen Grundsätze gingen im gemeinen Rechte für Deutschland verloren. Sie sind zu voller Anerkennung auferstanden im französischen Rechte; Code civil art. 913 f., le droit de réserve.

b) Das **Pflichtteilrecht** schafft den gesetzlich geschützten Anspruch auf einen Vermögensteil des Nachlasses. Es geht nicht auf Erbeinsetzung oder Erhaltung der gesetzlichen Erbberechtigung, sondern auf materielle Beteiligung an den nachgelassenen Gütern; es konnte auch durch Vermächtnis, Schenkung oder Ausstattung befriedigt werden. Das Recht auf den Pflichtteil wurde in Rom durch die Praxis des Zentumviralgerichtes geschaffen und später durch Justinian genauer geordnet. Es stand dort als Ergänzung neben dem Noterbenrechte der Deszendenten und Aszendenten. Die Geschwister hatten nur ein Pflichtteilrecht und auch dieses nur, wenn ihnen eine turpis persona als Erbe vorgezogen worden war.

c) In den deutschen Partikularrechten nahm das Pflichtteilrecht die alleinige Geltung an Stelle des Noterbenrechtes ein. Dem hat sich das BGB. angeschlossen; zu der vornehmeren Ausgestaltung des altdeutschen Rechtes vermochte es sich nicht zu erheben. Als beachtenswerter Grund für diese Stellungnahme kann gelten, daß der Erblasser sein Vermögen (Landgut, Fabrikunternehmen) nur dann in der Hand eines Abkömmlings als Einheit erhalten kann, wenn er die übrigen Abkömmlinge auf den Pflichtteil beschränken darf. Dieses Ziel ließe sich aber auch auf andere Weise erreichen; z. B. durch eine Familienstiftung oder eine Familien-GmbH. Nach dem BGB. erschöpft sich der gesetzliche Schutz der nächsten Familiengenossen in der Zusicherung eines Forderungsrechtes auf eine Geldsumme. Der Erblasser darf die gesamten Sachwerte und Familienerbstücke einem Fremden zu eigen zuwenden und seine Frau und Kinder aus Haus und Hof verstoßen, indem er sie mit einem Scheck auf Papiermark abfinden läßt.

II. Nach dem BGB. 2303 kann ein Abkömmling (ferner die Eltern und der Ehegatte) den Pflichtteil verlangen, wenn der Erblasser ihn durch Verfügung von Todes wegen von der Erbfolge ausgeschlossen hat. Damit wird zunächst die unbeschränkte Freiheit zur Enterbung anerkannt; niemand hat ein Recht darauf, Erbe zu werden. Im übrigen bietet das Gesetz damit keine abschließende Begriffbestimmung. Wir müssen vielmehr genau unterscheiden:

a) Das **Pflichtteilrecht.** Es beruht auf dem unausgesprochenen Verbote, daß der Erblasser die Verfügungsfreiheit nicht mißbrauchen soll. Als Reflex aus dieser Rechtspflicht ergibt sich die Pflichtteilberechtigung. Das Recht auf den Pflichtteil ist gesetzlich fest begründet und stets gegeben. Der besonnene Erblasser wird es bei jeder Verfügung beachten und sich mit ihm abfinden. Das kann er in verschiedener Weise tun, indem er den Pflichtteilberechtigten auf den vollen Betrag des Pflichtteils: 1. zum Erben einsetzt (2306 I 1, 2308 I, 2316 II, 2329 I 2); 2. mit einem Vermächtnis bedenkt (2307, 2308, 2320); 3. ausdrücklich auf den Pflichtteil einsetzt (2304; nicht bloß darauf verweist).

b) Der gesetzliche **Pflichtteilanspruch.** Dieser Anspruch bedeutet die Reaktion gegen den vom Erblasser begangenen Mißbrauch der Verfügungsmacht. Er entsteht nur und erst, wenn beim Erbfalle das Recht auf den Pflichtteil verletzt ist. Dieser gesetzliche Pflichtteilanspruch richtet sich inhaltlich: 1. auf den vollen Wertbetrag des Pflichtteils, wenn dem Berechtigten nichts oder es derart zugewendet ist, daß er die Zuwendung ausschlagen durfte und dieses getan hat (2306 I 2, 2307, 2321); 2. auf Ergänzung des hinterlassenen unzureichenden Erbteils (2305); 3. auf Ergänzung durch die Zurechnung von Schenkungen zum Nachlaßwerte (2325).

c) Die im Gesetz nicht deutlich hervortretende Unterscheidung von Recht und Anspruch auf den Pflichtteil hat theoretische wie praktische Bedeutung. Der Anspruch entsteht nach 2317 erst mit dem Erbfall; vorher hat er rechtlich keine Existenz und kann keine Beachtung finden. Aber es fragt sich, ob nicht bei Lebzeiten des Erblassers bereits ein „Recht" auf den Pflichtteil zugunsten der lebenden Verwandten oder des Ehegatten bestehe, so daß es wenigstens als rechtliche Anwartschaft anzuerkennen sei und Rechtsschutz in der Gestalt einer Feststellungsklage genießen sollte. Dieses bejaht RG. 92, 3. Zur Begründung können besonders dienen 312 II, 1822 Nr. 2, 2325, 2346. Die Berufung auf Motive 5, 387, wo von der Rechtspflicht des Erblassers, die Testierfreiheit nicht zu mißbrauchen, gesprochen wird, verliert allerdings an Eindruck, weil auf Seite 386 nachdrücklich hervorgehoben wird: „der Erblasser, der pflichtwidrig über seinen Gesamtnachlaß verfügt, greift nicht in eine fremde Rechtssphäre ein."

III. Der gesetzliche Pflichtteilanspruch ruht auf dem Nachlaß als eine Erbfallschuld. Im Nachlaßkonkurse tritt er zurück hinter die vererbten Schulden, geht aber den Vermächtnisforderungen vor (KO. 226; ferner BGB. 1973 I 2, 1974 II, 1991 IV). Er kann nur gegen den Erben, nicht gegen den Testamentvollstrecker gerichtet werden (2213 I 3).

a) Der **Anspruch entsteht kraft Gesetzes** mit dem Erbfall; er ist vererblich und übertragbar (2317 II). Die Gläubiger des Pflichtteilberechtigten können den Anspruch jedoch erst pfänden, wenn der Berechtigte selbst entschieden hat, daß er den Anspruch erheben will und dieser durch Vertrag mit dem Erben anerkannt oder rechtshängig geworden ist (ZPO. 852 I). Diese Beschränkung gilt nicht, wenn zur Deckung des Pflichtteils ein Vermächtnis zugewendet ist (2307); denn damit entsteht ein gewöhnliches Forderungsrecht und kein Pflichtteilanspruch.

b) Der Pflichtteilanspruch entsteht zwar kraft Gesetzes, er wird dem Pflichtteilberechtigten aber nicht aufgezwungen. 1. Der Berechtigte kann im voraus die Entstehung ausschließen durch den Erbverzichtvertrag mit dem Erblasser (2346). 2. Er kann mit dem Erben über den entstandenen Anspruch nach Eintritt des Erbfalles einen Erlaßvertrag abschließen (397). Dann gibt er ein bereits erworbenes Forderungsrecht auf; was er dafür als Abfindung vom Erben erhält, muß er wie eine Zuwendung des Erblassers versteuern (Erbschaftsteuergesetz § 2 II 4). 3. Daß er den angefallenen Pflichtteilanspruch ausschlagen könne, sagt das Gesetz nicht ausdrücklich. Es ist kein Grund ersichtlich, weshalb nicht hier die Ausschlagung ebenso zulässig sein sollte wie bei jedem erbrechtlichen Anfall. Das Gesetz spricht wiederholt von dem **„Verzicht auf den Pflichtteil“** (1406 Nr. 1, 1453, 1643, 1822 Nr. 2) und versteht darunter im Gegensatze zum Erlaßvertrage die einseitige formfreie Abstoßung des angefallenen Anspruchs. Das RG. 79, 238 entschied, daß nach dem Erbschaftsteuergesetz von 1906 auch der nicht geltendgemachte Pflichtteilanspruch ein steuerpflichtiger erbrechtlicher Erwerb sei. Das Erbschaftsteuergesetz vom 20. Juni 1922 steht auf anderem Standpunkte. Nach § 12 VI stellt der nicht geltend gemachte Pflichtteilanspruch keine abzugsfähige Nachlaßverbindlichkeit dar, und § 22 Nr. 12 erklärt den Verzicht auf den Pflichtteilanspruch für steuerfrei. Das bedeutet, daß der sogenannte Verzicht die Rechtswirkung einer Ausschlagung hat: der nicht geltend gemachte oder ausdrücklich abgelehnte Pflichtteilanspruch war erbrechtlich dem Berechtigten niemals angefallen. Vgl. auch § 2 II 4 Abfindung für den Verzicht auf den entstandenen Pflichtteilanspruch.

c) Der gesetzliche Pflichtteilanspruch verjährt in drei Jahren, nachdem der Pflichtteilberechtigte von dem Eintritt des Erbfalles und der ihn beeinträchtigenden Verfügung Kenntnis erlangt hat; spätestens aber binnen dreißig Jahren vom Eintritt des Erbfalles an (2332). Für den Anspruch auf den zugewendeten Pflichtteil gilt die gewöhnliche dreißigjährige Verjährung (195).

Voraussetzungen und Gestaltung des Pflichtteilanspruchs. § 58.

I. Das Pflichtteilrecht besteht für jeden Pflichtteilberechtigten schlechthin als absolutes Recht mit festbestimmtem Inhalte. Der **Anspruch** auf den Pflichtteil ist dagegen abhängig von der Verletzung des Pflichtteilrechtes; er entsteht, weil der Berechtigte **durch Verfügung von Todes wegen von der Erbfolge ausgeschlossen** ist (2303 I 1).

a) Damit wird festgestellt, daß pflichtteilberechtigt nur sein kann, wer beim Erbfall der nächstberufene gesetzliche Erbe ist. Der kraft Gesetzes durch seinen „lebenden" Vater ausgeschlossene Enkel hat kein Pflichtteilrecht; 1924 II, 2309; ferner 2053 I, 1933. Ausschließen bedeutet enterben, ausdrücklich (1938) oder indirekt durch Zuwendung des Nachlaßganzen an andere Erben. Das Gesetz ist aber ungenau; es gibt einen Pflichtteilanspruch, selbst wenn der Pflichtteilberechtigte zum Erben eingesetzt ist (2306 I 2) und sogar dann, wenn der Erblasser gar keine Verfügung von Todes wegen getroffen hat (2325).

b) Sehr üblich ist es, daß der Erblasser den Pflichtteilberechtigten schlechthin auf den Pflichtteil einsetzt; auch bedingt: wer meine Verfügungen ansicht, wird auf den Pflichtteil beschränkt. Darunter wird im Volke vielfach eine sachlich begrenzte Erbeinsetzung verstanden. Das Gesetz aber erklärt, daß die Zuwendung des Pflichtteils im Zweifel keine Erbeinsetzung enthalte (2304), sondern die Enterbung unter Verweisung auf den entsprechenden Geldanspruch (2303 I 2).

II. Der Pflichtteilberechtigte ist **zum Erben eingesetzt:**

a) **ohne Beschränkungen** und Beschwerungen.

1. Der Erbteil deckt den Pflichtteil. Dann gibt es keinen Pflichtteilanspruch. Er entsteht auch nicht etwa dadurch, daß der Eingesetzte die Erbschaft ausschlägt. Ausschlagung zerstört zugleich das Recht auf den Pflichtteil.

2. Der Erbteil ist kleiner als der Pflichtteil (2303 I 2). Dann kann nur die Auffüllung bis zur Hälfte des gesetzlichen Erbteils verlangt werden (2305); mithin nicht die Erhöhung des Erbanteiles, sondern nur der Geldbetrag, der an dem Werte des berechneten Pflichtteils fehlt. Es handelt sich um einen inhaltlich gekürzten Pflichtteilanspruch.

b) **unter Beschränkungen** oder Beschwerungen. Beschränkungen sind rechtliche Hemmungen des freien Erbschafterwerbes, besonders durch Ernennung eines Testamentvollstreckers oder die Einsetzung eines Nacherben. Beschwerung ist die materielle Minderung des erbrechtlichen Erwerbes durch Vermächtnisse oder Auflagen. Es gilt nun, einen Ausgleich zu finden zwischen dem Willen des Erblassers und dem ungeschmälerten Rechte auf den vollen Pflichtteil. Das geschieht in etwas verwickelter Weise. Die schwierige Berechnung der Wertverminderung, die z. B. durch die Einsetzung eines Testamentvollstreckers verursacht wird, soll damit umgangen werden.

1. Der zugewendete Erbteil beträgt gerade die Hälfte oder noch weniger des gesetzlichen Erbteils. Dann gelten die Beschränkungen und Beschwerungen als nicht angeordnet (2306 I 1). Der Pflichtteilberechtigte darf die Erbschaft nicht ausschlagen und den Pflichtteil in Geld verlangen. Wer ausschlägt, erbt nichts. Ein Pflichtteilanspruch besteht nur zur Auffüllung des am Pflichtteil fehlenden Wertbetrages (2305).

2. Der zugewendete Erbteil ist größer als der Pflichtteil. Dann mag der Pflichtteilberechtigte selbst die Entscheidung treffen: entweder er nimmt den Erbteil mit allen Beschränkungen und Beschwerungen an oder er schlägt ihn aus (2306 I 2). Durch die Ausschlagung entsteht der echte und volle Pflichtteilanspruch. Die Ausschlagungsfrist beginnt mit Erlangung der zuverlässigen Kenntnis von dem Grund und Inhalt der Erbeinsetzung.

III. Dem Pflichtteilberechtigten ist ein **Vermächtnis zur Deckung des Pflichtteils zugewendet.** Da ihm hierdurch die Rechte und Vorteile eines Erben entzogen worden sind, steht ihm schlechthin, die Zuwendung mag groß oder klein sein, die Entscheidung frei: ob er das Vermächtnis annehmen und etwa noch den Auffüllungsanspruch erheben will oder ob er das Vermächtnis ausschlägt und den vollen Pflichtteilanspruch geltend macht (2307). Nimmt er die Zuwendung an, so hat er darauf eine gewöhnliche Vermächtnisforderung, die dem Vollstreckungszugriff seiner Gläubiger ohne weiteres unterliegt (ZPO. § 852 gilt hier nicht, oben § 57 III a).

Die Pflichtteilberechtigten. § 59.

I. **Pflichtteilberechtigte** Personen sind die Abkömmlinge, die Eltern und der Ehegatte (2303). Jeder indessen hat ein effektives Pflichtteilrecht nur, wenn er beim Erbfall als der nächste gesetzliche Erbe berufen ist. Wir erinnern uns, daß der erbrechtliche Tote (oben § 5 II c) für den Erbgang und darum auch für das Pflichtteilrecht nicht existiert. Deshalb sind z. B. die Eltern pflichtteilberechtigt, wenn der einzige Abkömmling des Erblassers für erbunwürdig erklärt oder durch vollen Erbverzichtvertrag ausgeschaltet ist. Ebenso ist der Enkel pflichtteilberechtigt, wenn sein ihn sonst nach 1924 II von der Berufung ausschließender Vater die Erbschaft im Widerspruch mit 2306 I 1 ausgeschlagen hat oder für erbunwürdig erklärt ist oder nur für seine Person (gegen die Regel von 2349) den Erbverzichtvertrag geschlossen hatte. Als besonderer Fall tritt hinzu, daß dem Nächstberechtigten der Pflichtteil entzogen worden ist (2333 f.); trifft dies den Sohn, so ist der von ihm abstammende Enkel pflichtteilberechtigt, trifft es alle Abkömmlinge, so sind es die Eltern.

II. Für das Pflichtteilrecht des Nachberufenen wird noch eine weitere Voraussetzung eingestellt. Die **entfernteren Abkömmlinge,** wie die Eltern, sind nicht pflichtteilberechtigt, soweit der Abkömmling, der sie von der gesetzlichen Erbfolge ausschließen würde, den Pflichtteil verlangen kann oder das ihm Hinterlassene annimmt (2309).

Zur Erläuterung dieser Vorschrift nehmen wir den Fall, daß beim Erbfall vorhanden sind ein Sohn A. und die von diesem abstammende Enkelin B.

a) Der Gedanke ist der, daß dem einzelnen Stamme der Vermögenswert des Pflichtteils nur einmal gebührt. 1. Die B. hat also kein Pflichtteilrecht, wenn dieses bei A. im vollen Umfange befriedigt worden ist, sei es, daß A. als Erbe oder Vermächtnisnehmer die zur Deckung des Pflichtteils ausreichende Zuwendung angenommen oder daß er durch den Pflichtteilanspruch oder den Auffüllungsanspruch den vollen Wert erlangt hat (ferner 2315). 2. Dagegen rückt B. in das Pflichtteilrecht ein, wenn A. den Pflichtteil nicht verlangen kann, weil er im Widerspruche mit 2306 I 1 die Erbschaft ausgeschlagen hat. Nach dem Wortlaute des Gesetzes könnte man meinen, daß B. auch dann pflichtteilberechtigt wäre, wenn A. deshalb den Pflichtteil nicht verlangen kann, weil er auf den vollen Pflichtteil als Erbe eingesetzt ist; das entspricht dem Sinne des Gesetzes um so weniger, als er hier ja das ihm Hinterlassene angenommen hat.

b) Eine wichtige, vom Gesetz nicht gelöste Frage ist die: steht der B. das volle gesetzliche Erbrecht zu, wenn A. enterbt ist und daher für sich den Pflichtteilanspruch geltend gemacht hat? Das ist, so befremdend es gegenüber 2309 erscheinen mag, zu bejahen. Als Beispiel diene: die Ehefrau hat ihre beiden Töchter enterbt und zum Alleinerben ihren Ehemann eingesetzt, nur ein Enkel von der ältesten Tochter ist beim Erbfall vorhanden; der Ehemann schlägt die Erbschaft aus; dann ist der Enkel der einzige gesetzliche Erbe und jede Tochter hat einen Pflichtteilanspruch; der Stamm der älteren Tochter wird also am Nachlaßerwerbe zwiefach beteiligt; vgl. RG. 61, 14.

§ 60. Die Berechnung des Pflichtteils.

I. Der gesetzliche Pflichtteil besteht grundsätzlich in der **Hälfte des Wertes des gesetzlichen Erbteils** (2303 I 2). Für jeden einzelnen Berechtigten wird „distributiv" berechnet, welchen Anteil er vom Reinbetrage des Nachlaßvermögens erworben hätte, wenn er gesetzlicher Erbe geworden wäre: die Hälfte des so ermittelten Wertbetrages ergibt den Pflichtteil.

a) Die **subjektive Berechnung** weicht hierbei von den allgemeinen Grundsätzen ab. Bei dem Ansatz der gesetzlichen Erbteile wird: 1. nicht mitgerechnet, wer vor dem Erblasser verstorben oder durch Erbverzichtvertrag von der gesetzlichen Erbfolge ausgeschlossen ist (2310 S. 2); 2. dagegen werden, obgleich auch sie sonst „erbrechtlich tot" sind, mitgerechnet, wer die Erbschaft ausgeschlagen hat oder für erbunwürdig erklärt oder enterbt worden ist (2301 S. 1). Diese Unterscheidung beruht auf der richtigen Erwägung, daß in den letztgenannten Fällen der Nachlaßbestand ungemindert erhalten bleibt, während dem Verzichtenden regelmäßig eine dem Pflichtteil entsprechende Abfindung gewährt worden ist, die nun im Nachlasse fehlt.

b) Die **objektive Berechnung** ermittelt den Geldbetrag des Pflichtteilanspruches. Zu diesem Zwecke muß der Bestand und der Wert festgestellt werden, den der gesamte Nachlaß zur Zeit des Erbfalles hatte (2311).

1. Die Wertermittelung soll durch Schätzung, nicht durch Veräußerung geschehen. Bestimmungen des Erblassers hierüber sind nur verbindlich, soweit sie den Preis für die Übernahme eines Landgutes betreffen und dieser Preis den Ertragwert erreicht und den Schätzungswert nicht übersteigt (2312). Die Bewertung jedes einzelnen Vermögensstückes wird in der Gegenwart auf große Schwierigkeiten stoßen; die Berechnung nach dem Todestage des Erblassers muß besonders bei Wertpapieren höchst willkürlich erscheinen. Die Steuergesetze haben darüber andere, sehr eingehende Bestimmungen getroffen; Reichsabgabenordnung vom 13. Dezember 1919, §§ 137—161; Erbschaftsteuergesetz vom 20. Juli 1922, §§ 31, 32. Man könnte erwägen, daß der für die Steuer ermittelte Wert auch für die Berechnung des Pflichtteils benutzt werden sollte. Jedenfalls aber kann der Betrag des Pflichtteils durch freie Vereinbarung zwischen dem Erben und dem Pflichtteilberechtigten festgelegt werden; solche Einigung in Güte ist dringend anzuraten.

2. Bei der Berechnung des Nachlaßwertes bleiben vorläufig außer Ansatz die von einer aufschiebenden Bedingung abhängigen, wie andere ungewisse oder unsichere Rechte und Verbindlichkeiten. Wenn später darüber Rechtsgewißheit eingetreten ist, soll die entsprechende Ausgleichung durch Nachzahlung oder Rückerstattung erfolgen (2313).

3. Der dem Ehegatten gebührende Voraus (1932) bildet einen Wertbestandteil des Nachlasses. Er soll nur dann nicht eingerechnet werden, wenn der Pflichtteil der Eltern ermittelt wird (2311 I 2).

4. Ist der Pflichtteilberechtigte nicht Erbe, so hat er gegenüber den Erben Anspruch auf Auskunft über den Bestand des Nachlasses (2314).

II. Wenn bereits bei Lebzeiten des Erblassers eine gewisse Anwartschaft auf den Pflichtteil begründet ist (oben § 57 II c) und eine entsprechende rechtliche Gebundenheit des Vermögensherrn besteht: so folgt daraus, daß das Pflichtteilrecht bereits durch Verfügungen unter Lebenden befriedigt und andererseits verletzt werden kann. Hieraus ergeben sich wesentliche Abweichungen von der grundsätzlichen Feststellung des Betrages des Pflichtteils; der Pflichtteil kann nach Lage des Falles **weniger oder mehr als die Hälfte** des Wertes des gesetzlichen Erbteils ausmachen und sogar auf nichts verschwinden.

a) Voran steht die **Anrechnung des Vorempfanges** (2315). Gewisse unentgeltliche Zuwendungen unter Lebenden können als Abgeltung des Pflichtteilrechtes wirken.

1. Zwingende Voraussetzung bildet, daß der Erblasser beim Vollzuge der Zuwendung kundbar die Bestimmung getroffen hat, sie soll auf den Pflichtteil angerechnet werden. Dem Pflichtteil-

berechtigten wird damit die Entscheidung vorbehalten, ob er die Zuwendung trotz dieser rechtsmindernden Zweckbestimmung annehmen oder ob er sie ablehnen will. Eine nachträgliche Bestimmung etwa im Testament, ist wirkungslos.

2. Jede freigiebige Zuwendung darf der Anrechnungspflicht unterworfen werden. Da hierfür keine Vermutung gilt, wird ein vorsorgender Erblasser bei der Zuwendung einer Ausstattung oder der Tilgung verhängnisvoller Schulden des Sohnes seinen Willen deutlich zum Ausdruck bringen. Hat er schlechthin nur von „anrechnen“ gesprochen, so darf man im Zweifel annehmen, daß die Anrechnung sich nur auf den Erbteil und nicht auf den Pflichtteil beziehen soll.

3. Über die Art der Berechnung besteht, weil 2315 sich nicht klar ausdrückt, Streit. Der Erblasser hinterläßt nur zwei pflichtteilberechtigte Söhne A. und B., er hat beide enterbt und den Neffen N. zum Alleinerben eingesetzt; der Nachlaß beträgt 60, der Vorempfang des A. 20. Dann ist: α) nach der absoluten Hinzurechnung 20 dem Nachlaßganzen hinzuzurechnen; von dem Bruttonachlasse 80 berechnet sich der Pflichtteil des A. auf $80:2 = 40:2 = 20$, davon sind der Vorempfang abgezogen $20 - 20 = 0$; der Pflichtteil des B. ist 20; N. erbt 40. — β) Nach der subjektiv begrenzten Berechnung wird der Vorempfang nur bei dem anrechnungspflichtigen A. hinzugerechnet; der Erbteil des A. beträgt 30 + Vorempfang 20 = 50, davon der Pflichtteil 25 — Vorempfang 20 = 5; B. Pflichtteil von dem Nettonachlaß 60 = 15; N. = 40.

4. Der Vorempfang wird zu dem Werte angerechnet, den er zur Zeit der Zuwendung hatte (2315 II 2). Er steht auf die Gefahr oder den Vorteil des Empfängers. Auch hier stiftet die heutige Geldentwertung Verwirrung. Der im Januar 1923 verstorbene Erblasser hatte seinen beiden Töchtern, als sie im Jahre 1913 heirateten, anrechnungspflichtige Zuwendungen gemacht, der einen eine Hypothek von 100000 Mark und der anderen ein Grundstück im Werte von 100000 Mark; jeder Tochter wird auf den Pflichtteil nur der Betrag von 100000 Papiermark angerechnet, obgleich der Vorempfang der zweiten Tochter heute etwa 10 Millionen wert ist.

5. Was einem Abkömmling als Vorempfang zugewendet ist, wird im Zweifel seinem Stamme angerechnet (2315 III). Was die vor dem Erblasser verstorbene Tochter erhalten hat, gilt, auch wenn davon nichts mehr vorhanden ist, als Abgeltung gegenüber dem von ihr abstammenden Sohn.

b) Die **Ausgleichungspflicht** ist subjektiv begrenzt auf die Rechtsstellung der Abkömmlinge zueinander. Sie bezieht sich nur auf die gesetzliche Erbfolge und auf die Abmessung des gesetzlichen Erbteils. Damit wirkt sie indirekt ein auf die Berechnung des Pflichtteiles: dem Nachlaß werden alle ausgleichungspflichtigen Vorempfänge zugunsten der Abkömmlinge hinzugezählt; hiervon sind die gesetzlichen Erbteile zu bilden, jedem einzelnen Abkömmling wird davon der eigene Vorempfang abgezogen; die Hälfte des danach verkürzten

Erbteils ergibt den Pflichtteil (2316). Ausgleichungspflichtig sind die dem Abkömmling bei Lebzeiten zugewendete Ausstattung, die übermäßigen Zuschüsse und die sonstigen bei der Zuwendung mit der Ausgleichungspflicht belegten Zuwendungen (2050; oben § 49 II).

1. Der Erblasser hat seine einzigen Kinder A. und B. enterbt und den Neffen N. zum Alleinerben eingesetzt. Dem A. hatte er eine Ausstattung von 8, dem B. eine solche von 2 zugewendet; der Nachlaß beträgt 20. Berechnung für A.: Nachlaß 20 + 8 + 2 = 30; gesetzlicher Erbteil 15 — Vorempfang 8 = 7; Pflichtteil 3,5. Pflichtteil des B. 6,5. N. erbt 10.

2. Steht neben den Abkömmlingen A. und B. noch als pflichtteilberechtigt die Witwe, so wird ihr Pflichtteil von dem effektiven Nachlaß ohne Einrechnung der ausgleichungspflichtigen Zuwendungen berechnet. Nachlaß 80, so Erbteil der Witwe 20. Zu dem Rest von 60 wird der Vorempfang des A. mit 40 hinzugerechnet = 100. Davon der Erbteil des A. 50 — Vorempfang 40 = 10, Pflichtteil des A. 5. Pflichtteil des B. 25; Pflichtteil der Witwe 5. Der Alleinerbe N. behält 40.

3. Das Gesetz behandelt in 2316 IV den besonderen Fall, daß kraft der Anordnung des Erblassers die ausgleichungspflichtige Zuwendung nicht nur auf den gesetzlichen Erbteil, sondern zugleich nach 2315 auf den Pflichtteil angerechnet werden soll: dann „kommt die Zuwendung auf den Pflichtteil nur mit der Hälfte des Wertes zur Anrechnung". Man ging von folgendem Falle aus: Nachlaß 20; der Sohn A. hat 8, der Sohn B. 2 als Ausstattung empfangen und B. soll sich die 2 auf seinen Pflichtteil anrechnen lassen; Alleinerbe ist der N. Für A. ist der Pflichtteil nach 2316 I auf 3,5 zu berechnen (oben Nr. 1). Für B. befürchtete man, würde die Verbindung von 2315 mit 2316 dahin führen: sein Erbteil vom vollberechneten Nachlaß 20 + 8 + 2 beträgt 15, davon ab die Ausstattung 2 = 13, mithin Pflichtteil (nach 2316) = 6,5 und davon ab 2 als anrechnungspflichtige Zuwendung (nach 2315), so daß B. als Pflichtteil bloß 4,5 verbleiben würden. Das erschien unbillig und darum soll die Anrechnung nur zum halben Betrage mit 1 erfolgen, so daß B. als Pflichtteil 5,5 zusteht. Das Ergebnis scheint richtig, aber die Gesetzesvorschrift ist derart unklar, daß aus ihr zahlreiche, sich widerstreitende Berechnungsmethoden herausgefunden werden. Für den angegebenen Fall würde die Berechnung für B. auf dasselbe Ergebnis hinauskommen, wenn nur nach 2315 verfahren und der von der Reichstagkommission erfundene 2316 IV gestrichen würde.

III. Die **„Pflichtteillast"** ruht auf dem Nachlaß. **Schuldner ist jeder Erbe** und nur der Erbe. Miterben sind hierfür Gesamtschuldner. Ist der Pflichtteilberechtigte selbst Erbe, so kann er von den nicht pflichtteilberechtigten Miterben den Betrag begehren, der zur Auffüllung seines Pflichtteiles erforderlich ist; und nach der Teilung des Nachlasses darf er die anteilmäßige Befriedigung der ausgeschlossenen Pflichtteilberechtigten insoweit verweigern, daß ihm sein eigener Pflichtteil verbleibt (2319).

a) Dem Pflichtteilberechtigten haftet nur der Erbe. Es scheint aber richtig, daß der Erbe die Pflichtteillast insoweit **auf die Vermächtnis-**

nehmer und Auflagebedachten **abwälzen** darf, daß die Schuld auf alle gemeinsam nach dem Wertbetrage des Erwerbes verteilt wird. Dem Erben wird hierzu eine zerstörende Einrede auf Kürzung dieser Erbfallverbindlichkeiten verliehen (2318 I). Die einzige pflichtteilberechtigte Tochter A. ist enterbt, der Freund F. ist zum Alleinerben eingesetzt; der Aktivnachlaß beträgt 60, für V. ist ein Vermächtnis von 20 ausgesetzt. Für den Pflichtteilanspruch der A. in Höhe von 30 haftet nur der Erbe F.; aber F. darf diesen Betrag nach dem Verhältnis von 60 : 20 verteilen und das Vermächtnis um 10 kürzen.

b) Dieses Kürzungsrecht gilt nicht, wenn der Erblasser es ausgeschlossen hat (2324) oder soweit das Vermächtnis zur Deckung des Pflichtteils des Bedachten erforderlich ist (2318 II). Umgekehrt darf der Erbe, wenn sein Erbteil den eigenen Pflichtteil nicht übersteigt, die Pflichtteillast in ganzem Umfange auf die Vermächtnisse und Auflagen abwälzen (2318 III). Weitere Einzelbestimmungen sind in 2310—2324 enthalten.

IV. Würde der Pflichtteil lediglich von dem vorhandenen Nachlaß berechnet, so könnte ein ungetreuer Erblasser das Recht darauf vereiteln, indem er etwa kurz vor seinem Tode sein Vermögen an Dritte verschenkt. Dem tritt das Gesetz entgegen (2325—2330). Vermögenswerte, die der Erblasser innerhalb der letzten zehn Jahre vor dem Erbfall verschenkt hat, werden zur Berechnung des Pflichtteilbetrages dem Nachlaß hinzugerechnet. Damit entsteht der aus den **Schenkungswerten rechnerisch ergänzte Pflichtteilbetrag.** Auf ihn haftet zunächst der Erbe und subsidiär der Beschenkte.

a) Das römische Recht berücksichtigte nur die übermäßige Schenkung, die in dem zur Zeit ihrer Vornahme noch vorhandenen Vermögen nicht einmal den Pflichtteil übrig ließ. Unser Recht geht richtiger von dem Nachlaß aus und rechnet ihm alle Schenkungen der letzten zehn Jahre hinzu. Vielfach wird im Anschluß an den ersten Entwurf auch für das ganz anders gestaltete BGB. 2325 von einem „außerordentlichen Pflichtteil" gesprochen und eine getrennte Berechnung für den effektiven Nachlaßbestand und für den Ergänzungsbetrag aus den Schenkungen vorgeschlagen. Das Gesetz gibt hierzu keinen Anlaß. Der ergänzte Pflichtteil ist der gewöhnliche richtig berechnete; an seiner Rechtsnatur ist nichts außerordentlich. Auf die Benennung muß Gewicht gelegt werden, damit klar hervortrete: wo das Gesetz vom Pflichtteil spricht, versteht es darunter auch den ergänzten. Erforderlich wäre allerdings, daß 2303 I eine bessere Fassung erhalten hätte: der Pflichtteil beträgt nicht stets nur die Hälfte des Wertes des gesetzlichen Erbteils und er kann auch begehrt werden, wenn der Pflichtteilberechtigte nicht von der Erbfolge ausgeschlossen, sondern sogar Alleinerbe ist, der Erblasser aber sein ganzes Vermögen etwa an die Kirche verschenkt hat.

Der einzige Sohn A. ist zum Erben auf $^5/_8$, die Haushälterin B. auf $^3/_8$ eingesetzt. Der Nachlaß beträgt 12; die einrechnungspflichtige Schenkung an X. 6. Dann wäre der effektive Erbteil des A. 7,5; sein Pflichtteil wird berechnet aus (Nachlaß 12 + Schenkung 6) : 2 = 9; also kann er von B. noch 1,5 beanspruchen. Die getrennte Berechnung nach dem ordentlichen und dem außerordentlichen Pflichtteil führt auf Umwegen zu demselben Ergebnis. Danach ist 2326 überflüssig; bereits 2325 I ergibt, daß die Einsetzung auf die Hälfte des gesetzlichen Erbteils nicht genügt, wenn einrechnungspflichtige Schenkungen gemacht sind.

b) Eingerechnet wird **jede Schenkung** (Ausnahme 2330). Sie setzt voraus, daß der Empfänger objektiv aus dem Vermögen des Erblassers bereichert wurde und beide Teile einig sind über die Unentgeltlichkeit der Zuwendung (516 I). Hierhin gehören auch das rechtsgültig erteilte Schenkungsversprechen und die gemischte Schenkung; ferner die Vereinbarung der allgemeinen Gütergemeinschaft des vermögenden Erblassers mit seiner vermögenslosen Ehefrau, sofern damit die alsbald auch vollzogene Gütertrennung und Teilung des Gesamtgutes als Hauptzweck erstrebt wurde (RG. 87, 304; aber bestritten). Gleichgültig ist, ob der Pflichtteilberechtigte zur Zeit der Schenkung bereits lebte oder der Erblasser mit seinem Entstehen rechnen konnte.

1. Nicht eingerechnet wird eine Schenkung, wenn seit ihrer Erfüllung oder bei der Schenkung an den Ehegatten seit der Auflösung der Ehe zehn Jahre verstrichen sind (2325 III). Über den Betrag, mit dem die verschenkten Gegenstände einzurechnen sind, gibt 2325 II genaue Vorschriften.

2. Dem Pflichtteilberechtigten selbst ist ein Geschenk vom Erblasser zugewendet. Dann wird der Pflichtteilbetrag zunächst nach dem dargestellten Grundsatze der Ergänzung berechnet und die Schenkung dem Beschenkten abgerechnet (2327 I 1). Die Regeln über die Anrechnungspflicht (2315) und die Ausgleichungspflicht (2316) sind auch hier anzuwenden. Hat der Erblasser die Anrechnungspflicht bei Vollziehung der Schenkung ausgeschlossen, dann wird der eigene Pflichtteil des beschenkten Pflichtteilberechtigten vom reinen Nachlaß ohne Rücksicht auf die Schenkung berechnet; für die anderen Pflichtteilberechtigten aber wird die Schenkung eingerechnet.

c) **Schuldner** für den ergänzten Pflichtteilbetrag ist:

1. grundsätzlich der **Erbe**, soweit der Nachlaß dafür ausreicht. Ist er selbst pflichtteilberechtigt, so darf er seinen vollen ergänzten Pflichtteil aus dem Nachlaß für sich behalten und die nicht zu Erben eingesetzten Pflichtteilberechtigten auf den verbleibenden Nachlaßrest verweisen (2328). Durch die Erbeinsetzung bevorzugt der Erblasser den einen vor den anderen.

2. Soweit der Erbe nicht zur Befriedigung des vollen ergänzten Pflichtteilbetrages verpflichtet ist, darf der Pflichtteilberechtigte gegen den **Beschenkten** vorgehen und den fehlenden Betrag wie eine ungerechtfertigte Bereicherung herausbegehren (2329 I, 818 f.). Der zuletzt Beschenkte haftet vor den früher Beschenkten (2329 III).

Von den alleinigen pflichtteilberechtigten Söhnen ist A. zum Erben eingesetzt und B. enterbt. Der Nachlaß beträgt 12, die Schenkung an L 16 im Jahre 1915, die an M. 8 im Jahre 1920, Erbfall im Jahre 1922. Der Pflichtteil beträgt für jeden Sohn (12 + 10 + 8) : 4 = 9. A. behält 9 von dem Nachlaß und braucht aus diesem an B. nur 3 auszuzahlen. B. kann dann von M. die an seinem ergänzten Pflichtteil fehlenden 6 herausbegehren. M. kann die Herausgabe des Geschenkes durch Zahlung des fehlenden Geldbetrages abwenden (2329 II). Wer die Herausgabepflicht geltend macht, trägt die schwierige Beweislast für die Bewirkung, den Zeitpunkt und den Wertbetrag aller einrechnungspflichtigen Schenkungen; RG. 84, 206.

§ 61. Entziehung und Beschränkung des Pflichtteilrechtes.

I. **Entziehung des Pflichtteils** bedeutet das Recht des Erblassers, das durch zwingende Rechtsnorm geschützte Pflichtteilrecht auszuschalten. Genau zu unterscheiden von der „Enterbung", die sich nur auf die Nachfolge als Erbe bezieht und dem Erblasser als freies Recht zusteht, weil es kein „Noterbenrecht" mehr gibt.

a) Entziehung ist ein persönliches Kannrecht, das nur durch ausdrückliche, letztwillige Verfügung in Wirkung gesetzt wird (2336 I). Verzeihung hebt dieses Recht wie die bereits verfügte Entziehung auf (2337). Die Entziehungsverfügung muß eine letztwillige sein, damit der Erblasser sie frei widerrufen oder aufheben kann.

b) Die Entziehung kann nur aus den im Gesetz abschließend aufgezählten **Gründen** angeordnet werden. Der Erblasser muß den Grund und regelmäßig auch die Tatsachen, auf die er sich stützt, angeben; der Grund muß wahr sein und zur Zeit der Errichtung der Verfügung bereits bestehen; der Erbe, der die Entziehung geltend macht, trägt dafür die Beweislast (2336 II, III).

1. Die gegen den Abkömmling wirkenden Entziehungsgründe sind in 2333 aufgezählt. Sie stützen sich wesentlich: auf die Lebensnachstellung gegen die eigenen Eltern oder Geschwister und deren Abkömmlinge; auf die vorsätzliche körperliche Mißhandlung der eigenen Eltern (nicht des Stiefvaters) oder Verübung schwerer vorsätzlicher Straftaten gegen sie; auf die böswillige Verletzung der gesetzlichen Unterhaltspflicht; auf die Führung eines ehrlosen oder unsittlichen Lebenswandels wider den Willen des Erblassers; hat sich der Abkömmling aber bis zum Eintritt des Erbfalles dauernd davon abgewendet, so ist die Entziehung unwirksam (2336 IV). Keinen Entziehungsgrund gibt die Eingehung einer Ehe gegen den Willen der Eltern (jedoch 1621, 1611 II).

2. Entziehung des Pflichtteils gegen die Eltern nach 2334: Lebensnachstellung, schwere Straftat, böswillige Verletzung der gesetzlichen Unterhaltspflicht. Dem Ehegatten darf der Pflichtteil entzogen werden, wenn er durch seine Verfehlungen einen Scheidungsgrund geschaffen hat (2335).

c) Der Pflichtteilanspruch kann wegen **Erbunwürdigkeit** des Pflichtteilberechtigten vom Schuldner des Pflichtteils **angefochten** werden (2345 II; ferner Einrede nach 2083). Das wird vor allem dann praktische Bedeutung erlangen, wenn der Erblasser selbst die Entziehung nicht anordnen konnte, weil er vom Pflichtteilberechtigten vorsätzlich und widerrechtlich getötet oder an der Errichtung einer entziehenden Verfügung verhindert worden ist (2339).

II. Ein eigenartiges Rechtsgebilde ist die **Beschränkung der Verfügungsmacht über den Pflichtteil** gegenüber dem Abkömmling in guter Absicht. Das frühere Recht kannte hierfür die exheredatio bona mente. Die hieran anschließende, auch heute noch mehrfach benutzte Bezeichnung „Enterbung in guter Absicht" ist für das Recht des BGB. irreführend.

a) Zwingende Voraussetzung für die Anordnung der Beschränkung, die nur durch letztwillige Verfügung getroffen werden darf (2338 II 1), bildet, daß sich der Abkömmling entweder der **Verschwendung** in solchem Maße ergeben hat oder derart **überschuldet** ist, daß sein späterer Erwerb gefährdet wird (2338 I 1) und daß dieser Zustand zur Zeit des Erbfalls noch fortbesteht (2338 II). Die Verschwendung braucht nicht zur Sucht ausgeartet zu sein, die eine Entmündigung rechtfertigen würde; ob der bereits wegen Verschwendung entmündigte und daher der Fürsorge seines Vormundes unterstellte Abkömmling dem Beschränkungsrechte unterliegt, ist zweifelhaft. Daß ein Abkömmling, der der Trunksucht verfallen oder geisteskrank ist, gleichen Schutz wie ein Verschwender genießen sollte, hat das Gesetz nicht erkannt.

b) Die zulässigen Beschränkungen beziehen sich ausschließlich auf die **Verfügungsmacht** über den Pflichtteil. Der Pflichtteil muß der Substanz nach ungeschmälert dem Pflichtteilberechtigten zugewendet werden; eine Mehrzuwendung wird damit nicht ausgeschlossen. Inhaltlich können die Beschränkungen nach dem Gesetze bestehen: entweder in der Einsetzung der gesetzlichen Erben des Abkömmlings zu seinen **Nacherben** oder Nachvermächtnisnehmern oder in der Ernennung eines **Testamentvollstreckers** auf die Lebenszeit des Abkömmlings (2336 I 1 und 2). Jede einzelne dieser Anordnungen für sich ist unzulänglich; die volle beabsichtigte Wirkung wird nur erreicht, wenn beide miteinander verbunden werden.

Der Erblasser darf die in einem früheren Erbvertrage oder korrespektiven Testamente getroffenen Verfügungen einseitig widerrufen, um einem Abkömmling die genannten Beschränkungen aufzuerlegen (2289 II, 2271 III).

c) Der Zweck der Anordnungen geht dahin, den Abkömmling vor den Gefahren seiner Verschwendung und Verschuldung zu schützen und das ihm zugewendete Erbgut für seine Familie zu erhalten. Die Testamentvollstreckung sichert die Erhaltung des objektiven Nachlaßbestandes und die Nacherbfolge bindet den Nachlaß durch das Wartrecht der gesetzlichen Erben. Damit verbindet sich der besondere und eigenartige Erfolg: da die Gläubiger nur soviel Rechte ausüben können, als ihrem Schuldner zustehen, wird die Verfügungsmacht des Abkömmlings über den erworbenen Pflichtteil und das ihm außerdem noch zugewendete Erbgut ausgeschlossen, damit den **Eigengläubigern** des Abkömmlings jeder **Vollstreckungszugriff** in das ererbte Vermögen **verwehrt** sei (2115, 2211, 2214; ZPO. 773, 748). Die Nutzungen des ererbten Gutes gebühren dem Abkömmling zur freien Verfügung; aber auch sie werden insoweit der Pfändung der Eigengläubiger entzogen, als sie zum standesgemäßen Unterhalt des Abkömmlings und zur Erfüllung seiner gesetzlichen Unterhaltspflicht gegenüber dem Ehegatten und den Verwandten erforderlich sind (ZPO. 863 I).

Gesetzesregister.

Bürgerliches Gesetzbuch.

Einf.-Gesetz zum BGB.

Erbschaftssteuergesetz
v. 10. 9. 1919 mit Nov. v. 20. 7. 1922 (7. Aug. 1922) S. 3.

Reichsverfassung
(v. 11. 8. 1919).

Sachregister.

(Die Zahlen verweisen auf die Seiten.)

FSC
www.fsc.org
MIX
Papier | Fördert
gute Waldnutzung
FSC® C083411

Kolibri 360 GmbH
Ferdinand-Jühlke-Straße 7
99095 Erfurt, Deutschland
produktsicherheit@kolibri360.de